Claus-Günter Frank

Algarve – Wanderführer

Impressum

Claus-Günter Frank
Reise Know-How Algarve – Wanderführer
erschienen im
Reise Know-How Verlag Peter Rump GmbH
Osnabrücker Str. 79, 33649 Bielefeld

2. Auflage 2018

Gestaltung
Umschlag: G. Pawlak (Layout und Realisierung),
Svenja Lutterbeck (Realisierung)
Inhalt: G. Pawlak (Layout), Svenja Lutterbeck (Realisierung)
Karten: Thomas Buri, der Verlag
Fotonachweis: Claus Frank (cf), fotolia.com (Fotograf am Bild)
Titelfoto: Claus Frank (Motiv: Auf dem Mandelbaumweg, Tour 33)

Lektorat: Svenja Lutterbeck

Druck und Bindung: Media-Print, Paderborn

ISBN 978-3-8317-2702-5
Printed in Germany

Dieses Buch ist erhältlich in jeder Buchhandlung Deutschlands, der Schweiz, Österreichs, Belgiens und der Niederlande. Bitte informieren Sie Ihren Buchhändler über folgende Bezugsadressen:

Deutschland
Prolit GmbH, Postfach 9, D-35461 Fernwald (Annerod)
sowie alle Barsortimente

Schweiz
AVA Verlagsauslieferung AG, Postfach 27, CH-8910 Affoltern

Österreich
Mohr Morawa Buchvertrieb GmbH, Sulzengasse 2, A-1230 Wien

Niederlande, Belgien
Willems Adventure, www.willemsadventure.nl

Wer im Buchhandel trotzdem kein Glück hat,
bekommt unsere Bücher auch über unseren
Büchershop im Internet: www.reise-know-how.de

Wir freuen uns über Kritik, Kommentare und Verbesserungsvorschläge.
Alle Informationen in diesem Buch sind vom Autor mit größter Sorgfalt gesammelt und vom Lektorat gewissenhaft bearbeitet und überprüft worden. Da inhaltliche und sachliche Fehler nicht ausgeschlossen werden können, erklärt der Verlag, dass alle Angaben im Sinne der Produkthaftung ohne Garantie erfolgen und dass Verlag wie Autor keinerlei Verantwortung und Haftung für inhaltliche und sachliche Fehler übernehmen. Die Nennung von Firmen und ihren Produkten und ihre Reihenfolge sind als Beispiel ohne Wertung gegenüber anderen anzusehen. Qualitäts- und Quantitätsangaben sind rein subjektive Einschätzungen des Autors und dienen keinesfalls der Bewerbung von Firmen oder Produkten.

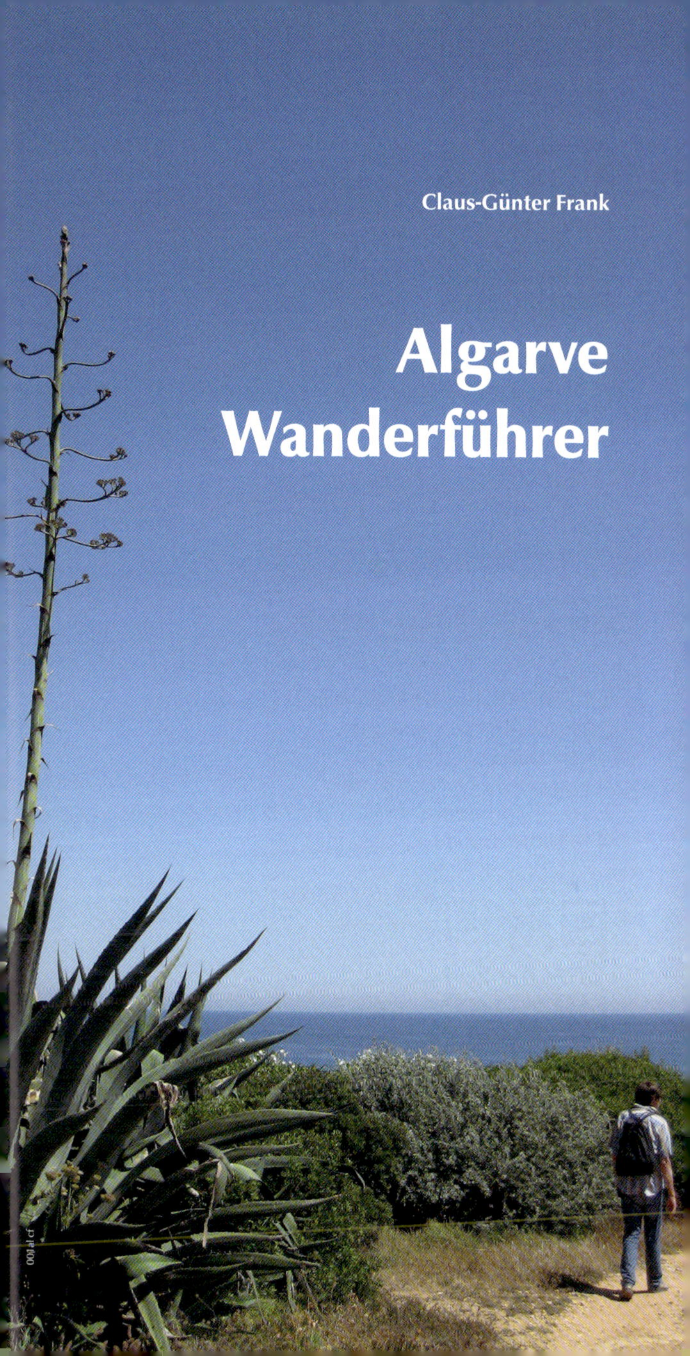

Claus-Günter Frank

Algarve Wanderführer

Vorwort

Im äußersten Südwesten der Iberischen Halbinsel liegt der Algarve. Als Badeurlaubsziel ist diese portugiesische Region schon seit Jahrzehnten bekannt und beliebt. Dass sich dort auch **ideale Bedingungen zum Wandern** finden, ist weniger geläufig. Im Mittelgebirge kann man im Auf und Ab durch Eichenwälder wandern und am Meer entlang der spektakulären Steilküste, an der sich schäumend die Wellen brechen, oder kilometerlang barfuß im Sand laufen. Wenn im Februar/März Kälte oder Schmuddelwetter Mitteleuropa noch fest im Griff haben, verwandelt das milde Klima, das mit dem Südkaliforniens vergleichbar sein soll, den Algarve in ein Blütenmeer. Weiß und rosa blühende Mandelbäume stehen auf grünen Wiesen und Zistrosenfelder setzen bunte Akzente. Amsel, Drossel, Fink und Star und hunderte weiterer Arten können Vogelliebhaber in den Feuchtgebieten des Algarve und beim Wandern in der ganzen Region beobachten.

Hinzu kommt, dass man sich im Algarve um den Wanderer bemüht und mit **sehr gut markierten Wegen** eine ausgezeichnete Wanderinfrastruktur geschaffen hat. Natürlich geschieht das mit dem Hintergedanken, mehr Besucher außerhalb der Badesaison ins Land zu bringen, aber daran ist ja nichts Verwerfliches – eine Win-win-Situation.

Dieser Wanderführer kann und will keinen Reiseführer ersetzen, an dieser Stelle sei auf den **Reiseführer „Algarve und Lissabon"** von Werner Lips, erschienen im Reise Know-How Verlag, verwiesen. Derselbe Verlag bietet zur Orientierung auch eine **Landkarte** des Algarve (1:100.000) an. Für die Wanderungen selbst sollten die Karten im Buch ausreichen.

Der Wanderführer entstand während eines Jahres, das ich im Algarve verbringen durfte. Alle beschrieben Touren und andere mehr wurden ein- oder mehrmals abgelaufen und die Tracks mit dem Wander-Navi aufgezeichnet. Für alle im Buch vorgestellten Wanderungen stehen auf www.reise-know-how.de **GPS-Tracks** in den Formaten gpx und kml zum **kostenlosen Download bereit.** Sie finden die Daten auf der Produktseite dieses Titels.

Für die 2. Auflage wurden die angegebenen Abfahrtszeiten, Adressen und Telefonnummern überprüft und ggf. korrigiert.

Viel Spaß beim Wandern im schönen Algarve!

Claus-Günter Frank

Inhalt

Wandern im Algarve

Die im Wanderführer beschriebenen Wanderungen sind zur Darstellung des jeweiligen Schwierigkeitsgrads (s. S. 14) durch drei verschiedene Farben gekennzeichnet.

grün = leicht **orange = mittelschwer** **rot = schwer**

Wanderungen an der Westküste 74

Küstenwanderungen und küstennahe Wanderungen – Felsalgarve 98

Hinterland und Monchique-Gebirge 132

Küstenwanderung und küstennahe Wanderungen – Ria Formosa und Sandalgarve 194

Das Hinterland 216

Anhang 262

129al cf

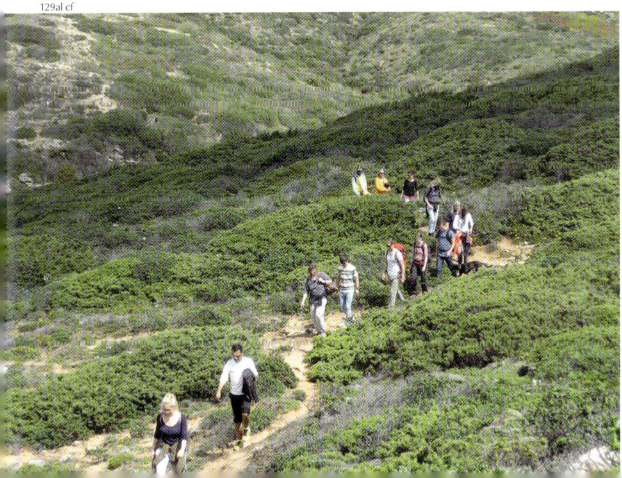

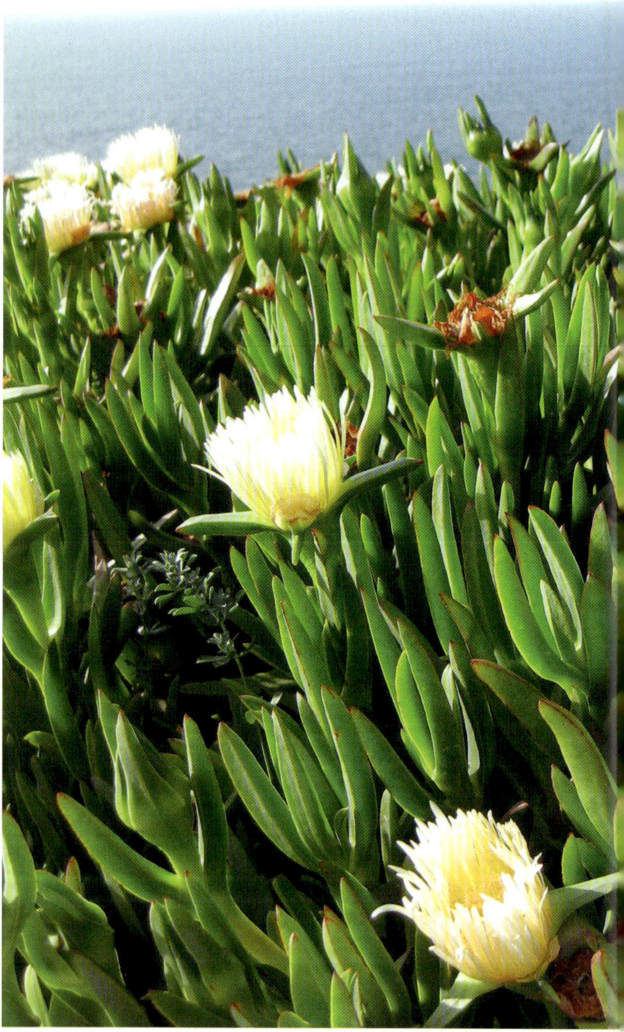

Zum Gebrauch des Wanderführers

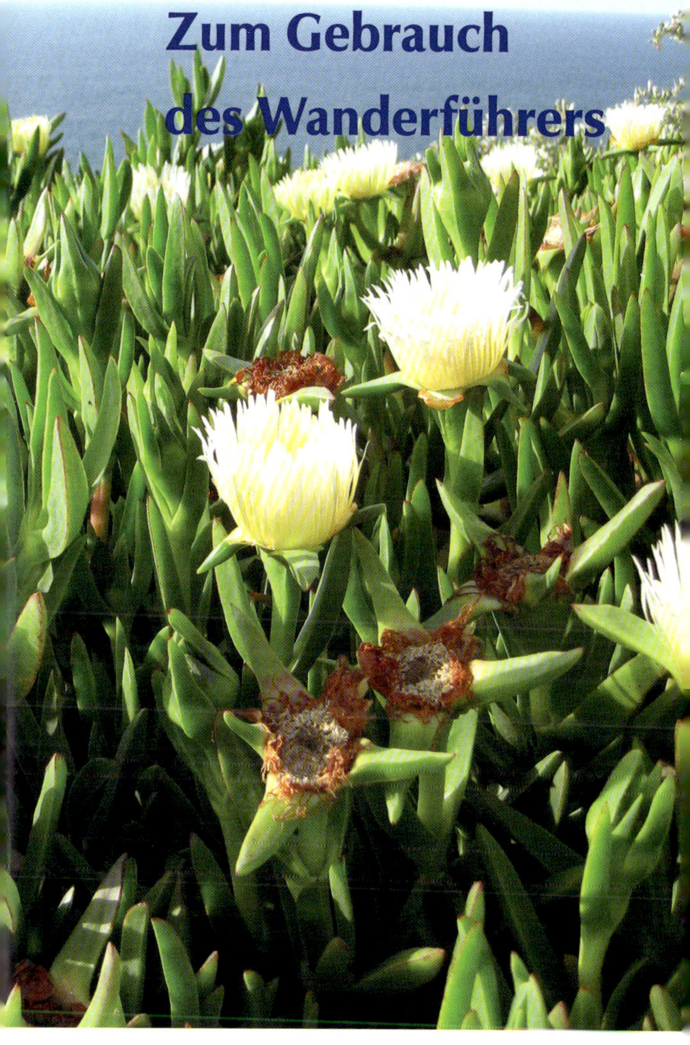

Wandern im Algarve

Den 36 Tourenvorschlägen sind jeweils eine **Charakterisierung** der Wanderung und steckbriefartige Informationen vorangestellt: Ausgangsort und -punkt, Höhenunterschied, Gesamtzeit (siehe auch Gehzeiten), Länge, Schwierigkeitsgrad, Karte, Anforderungen und evtl. Tipps.

Der **Verlauf** jeder Route ist in einer Wanderkarte eingetragen. Grundlage dieser Wanderkarten waren die Karten des portugiesischen Militärgeographischen Instituts. Allerdings stellte sich heraus, dass es Wege gibt, die darauf nicht verzeichnet sind. Soweit solche Wege für den Wanderer von Bedeutung sind, wurden sie auf den eigenen Wanderkarten angedeutet. Im Höhenprofil finden sich die An- und Abstiege der jeweiligen Tour.

Auf den folgenden Seiten finden Sie weitere Hinweise für die Benutzung dieses Wanderführers und für das Wandern im Algarve im Allgemeinen in alphabetischer Reihenfolge.

Anforderungen/Wege

Es gibt in dem Algarve keine wirklich schwierigen Touren, die Wege sind überwiegend deutlich und markierte Wanderungen gut gekennzeichnet.

Zur besseren Einschätzung des Schwierigkeitsgrads einer Wanderung wurde jede Wanderung mit einer Farbe gekennzeichnet, dabei gelten im Normalfall folgende Kriterien:

grün
Diese Wege sind entweder markiert oder von der Orientierung her leicht. Sie können mit gutem Schuhwerk von jedermann begangen werden. Die Gehzeit beträgt normalerweise weniger als 2 Std.

orange
Diese Wanderungen erfordern eine gewisse Ausdauer und überall dort, wo keine Markierung vorhanden ist, Orientierungsvermögen. Die Gehzeit beträgt normalerweise über 2 Std.

rot
Diese Wanderungen erfordern Ausdauer und ein gutes Orientierungsvermögen. Die Gehzeit beträgt normalerweise über 4 Std. und die Steigung über 400 m.

In den Algarve, in die Algarve oder an die Algarve?

Sie interessieren sich für den Süden Portugals, wollen vielleicht sogar dort Ihren Urlaub verbringen? Herzlichen Glückwunsch, Sie haben eine gute Wahl getroffen. Gestatten Sie aber eine Frage, bevor Sie sich auf die Reise machen. Wollen Sie **in den Algarve, in die Algarve oder an die Algarve** fahren? Wenn Sie jetzt etwas irritiert sind – machen Sie sich nichts daraus, Sie befinden sich in guter Gesellschaft.

Portugals Könige nannten sich bis zum Ende der Monarchie 1910 Rei de Portugal e do Algarve, es scheint also einmal ein **Königreich Algarve** gegeben zu haben. Damit können wir „an die Algarve reisen" sofort als Zielangabe von Badetouristen, die bisher an die Adria gefahren sind, ausscheiden. Der Duden ist großzügig und lässt sowohl „der" als auch „die" zu. Da es aber im Portugiesischen „O Algarve" (der Algarve) heißt, sollten wir deshalb aus Respekt vor unseren Gastgebern in den Algarve reisen. Aber auch wenn Sie darauf bestehen, in die Algarve zu fliegen, genießen Sie es.

Ausgangspunkt

Es wurde versucht, die Ausgangspunkte der Wanderungen so zu beschreiben, dass man sie mithilfe einer Karte findet. Ideal ist allerdings ein **Navigationsgerät** für Pkw, das Längen- und Breitengrad als Zielangabe akzeptiert. Viele Geräte tun das, nur braucht man diese Eigenschaft in Deutschland im Normalfall nicht. In dem Algarve haben Straßen außerhalb der Ortszentren meist keine Namen, darum werden dort oft Längen- und Breitengrad als Adresse genannt. Bei jeder Tour finden Sie deshalb **Längen- und Breitengrad des Ausgangspunktes.**

Gehzeiten

Die Zeitangaben enthalten nur die **reine Gehzeit** eines geübten Wanderers. Welche Zu- und Abschläge zur eigenen Gehzeit angebracht sind, sollte jeder selbst austesten. Neben der Gesamtgehzeit sind zur besseren Orientierung auch Zeiten für einzelne Etappen der Wanderung angegeben.

Wissenswertes

Ausrüstung

Es ist **keine spezielle Ausrüstung** erforderlich. Natürlich haben Wanderschuhe Vorteile, aber sind nicht notwendig. Von Sandalen und weniger wird allerdings stark abgeraten. Natürlich ist es sinnvoll, bei bestimmten Wetterlagen eine Regenjacke oder Pullover mitzuführen, aber das braucht eigentlich nicht extra erwähnt zu werden.

Unbedingt erforderlich ist ein **ausreichender Wasservorrat,** in der wärmeren Jahreszeit besser 2 Liter als 1 Liter pro Person. Da bei den wenigsten Wanderungen unterwegs eine Einkehr möglich ist, gehört auch Verpflegung in den Rucksack.

Und natürlich sollte **Sonnenschutzmittel** und eine Kopfbedeckung nicht vergessen werden.

Eselwandern bei Monte Clerigo (Tour 2)

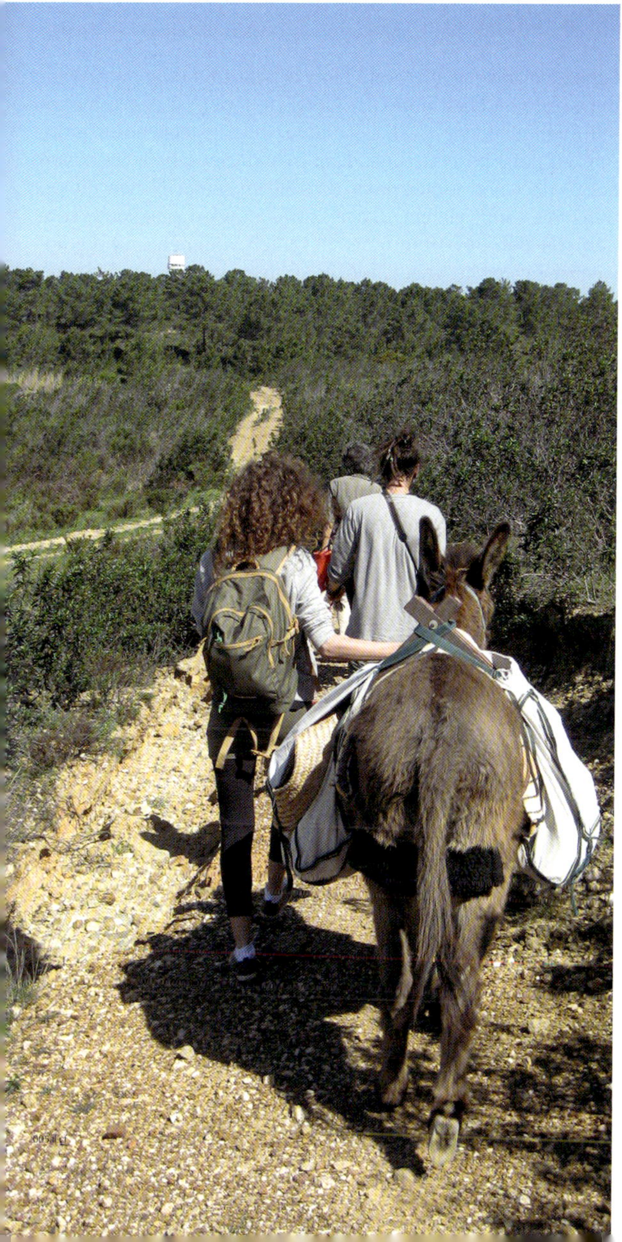

054pl gl

Eselwandern

Für diejenigen, die am Motto **Slow is beautiful** oder auch **Wandern frei von Hast und Last** Gefallen findet, ist das Wandern mit Eseln eine interessante Variante. Ihre ansteckende Geruhsamkeit passt bestens zur südländischen Landschaft. Sie tragen das Gepäck und sorgen dafür, dass Sie im gemächlichen Tempo durch die Lande ziehen, sich alle zwei Stunden eine Pause gönnen, mit den Bewohnern ins Gespräch kommen und die abwechslungsreiche Vegetation, auch dem Appetit des Esels folgend, betrachten. **Kinder** lassen sich – Esel sei Dank – so mühelos für das Wandern begeistern. Sie (und nicht nur sie) lieben es, Freund Langohr zu führen, ihn zu versorgen und zu verwöhnen. Ob mit deutschsprachiger Führung oder individuell, am Vortag der Eselwanderung bekommen Sie eine **gründliche Einführung** in die Handhabung des Esels, der mit Packsattel und -taschen ausgerüstet ist, und erhalten Wanderkarte, Wegbeschreibung und alle für unterwegs erforderlichen Kontaktadressen. Bei mehrtätigen Touren auf den Fernwanderwegen der Rota Vicentina, der Via Algarviana oder auf Nebenwegen eselwandern Sie mit oder ohne Führer zu vorgebuchten Bed & Breakfast-Unterkünften.

Kontakt: Sofia von Mentzingen, burros & artes, Vale das Amoreiras, Aljezur, Portugal; Tel. +351 282 995 068; Handy +351 967 145 306; burros.artes@gmail.com, http://eselwandern-algarve.blogspot.pt.

Feiertage

1. Januar	Neujahr
25. April	Tag der „Nelkenrevolution“
1. Mai	Tag der Arbeit
10. Juni	Dia de Portugal, Todestag von Camões
15. August	Mariä Himmelfahrt
5. Oktober	Ausrufung der Republik 1910
1. November	Allerheiligen
1. Dezember	Befreiung von Spanien 1640
8. Dezember	Mariä Empfängnis
25. Dezember	1. Weihnachtstag

Gefahren

(siehe dazu auch „Hunde", „Schlangen", „Telefonieren")

Wirkliche Gefahren existieren nicht. Natürlich kann man Situationen falsch einschätzen, z.B. sich bei Anbruch der Dämmerung noch im Wald befinden, sich verlaufen, in ein Gewitter kommen, den Fuß vertreten usw., aber das gehört eher in den Bereich „allgemeines Lebensrisiko".

Solange man an der Steilküste den Weg nicht verlässt, gibt es auch dort kein besonderes Risiko.

Telefonnummern von GNR (Guarda Nacional Republicana, Sicherheitspolizei) und Feuerwehr findet man unter „Informationen". Daneben gilt auch die **europaweite Notrufnummer 112.**

GPS-Geräte

Garmin bietet keine Wanderkarten für Portugal an, aber im Internet gibt es **freie Karten,** die auf dem GPS Gerät installiert werden können: www.wanderreitkarte.de, www.topolusitania.blogspot.pt.

Hunde

Portugiesische Hunde sind im Normalfall **nicht aggressiv,** oft sogar verängstigt, da sie nicht gut behandelt werden. Deshalb hilft meist schon ein simulierter Steinwurf, kläffende Hunde los zu werden.

Wesentlich schwieriger ist es, einmal angelockte Hunde wieder „abzuschütteln". Seien Sie vorsichtig, viele Tiere sind krank.

Abgesehen von Mischlingen aller Art, die Ihnen begegnen werden, wird an der im Algarve eine besondere Hunderasse gezüchtet, nämlich der **portugiesische Wasserhund.** Er sieht wie ein schwarzer Pudel aus und soll aufgrund besonderer Häute zwischen den Zehen bis zu 6 m tief tauchen können. Ihm wird

Für alle im Buch vorgestellten Wanderungen stehen auf www.reise-know-how.de **GPS-Tracks** in den Formaten gpx und kml zum **kostenlosen Download** bereit. Sie finden die Daten auf der Produktseite dieses Titels.

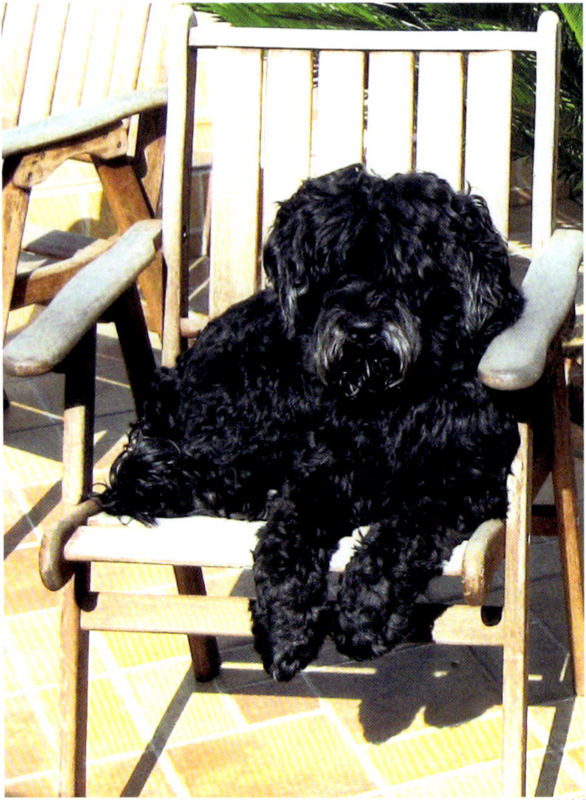

006al cf

nachgesagt, bei Menschen weniger Allergien auszulösen. Seit die Töchter des ehemaligen US-Präsident Obama einen portugiesischen Wasserhund besitzen, ist die Rasse populär geworden.

Nuno, der portugiesische Wasserhund im Winterpelz

Informationen

Sehr gute Informationen (auch auf Deutsch) findet man auf der Website **www.visitalgarve.pt.** Dort gibt es auch einen Wanderführer als Download: www.visitalgarve.pt/pressroom.file.php?fileID=26&file=guia_de_percursos_pedestres_en_web.pdf. Die Papierversion ist bei den nachstehend aufgeführten Postos de Turismo erhältlich.

Weitere Wandertouren findet man auf den Websites www.trilhosdoalgarve.com oder www.algarve-reisen.com/wandern.

Der Algarve, d.i. der Disktrikt Faro, ist in 16 Landkreise untergliedert. Auf den jeweiligen Websites finden sich nicht nur aktuelle Hinweise, sondern auch weitere Wandervorschläge (Stichworte „percourso", „roteiro", „trilho").

Albufeira
Posto de Turismo: An der EN 395 am Stadteingang.
www.cm-albufeira.pt
GNR 289 59 07 90, Feuerwehr 289 58 63 33
Stadt westlich von Faro, 22.800 Einwohner, 2000 Jahre alt, aufgrund von Erdbeben und kriegerischen Ereignissen nur wenige geschichtsträchtige Sehenswürdigkeiten, Zentrum des Massentourismus.

Alcoutim
Posto de Turismo: Rua 1° de Maio. www.cm-alcoutim.pt
GNR 281 54 62 08, Feuerwehr 281 54 04 50
Kleinststadt am Rio Guadiana, 900 Einwohner, Grenzbefestigung.

Aljezur
Posto de Turismo: Rua 25 de Abril 62. www.cm-aljezur.pt
GNR 282 99 81 30, Feuerwehr 282 99 82 58
Kleinstadt an der Costa Vicentina, 3400 Einwohner, landwirtschaftliches Zentrum, Burgruine

Castro Marim
Posto de Turismo: Rua José Alves Moreira 2-4.
www.cm-castromarim.pt, GNR 281 53 10 04
Kleinstadt, 3300 Einwohner, mittelalterliche Stadt mit Stadtmauer und Burg vorrömischen Ursprungs.

Faro
Posto de Turismo: Rua da Misericórdia 8–12.
www.cm-faro.pt, GNR 289 88 76 00, Feuerwehr 289 88 80 00
Hauptstadt des Algarve, 44.000 Einwohner, zwei Universitäten, internationaler Flughafen, Hafen, sehenswerte Altstadt.

Lagoa
Posto de Turismo: Praia do Carvoeiro in Carvoeiro.
www.cm-lagoa.pt, GNR 282 38 01 90, Feuerwehr 282 35 28 88
Kleinstadt, 7200 Einwohner, zwischen Silves und Küste.

Lagos
Posto de Turismo: Praça Gil Eanes (Antigos Paços do Concelho).
www.cm-lagos.pt, GNR 282 77 04 30, Feuerwehr 282 77 07 90
Hafenstadt im Westen des Algarve, 3.500 Einwohner, zeitweise Hauptstadt des Algarve, Ausgangspunkt der portugiesischen Entdeckungsreisen, schöne Altstadt.

Loulé
Posto de Turismo: Avenida 25 Abril 9.
www.cm-loule.pt, GNR 289 35 15 30, Feuerwehr 289 40 05 60
Stadt nordwestlich von Faro, 22.500 Einwohner, Burg mit Altstadt, Markthalle, Fußball-EM-Stadion Estádio Algarve, Karnevalsumzug.

Monchique
Posto de Turismo: Largo S. Sebastião. www.cm-monchique.pt
GNR 282 91 26 29, Feuerwehr 282 91 21 15
Kleinstadt im gleichnamigen Mittelgebirge, 6000 Einwohner, Ausgangspunkt für Wanderungen in der Serra de Monchique. Der malerische Ortsteil Caldas de Monchique ist ein Heilbad, dessen 32° C heißes Quellwasser seit den Zeiten der Römer Besucher anzieht. Heute wird ein Besuch der Quellen bei Atemwegs-, Muskel- und Rheumaerkrankungen empfohlen.

Olhão
Posto de Turismo: Largo Sebastião Martins Mestre 6A.
www.cm-olhao.pt, GNR 289 790 010, Feuerwehr 289 71 00 00
Hafenstadt östlich von Faro, 14.900 Einwohner, Zentrum des Fischfangs, Markthallen, Ausgangspunkt für Bootsfahrten in die Ria Formosa.

Portimão
Posto de Turismo: Avenida Tomás Cabreira in Praia da Rocha. www.cm-portimao.pt
GNR 282 42 07 50, Feuerwehr 282 42 01 30
Hafenstadt, 36.200 Einwohner, schöne Strände, mit dem benachbarten Praia da Rocha Zentrum des Massentourismus.

São Brás de Alportel
Posto de Turismo: Largo de S. Sebastião 23. www.cm-sbras.pt
GNR 289 84 08 00, Feuerwehr 289 84 26 66
Kleinstadt nördlich von Faro, 10.700 Einwohner, früher wohlhabendes Zentrum der Korkverarbeitung, landwirtschaftliches Zentrum, Prozession am Ostersonntag.

Silves
Posto de Turismo: Parque das Merendas (an der EN 124 in Höhe der Rua Cruz de Palmeira gelegen) in Silves und Avenida Marginal 8365 in Armação de Pêra. www.cm-silves.pt
GNR 282 44 02 90, Feuerwehr 282 44 24 11
Kleinstadt am Rio Arade, 11.000 Einwohner, alte Hauptstadt des Algarve mit römischen Wurzeln und großer Vergangenheit, Burg mit Altstadt, deutsche Schule.

Tavira
Posto de Turismo: Praça da República 5.
www.cm-tavira.pt, GNR 281 38 01 40, Feuerwehr 281 32 21 22
Alte Hafenstadt östlich von Faro, 15.000 Einwohner, Burg und Altstadt, gilt als eine der schönsten Städte des Algarve.

Vila do Bispo
Posto de Turismo: Rua Comandante Matoso in Sagres.
www.cm-viladobispo.pt
GNR 282 63 91 12, Feuerwehr 282 63 92 85
Kleinststadt, 900 Einwohner, liegt im Parque Natural do Sudoeste Alentejano e Costa Vicentina im äußersten Südwesten.

Vila Real de Santo António
Posto de Turismo: Avenida Marginal in Monte Gordo.
www.cm-vrsa.pt, GNR 281 530 150, Feuerwehr 281 51 27 77
Hafenstadt an der breiten Mündung des Grenzflusses Guadiana, 12.000 Einwohner, nach dem verheerenden Erdbeben 1755

vom Marquês de Pombal als barocke Planstadt wiederaufgebaut.

Jagd

In einem Jahr Algarve sind mir beim Wandern drei Hasen/Kaninchen und ein Reh begegnet. Ein Wildschwein lief abends vor meinem Auto über die Straße. Kein Wunder, die Jagd ist in Portugal **immer noch sehr verbreitet.** Aber das Jagdgesetz von 1999 regelt sehr genau, wer wo wann was jagen darf. Am dritten Sonntag im August beginnt die Jagd auf einige Taubenarten und Wasservögel, ab 1. September müssen Hasen und Kaninchen daran glauben und ab 1. Oktober darf fast alles jagdbare Wild erlegt werden. Treibjagden auf Wildschweine und Rotwild dürfen von Anfang Oktober bis Ende Februar stattfinden, aber auch nicht an allen Tagen (meist nur donnerstags, freitags und sonntags). Ab Anfang März ist wieder Ruhe.

Ich empfand die Jagd für das Wandern nie als Problem, aber man sollte zwischen Anfang Oktober und Ende Februar **auf Jäger achten.**

Karten

Sehr gute **Wanderkarten** im Maßstab 1:25.000 sind beim **Militärgeographischen Institut Centro de Informação Geoespacial do Exército** (www.igeoe.pt) in Lissabon erhältlich. Einzelne Karten kosten zwischen 6 und 7 Euro. Vor Ort sind sie erhältlich bei: Livraria Simões; Rua do Alportel, 86-A; 8000-239 Faro; Tel. +351 289 826 618 (sehr gut sortiert) sowie Livraria Papelaria José Rosado; Rua Comandante Matoso, 27; 8650-413 Vila do Bispo; Tel. +351 282 639 363

Die im Kopf der Touren angegebene Kartennummer bezieht sich auf die Karten des Militärgeographischen Instituts.

Mietwagen

Es gibt eine **Vielzahl von Anbietern,** außerhalb der Saison sind die Preise günstig (15 Euro/Tag als Richtwert). Eine Zusatzversicherung für Vandalismus ist meines Erachtens nicht erforderlich, der Algarve ist, insbesondere außerhalb der Saison, ein sehr sicheres Reisegebiet.

Die **Autobahn A 22** entlang der Küste war früher kostenfrei, seit 2011 ist sie **gebührenpflichtig.** Es gibt es keine Mautstellen, die Gebühr wird ähnlich wie bei der Lastwagenmaut in Deutschland eingezogen. Der Autovermieter wird deshalb fragen, ob man ein **elektronisches Mauterfassungsgerät** mieten möchte. Ohne dieses Gerät ist die Bezahlung der Maut mehr als umständlich, deshalb sei jedem, der ein Auto mieten möchte, dieser Transponder ans Herz gelegt.

Öffentliche Verkehrsmittel

Der Algarve ist durch **Buslinien** (www.eva-bus.com, www.algarvebus.info) und die **Eisenbahn** (www.cp.pt) entlang der Küste von der spanischen Grenze bis Lagos gut erschlossen. Die Wanderungen 6, 7, 8, 10, 11, 23, 25 und 26 sind problemlos mit öffentlichen Verkehrsmitteln zu erreichen, die Wanderungen 5, 14, 22 und 35 mit Einschränkungen. Für die übrigen Touren dürfte ein Mietwagen unerlässlich sein.

Schlangen

Natürlich gibt es Schlangen in Portugal, auch giftige. Das Risiko, von einer Schlange gebissen zu werden, ist aber relativ gering. Schlangen haben **Angst vor Menschen,** die meisten Schlangen versuchen sich zu verstecken, sobald sie Menschen wahrnehmen. Nur wenn sie sich in die Enge getrieben fühlen kann es zu einem Schlangenbiss kommen.

Auch beim Biss einer nichtgiftigen Schlange besteht die Möglichkeit einer **allergischen Reaktion** oder einer **Infektion.** Es ist deshalb **wichtig, sich zu merken wie die Schlange, die zugebissen hat, ausgesehen hat.** Dies hilft bei der Identifikation der Schlangenart und der Abschätzung der Folgen. Grundsätzlich sollte man nach einem Schlangenbiss einen Arzt aufsuchen.

Alle Schlangen halten von Oktober/November an eine **vier- bis fünfmonatige Winterruhe.**

Treppennatter (port. cobra-de-escada)

Die 100 bis 160 cm lange Treppennatter ist eine **ungiftige Würgeschlange,** die am Tag und in der Dämmerung Kleinsäuger und Vögel jagt. Man kann sie aufgrund der dunklen Rücken längsstreifen gut von anderen Schlangen unterscheiden. Sie ist relativ aggressiv und attackiert potentielle Feinde mit heftigen Bissen. Bei starker Sonneneinstrahlung und starkem Wind sucht die Treppennatter Schutz unter Steinen.

Europäische Eidechsennatter (port. cobra-rateira)

Die europäische Eidechsennatter ist mit einer durchschnittlichen Länge von 170 cm die größte Schlangenart in Europa. Sie ist eine tag- und dämmerungsaktive Schlange, gegenüber dem Menschen sehr scheu. Es handelt sich um eine **Giftschlange,** ein Biss von ihr ist in der Regel nicht lebensbedrohlich, aber dennoch äußerst unangenehm. Das Gift wirkt beim Menschen vor allem auf das Nervensystem.

Ringelnatter (port. cobra-de-água-de-colar)

Die **ungiftige** Ringelnatter ist auch in Deutschland zu finden. Sie wird etwa 75 bis 150 cm lang und ist auf ihrer Oberseite schiefergrau, grünlich oder olivbraun gefärbt und hat dunkle Flecken.

Die ungiftige Ringelnatter

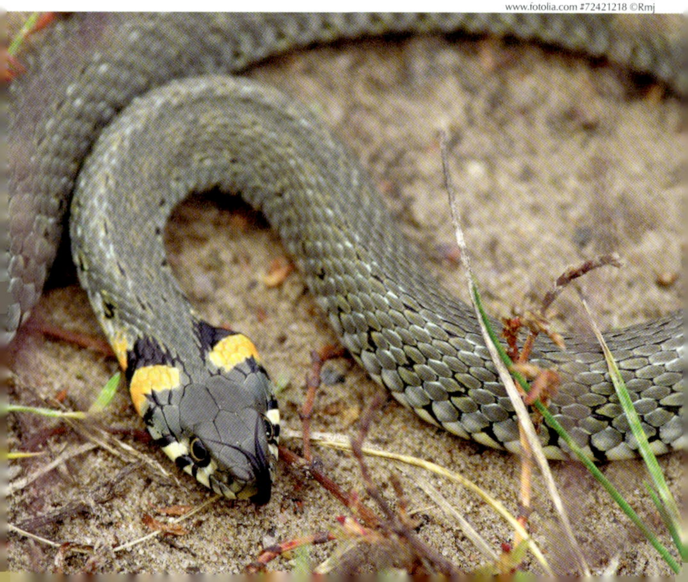

Ihre Unterseite ist von gelblicher oder weiß-grauer Farbe und mit einem an ein Schachbrett erinnernden Fleckenmuster versehen. Auffallend sind die beinah dreieckigen orange-gelben, gelben oder weißlichen Flecken im Bereich ihres deutlich vom Körper abgesetzten Kopfes, die wie eine Art Kragen wirken. Die Ringelnatter ist eine sehr scheue Schlange.

Vipernnatter (port. cobra-de-água-viperina)

Die **ungiftige** Vipernnatter wird ca. 80 cm lang. Da sich die Nahrung der dämmerungs- und nachtaktiven Vipernatter hauptsächlich aus Fischen und Amphibien zusammensetzt, findet man sie in der Nähe von stehenden und fließenden Gewässern. Der gefleckte Kopf ist recht klein und praktisch nicht vom Hals abgesetzt. Die Grundfärbung kann grau, ocker, gelblichbraun, oliv, rötlichbraun bis schwefelgelb sein. Die Rückenzeichnung besteht aus einem schwarzen Zickzack- oder Wellenband. Die Bauchfärbung variiert von weiß, gelb und braun über rötliche Töne bis schwarz.

Die ungiftige Vipernnatter

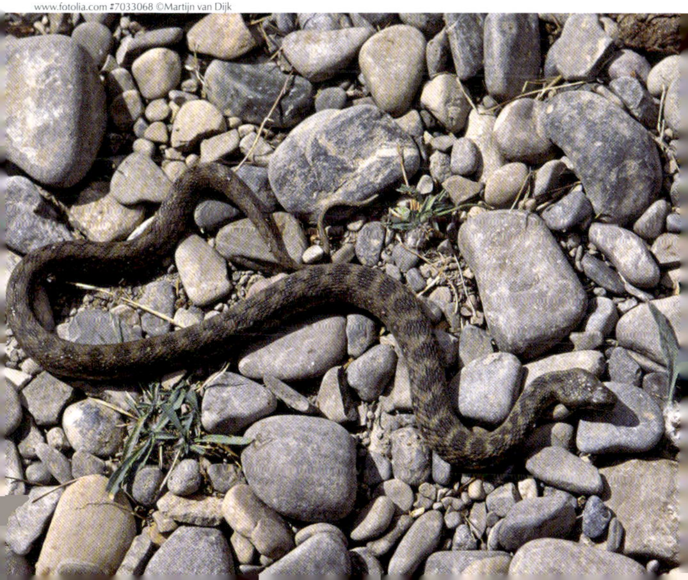

Telefonieren

Portugiesische Telefonnummern haben grundsätzlich **neun Ziffern,** Mobilfunknummern beginnen mit einer 9, Festnetznummern mit einer 2 (eine Ortsvorwahl gibt es nicht). Beim Telefonieren nach Portugal wählt man die **internationale Vorwahl** 00351 für Portugal und dann die neunstellige Telefonnummer. Genauso wie in Deutschland hat sich die Zahl der öffentlichen Telefonzellen in den letzten Jahren verringert.

Für **Handys** ist die Netzabdeckung im Algarve gut.

Polizei oder Feuerwehr haben die Nummer **112** in ganz Portugal. Wenn Ihr Anbieter an Ihrem Standort kein Netz hat, bietet sich vielleicht ein anderer Netzbetreiber an. Und dessen Netz können Sie für den Notfall auch benutzen! Schalten Sie das Handy aus und geben Sie nach dem Wiedereinschalten statt der PIN-Nummer 112 ein. Das Handy sucht sich dann automatisch das stärkste Betreibernetz und setzt den Notruf ab. Wenn Sie die SIM-Karte entfernen, ist nur noch der Notruf 112 möglich.

Diensthabende Apotheke: 118

Unterkunft

Von Oktober bis Mai leben im Algarve ca. 400.000 Menschen, zwischen Mitte Juni und Mitte September ca. 800.000. In diesen drei Monaten sind Unterkünfte teuer und knapp. In den übrigen Monaten gibt es, auch kurzfristig, ausreichend Unterkünfte zu vernünftigen Preisen. Allerdings befinden sich die meisten Unterkünfte in einem schmalen Streifen entlang der Küste, im Hinterland ist die Suche danach schwieriger.

Wanderwege

Der **Fernwanderweg Via Algarviana GR 13** wurde ab 1995 auf bestehenden Wegen eingerichtet und an den Orten mit der größten natürlichen und kulturellen Bedeutung vorbeigeführt. Vorbild war der alte Pilgerweg des Hl. Vincenz. Die Via Algarviana beginnt ganz im Osten bei Alcoutim am Grenzfluss Guadiana, an der Grenze zum Alentejo und zur Extremadura. Sie führt 300 km lang durch das gebirgige Hinterland des Algarve zum Cabo de São Vicente und durchquert dabei neun der sechzehn Landkreise des Algarve und ungefähr 21 Gemeinden. Für die

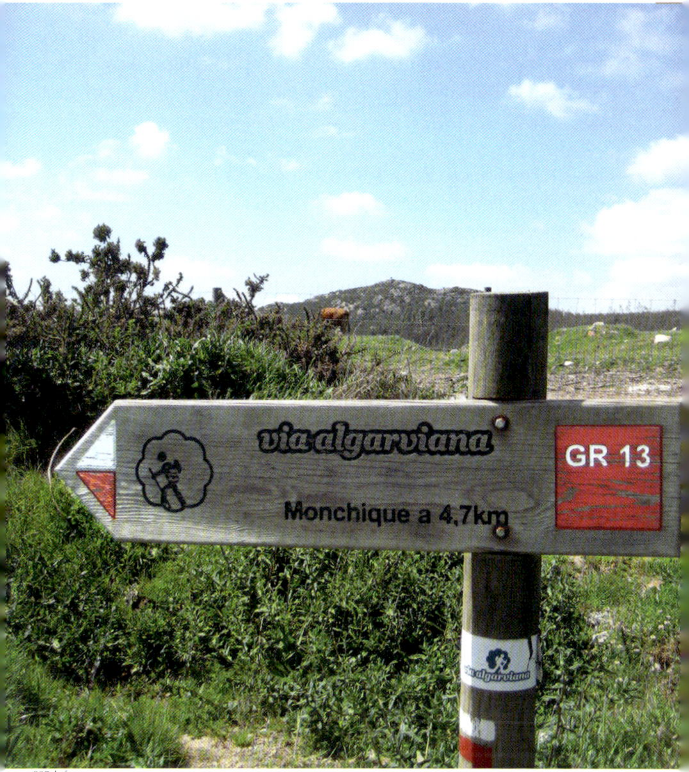

007al cf

ganze Strecke benötigt man ca. zwei Wochen. Die Organisation der Via Algarviana (www.viaalgarviana.org) bietet auch die Durchführung von geführten Wanderungen in Gruppen an.

Die Via Algarviana ist auf verschiedene Arten ausgezeichnet: Pfosten, Richtungspfeile, Info-Pfeile und Erklärungstafeln. Auch auf Felsen und Bäumen gibt es gemalte Markierungen – immer mit dem Symbol der **Grande Rota (GR).**

Wegzeichen der Via Algarviana (Tour 13)

Die Richtungspfeile zeigen immer die Richtung der Via Algarviana an, ggf. mit einer Entfernungsangabe. Die Info-Pfeile weisen auf Sehenswürdigkeiten oder Verpflegungs- bzw. Übernachtungsmöglichkeiten hin, die nicht immer direkt auf dem Weg liegen.

Die 2012 eröffnete **Rota Vicentina GR 11** (www.rotavicentina.com) ist ein Fernwanderweg im Naturpark Sudoeste Alentejana e Costa Vicentina entlang der Südwestküste Portugals von Santiago de Cacém im Alentejo bis zum Cabo de São Vicente. Es gibt den 230 km langen **Historischen Weg (Caminho Histórico),** der mehr im Landesinneren verläuft, und auf Abschnitten parallel dazu den 120 km langen **Fischerpfad (Trilho dos Pescadores),** der an der Küste entlang führt.

An Popularität hat die Rota Vicentina arviana inzwischen schon übertroffen und zählt zur Gruppe der schönsten Fernwanderwege weltweit.

Die Wegmarkierungen des Caminho Histórico entsprechen denen der Via Algarviana, die des Trilho dos Pescadores sind blau-grün statt rot-weiß.

Seit Kurzem gibt es an der Grenze zu Spanien entlang des Rio Guadiana den 65 km langen Fernwanderweg **Grande Rota do Guadiana GR 15** (www.rotaguadiana.org). Er verbindet in vier Etappen Alcoutim im Nordosten des Algarve mit Vila Real de Santo António am Atlantik. Die Wegzeichen entsprechen denen der Via Algarviana.

In den meisten Landkreisen gibt es markierte, mehrstündige **Tageswanderungen.** Beschreibungen und Karten sind oft nur vor Ort in dem Posto do Turismo des jeweiligen Landkreises erhältlich. Eine Alternative ist das Internet: www.wiportugal.org.

Die gelb-roten Wegzeichen ähneln denjenigen der Via Algarviana.

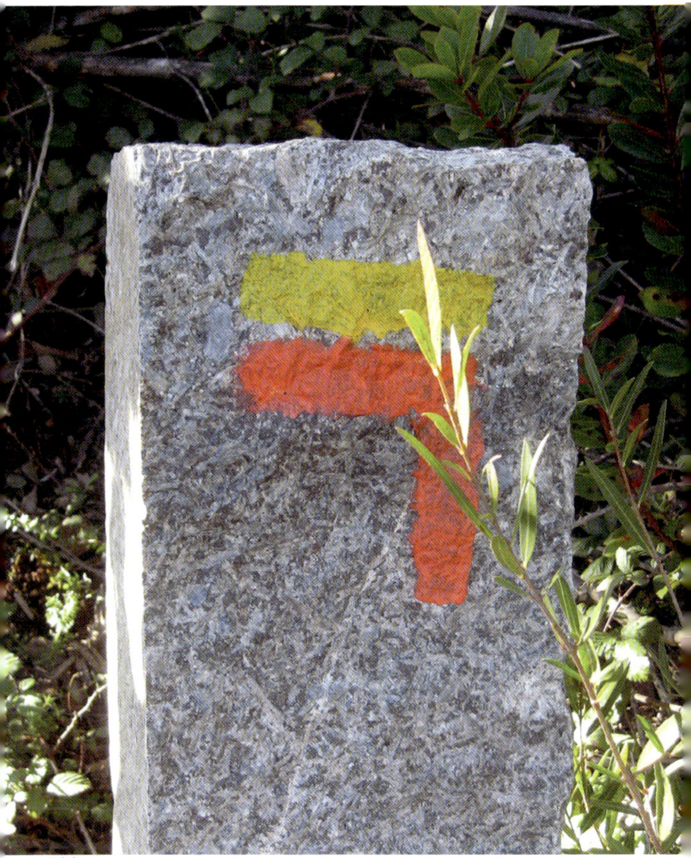

Die **Tageswanderungen** sind mit den Buchstaben **PR (Pequena Rota)** und einer Zahl gekennzeichnet. Dahinter stehen noch zwei bis drei Buchstaben für den Landkreis.

Bei diesen Schildern handelt es sich also um die Wanderungen PR1 und PR3 im Landkreis Tavira (TAV).

Es kommt vor, dass eine Tageswanderung auf einem Abschnitt der Via Algarviana oder der Grande Rota do Guadiana folgt. In diesem Fall wird eine kombinierte Markierung verwendet.

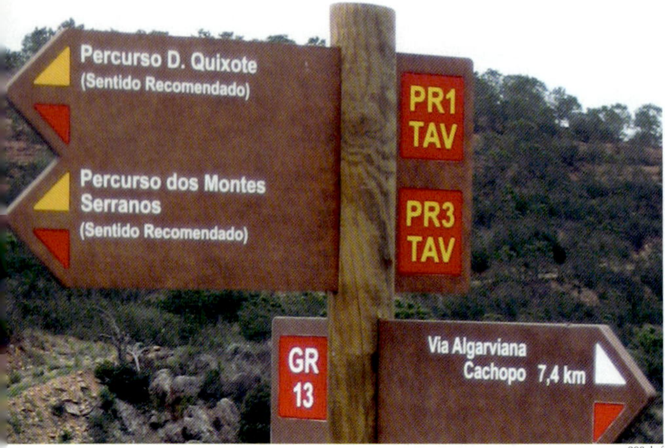

009al cf

010al cf

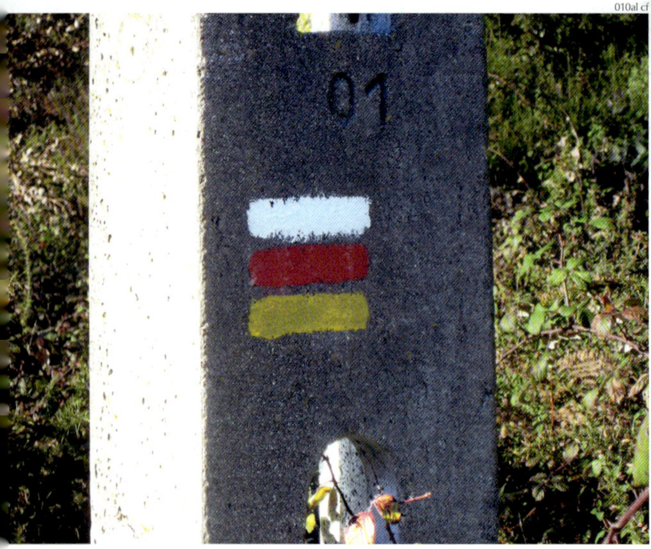

Wanderzeit

Spricht man mit Menschen, die schon länger im Algarve leben, über das Wetter, ist die Meinung weit verbreitet, dass es vor Jahren anders, berechenbarer war. Die folgenden Hinweise sind deshalb mit Vorsicht zu genießen.

Ab Mitte **September** sinken die Temperaturen, Wandern wird möglich, zuerst an der Westküste und in der Serra de Monchique. Vereinzelte Regentage sind nicht ausgeschlossen, aber insgesamt sind die Temperaturen angenehm. Verdorrtes Gras lässt die Landschaft braun und ein wenig wüstenähnlich erscheinen. Nur in bewässerten Gärten und im Monchique-Gebirge, das wegen seiner geografischen Lage feuchter ist, blüht es – hauptsächlich Oleander, Hibiskus und Bougainvillea.

Der **Oktober** bietet normalerweise angenehmes Wanderwetter, länger andauernde Schlechtwetterperioden sind selten. Die Landschaft verliert langsam den Braunton und wird grüner, Oliven und Johannisbrot sind reif.

Im **November** kann es länger andauernde Schlechtwetterphasen geben, aber auch einen Altweibersommer, der im Portugiesischen Verão de São Martinho heißt.

In den Wintermonaten **Dezember bis Februar** kann es tagelang und kräftig regnen. Ich erlebte 2014/15 genau das Gegenteil: drei Monate blauen Himmel mit angenehmen Tagestemperaturen und kalten Nächten – ideales Wanderwetter. Wenn in Deutschland noch Winter herrscht, verwandelt sich der Algarve in ein wahres Blütenmeer. Die Mandelbäume, die im Februar zu blühen beginnen, sind in dem touristisch sehr erschlossenen Küstenstreifen zwischen Lagos und Faro oft der Bauwut zum Opfer gefallen, im Hinterland jedoch noch häufig anzutreffen.

März und April gelten als ideale Wandermonate, längere Schlechtwetterperioden sind selten und die Temperaturen sind angenehm. Das Land steht in voller Blüte. Lavendel, Rosmarin, Thymian, Salbei, Zitronenkresse und viele andere Kräuter schießen aus dem Boden und blühen; auch wilde Orchideen, Lilien, Narzissen und Pfingstrosen erfreuen den Wanderer. Wei-

Wegzeichen (oben Tour 34)

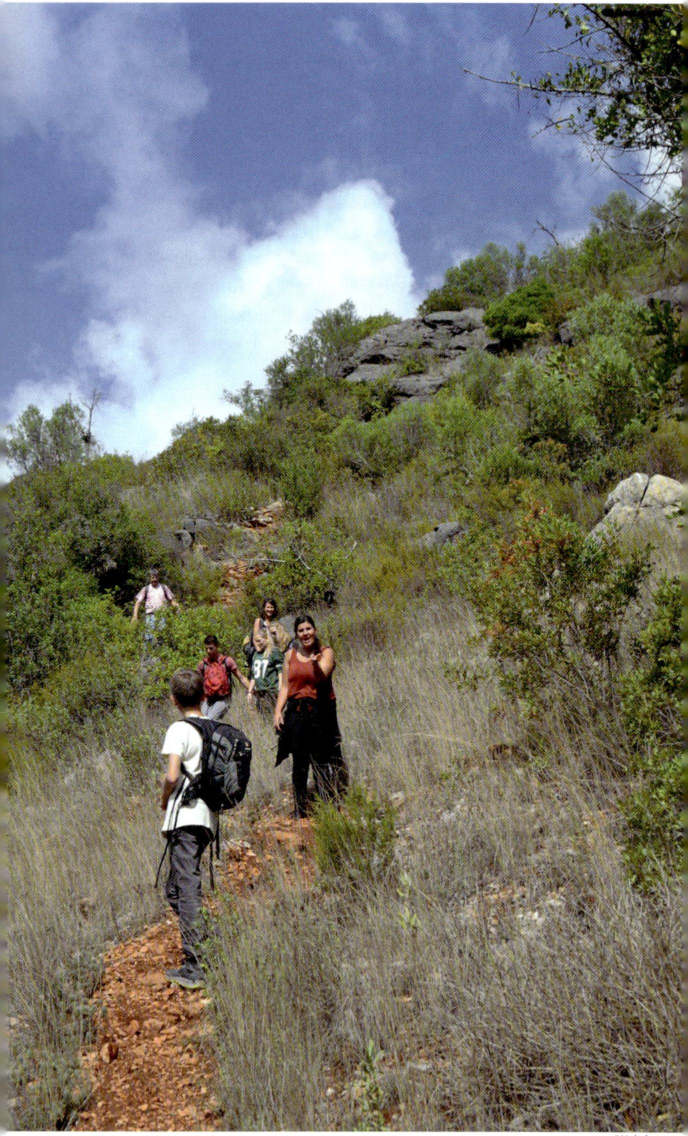

011al cf

te Flächen sind von weiß, gelb oder rosa blühenden Zistrosen bedeckt.

Auch der **Mai** zählt noch zu den Wandermonaten, obwohl es jetzt schon geschehen kann, dass es in den Mittagsstunden heiß ist.

Mitte Juni bis Mitte September ist wegen der Hitze eigentlich keine Wanderzeit. Wenn Wandern in dieser Zeit überhaupt möglich ist, dann an der Westküste (im Vergleich zur Südküste manchmal bis 10 Grad geringere Temperaturen) oder im Monchique-Gebirge.

Länge der Tage (monatliche Durchschnittswerte)

	Sonnenaufgang	Sonnenuntergang	
Januar	7:40	17:40	
Februar	7:15	18:10	
März	6:40	18:40	
April	7:00	20:10	Sommerzeit
Mai	6:25	20:30	
Juni	6:10	20:50	
Juli	6:25	20:45	
August	6:50	20:20	
September	7:15	19:40	
Oktober	7:40	18:50	
November	7:15	17:25	Winterzeit
Dezember	7:30	17:15	

Zeit

In Portugal gilt die **westeuropäische Zeit,** deshalb muss man die Uhr um 1 Stunde zurückstellen, wenn man von Mitteleuropa dorthin reist.

Der Weg führt an zwei Höhlen mit Fledermäusen vorbei (Tour 28)

004al cf

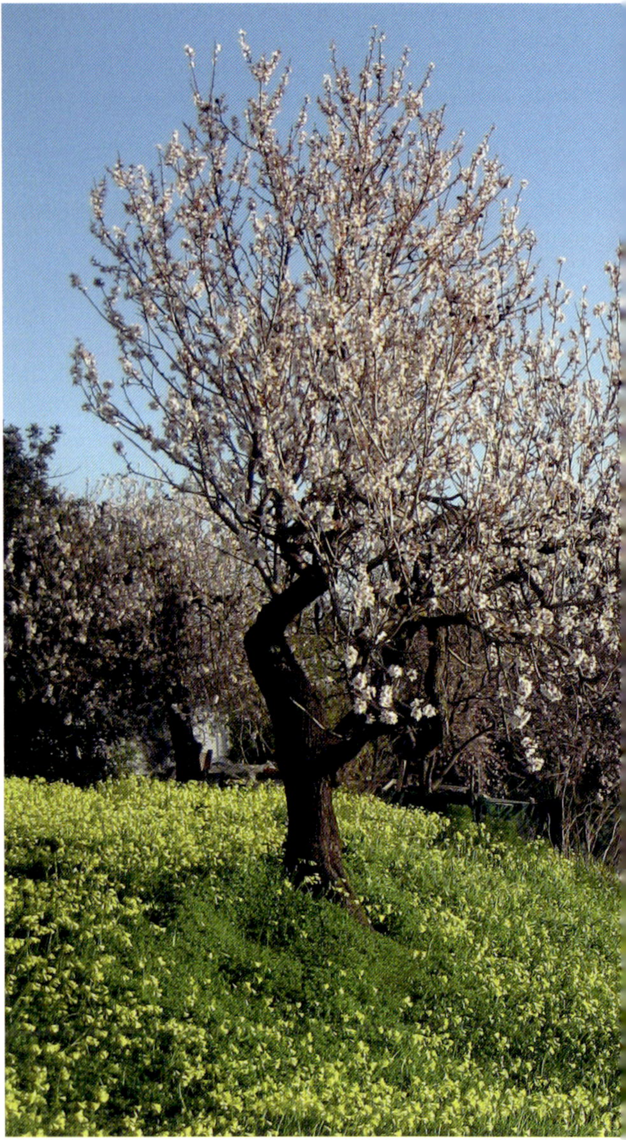

Landeskunde

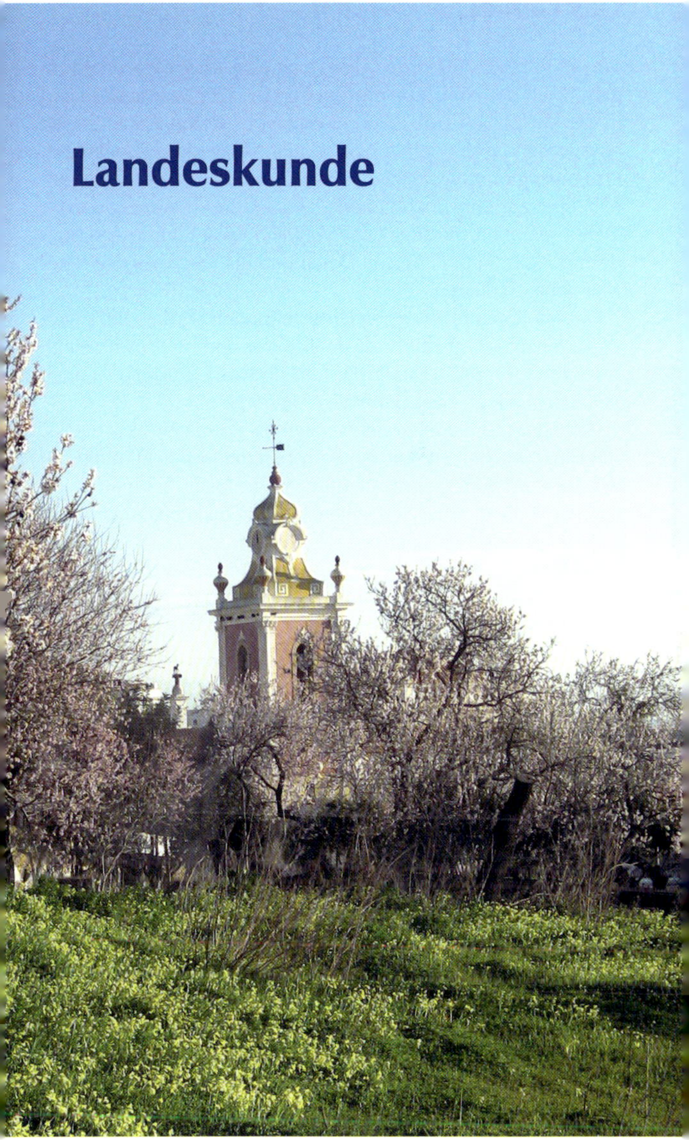

Das Gebiet

Von 1936 bis 1976 war der Algarve eine der elf Provinzen Portugals. Nach der **Nelkenrevolution** im Jahr 1974 wurde das Land in der Verfassung von 1976 in Kontinentalportugal und beiden autonomen Inselregionen Azoren und Madeira neu gegliedert. Das portugiesische Festland ist wiederum in 18 Distrikte unterteilt und zudem, unabhängig davon, in 5 Regionen und in 28 Subregionen, die aber keine Verwaltungsstrukturen sind, sondern nur der Sammlung von Daten und Planung ökonomischer Maßnahmen dienen.

Das Interessante an diesen **Unterteilungen** ist, dass der Algarve als einziges Gebiet Portugals alles war und ist: Provinz, Region, Subregion und Distrikt (Distrito de Faro). Deshalb ist auch genau festgelegt, was zum Algarve gehört.

Der Algarve hat mehr oder weniger die Form eines Rechtecks. Begrenzt wird er im Norden vom benachbarten Alentejo, im Westen und Süden vom Atlantik und im Osten bildet der Rio Guadiana die Grenze zu Spanien. Die Südküste des Algarve hat von der spanischen Grenze bis zum Cabo de São Vicente bei Sagres eine Länge von ca. 155 km, die Westküste (der südliche Teil der Costa Vicentina) ist mit 52 km viel kürzer. Cabo de São Vicente ist der südwestlichste Punkt des Kontinents, Cabo da Roca bei Lissabon liegt 50 km westlicher.

Der Algarve wird von Norden nach Süden in **drei Bereiche** unterteilt: Serra, Barrocal und Litoral.

Die **Serra** ist ein hügeliges Bergland vulkanischen Ursprungs aus zwei verschiedenen Schichten: Sandstein und Tonschiefer bis zu einer Höhe von 400 m, darüber gibt es eine spezielle Granitform, den „Foiait", der in der Umgebung von Monchique abgebaut wird. Die Serra erstreckt sich über die nördliche Hälfte des Algarve, ist dünn besiedelt und wird, mit Ausnahme von Monchique und seiner Umgebung, von Touristen kaum besucht.

Drei Höhenzüge lassen sich unterscheiden: die **Serra de Espinhaço de Cão** im äußersten Westen mit einer Höhe bis zu

Kapitelstartseite: Mandelblüte beim Palácio de Estoi

300 m; die **Serra de Monchique** im Westen mit den höchsten Erhebungen im südlichen Portugal, dem Fóia (902 m) und dem Picota (773 m); die **Serra do Calderão** (auch Serra do Mú genannt) in der Mitte und Osten des Algarve mit einer Höhe von bis zu 589 m.

Die beiden letztgenannten stoßen in einer Verwerfungszone bei São Bartolomeu de Messines (kurz S. B. Messines) aufeinander. Dieser Einschnitt wurde von den Straßen- und Autobahnplanern benutzt, um das Bergland zu überwinden.

Die Serra hat beträchtlichen Einfluss auf das **Klima** des Algarve, da sie eine Barriere gegen kalte Winde aus dem Norden und Tiefdruckgebiete aus dem Nordosten bildet. Andererseits blockiert sie die feuchten Luftströme aus dem Süden und sorgt für ausreichend Regen. So entsteht ein nahezu mediterranes Klima mit milden Temperaturen im Winter, das mit über 3000 Sonnenstunden im Jahr dem in Südkalifornien vergleichbar ist.

Auf größeren Teilen der Serra wachsen inzwischen überwiegend **Eukalyptus und Waldkiefer** für die industrielle Nutzung, neben diesen Monokulturen findet man aber auch noch vier sommergrüne Eichenarten (Algier-Eiche, Portugiesische Eiche, Lusitanische Eiche, Pyrenäen-Eiche) und drei immergrüne (Kermes-Eiche, Korkeiche, Steineiche), Kastanien und Erdbeerbäume, etwas seltener Italienische Steinkiefern und Stechpalmen.

Landflucht ist ein großes Problem. Die Jungen gehen fort – an die Touristenküste oder gleich nach Lissabon. Die traditionelle kleinräumige Selbstversorger-Landwirtschaft – Garten, Äckerchen, Hausschwein, Olivenhain – stirbt aus. Die Wanderungen führen an vielen aufgegebenen, überwucherten Nutzflächen vorbei.

Barrocal heißt der **fruchtbare Übergangsbereich** zwischen dem schmalen Küstenstreifen und der Serra. Das weitgehend aus Kalkstein und Schiefer bestehende Gebiet umfasst etwa ein Viertel der Region. Im Barrocal werden die meisten landwirtschaftlichen Erzeugnisse des Algarve angebaut, insbesondere Obst und Zitrusfrüchte, Avocados, Gemüse, Feigen, Mandeln, Oliven und Maulbeeren, hier und da Johannisbrot. Der Honig soll der beste des Landes sein.

Nach einer längeren Krise erholt sich inzwischen auch der **Weinbau.** Neben alteingesessenen Genossenschaften, die meist

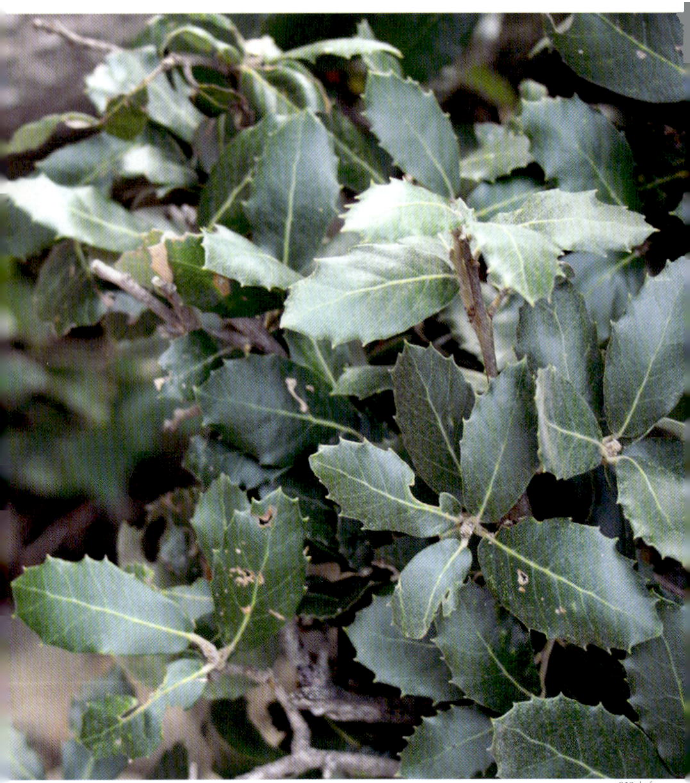

012al cf

Massenware produzieren, gibt es mehr und mehr Weingüter die Spitzenprodukte anbieten.

Der Algarve war ein bedeutendes Zentrum der **Korkproduktion,** ehe sich der Anbau der Korkeichen in den Alentejo und die Verarbeitung in den Raum Lissabon verlagerte. Noch heute ist Portugal der bedeutendste Erzeuger und Produzent von Kork weltweit, damit aber auch besonders von der zurückgehenden Nachfrage und sinkenden Preisen betroffen, seit alternative Flaschenverschlüsse zunehmen. Inzwischen wird versucht, durch alternative Produkte aus Kork vom Regenschirm über Schuhe bis zur Damenhandtasche Absatz zu schaffen.

Der **Litoral** ist der schmale, dicht besiedelte Küstenstreifen. Hier befindet sich das touristische Zentrum des Algarve. Dieser Bereich lässt sich wiederum in den östlichen, dem Wind abgewandten Sotavento zwischen spanischer Grenze und Faro, den westlichen, dem Wind zugewandten Barlavento zwischen Faro und dem Cabo de São Vicente und der Costa Vicentina an der Westküste des Algarve gliedern.

Der Sotavento wird auch als **Sandalgarve** bezeichnet. Zwischen der spanischen Grenze und dem Beginn der Ria Formosa bei Tavira erstrecken sich lange flache Sandstrände, durch Dünen vom Hinterland getrennt. Der daran westlich anschließende Küstenabschnitt ist geprägt durch die geschützte Lagunenlandschaft der Ria Formosa. Eine Kette von vorgelagerten Inseln und Halbinseln mit langen einsamen Stränden trennt dieses einzigartige Ökosystem von der offenen See des Atlantischen Ozeans.

Das Naturschutzgebiet der Ria Formosa endet westlich von Faro. Daran schließt das sogenannte „Goldene Dreieck" des Algarve an, das von den Urlaubs- und Golfresorts Quinta do Lago, Vale do Lobo und Vilamoura gebildet wird. An diesem kurzen Küstenabschnitt finden sich vielfarbige, mit Pinienwäldchen bestandenen Sandsteinklippen, vor denen sich kilometerlange Sandstrände ausdehnen. Wind, Wellen und Regen haben im Laufe der Zeit bizarre Spuren in die weichen Klippen gegraben.

Den Barlavento nennt man **Felsalgarve,** handelt es sich doch um eine zerfurchte 20 bis 50 m hohe Steilküste aus gelbem und rötlich-braunem Kalk- und Sandstein mit kleinen Sandstränden, eingebettet in zerklüftete Felsbuchten. Dazwischen bilden Felsgrotten und bizarre Felsformationen beliebte Ausflugsziele für Bootstouren. Diese Felsenlandschaft wird an Flussmündungen bei Armação de Pêra und zwischen Alvor und Lagos durch lange Sandstränden unterbrochen.

Die Westküste des Algarve erstreckt sich über 52 km vom Cabo de São Vicente, dem südwestlichsten Punkt des europäischen Festlandes, bis nach Odeceixe im Norden an der Grenze zum Alentejo. Schroffe Felsen der Steilküste wechseln sich mit herrlichen Sandständen in kleineren und größeren Buchten ab.

Die immergrüne Steineiche hat Blätter mit Zacken

Geschichte

Zu Beginn des 5. Jh. wanderten **germanische Stämme** auf die Iberische Halbinsel ein und beendeten dort die römische Herrschaft. Die Sueben – etymologisch leitet sich davon der spätere Stammesname der Schwaben ab – setzten sich in Galizien und im benachbarten Nordportugal fest, die Westgoten eroberten vom heutigen Toulouse aus weite Gebiete der Halbinsel und verleibten sich schließlich auch das suebische Königreich ein. Bis zum 7. Jh. romanisierten sich die germanischen Eroberer und die Unterschiede zwischen ihnen und der Urbevölkerung schwanden.

Im Jahr 711 setzten **islamische Mauren aus Nordafrika** über die Meerenge von Gibraltar und vernichteten das Westgotenreich. Im Juli dieses Jahres fiel der Westgotenkönig Roderich in der entscheidenden Schlacht am Río Guadalete. Innerhalb des folgenden Jahrzehnts brachten die Mauren fast die ganze Iberische Halbinsel unter ihre Kontrolle und versuchten dann (erfolglos) über die Pyrenäen-Grenze nach Norden zu expandieren. Dabei lag der Nordwesten der Halbinsel etwas im Windschatten und dort begann der Widerstand gegen die Eroberer aus Afrika. Schon 722 soll in der Schlacht von Covadonga bei der gleichnamigen Felsenhöhle in Asturien eine maurische Streitmacht von den Christen besiegt worden sein. Die Existenz der Schlacht und die Größe der maurischen Streitmacht sind umstritten und Gegenstand der Forschung.

Tatsache ist, dass im spanischen Nordwesten die **Reconquista,** die Rückeroberung der Iberischen Halbinsel begann, die 1492 mit dem Fall von Granada endete. Im Verlauf dieser Reconquista entstanden mehrere christliche Königreiche, die, bis auf Portugal, im spanischen Königreich zusammenfanden.

Die entgegengesetzte Entwicklung gab es auf der islamischen Seite. Zuerst waren die Eroberungen auf der Iberischen Halbinsel unter dem Namen al-Andalus Teil des Umayyaden-Kalifats in Damaskus. 750 wurden das Herrschergeschlecht der Umayyaden von den Abbasiden verdrängt und ausgerottet, einem Umayyadenprinzen aber gelang die Flucht nach al-Andalus. 756 errichtete er dort das unabhängige Emirat von Córdoba, seit 929 nannten sich seine Nachfolger Kalifen. Mit dem Tod des letzten Umayyaden-Herrschers Jahr im Jahr 1031 zerfiel dieses Kalifat in mehrere bis viele unabhängige Herrschaften.

Al-Gharb al-Andalus, der Westen von al-Andalus, war eine über die heutige Region Algarve hinausgehende (auch den Großteil des Alentejo und die spanische Provinz Huelva umfassende) Provinz von Córdoba. Die Portugiesen eroberten bis 1251 die südlich ihres Reichs liegenden islamischen Gebiete, die Spanier brauchten dazu 250 Jahre länger.

Am Süden Portugals blieb dann der Name **Al-Gharb** bzw. **Algarve** hängen und die portugiesischen Könige nannten sich – zur Abwehr spanischer Ansprüche – bis zum Ende der Monarchie 1910 Rei de Portugal e do Algarve.

Im Oktober wurde in Portugal die **Republik** ausgerufen, der König floh ins Exil nach England. Das Land wurde zunehmend instabiler, Putsch und Gegenputsch standen auf der Tagesordnung. 1926 folgte eine Militärdiktatur, die sich später in einen autoritären, von einigen Historikern auch faschistoid genannten Ständestaat, den Estado Novo, unter Führung von António de Oliveira Salazar verwandelte. Erst mit der Nelkenrevolution 1974 kehrte das Land zur Demokratie zurück.

König Sancho I., der 1189 Silves zurückeroberte, vor der Burg von Silves (Tour 10)

013al cf

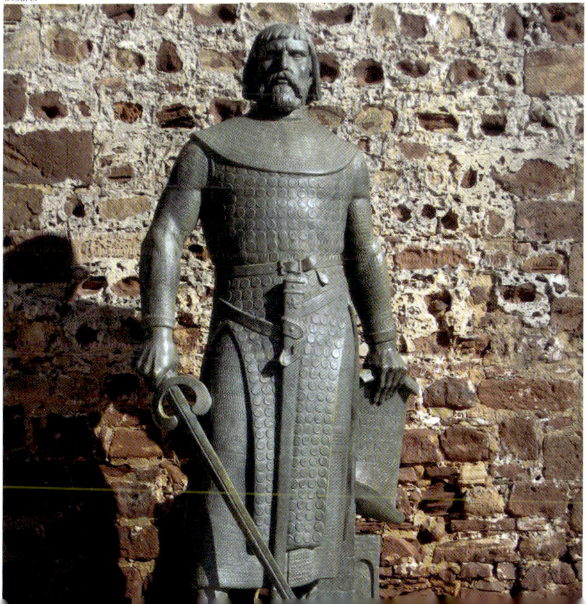

Begegnungen mit Portugal

Am Anfang stand eine virtuelle Begegnung. Mitte der 1960er-Jahre befasste sich eine Jugendzeitschrift mit dem Bau der Hängebrücke über den Tejo. In jenen Jahren war Portugal ein exotisches Land und exklusives Reiseziel. Wahrscheinlich wurden in dem Artikel alle Klischees bedient, die gängig sind: Vergleichbar mit Rom liegt Lissabon auf sieben Hügeln, ist aber wegen der Lage an der Tejo-Mündung viel schöner; die Trauer um das portugiesische Weltreich, die in dem melancholischen Fado zum Ausdruck kommt; sicher das Bild von Heinrich dem Seefahrer. Jedenfalls stand für mich nach der Lektüre fest: Da möchte ich mal hin.

Die Jahre vergingen, in den Nachrichten wurden Portugals Kriege in seinen afrikanischen Kolonien und 1974 die Nelkenrevolution ein Thema. 1978 war der Frühsommer an der französischen Atlantikküste kalt und regnerisch, wir jung und unabhängig, was lag näher, als der Sonne entgegenzufahren. Entlang der spanischen Nordküste, durchs grüne und damals noch pilgerfreie Galizien führte die Reise Richtung Portugal. Ein Dämpfer erhielt die Begeisterung spät abends an der Grenze. Portugal wurde damals bei Einbruch der Dunkelheit noch abgeschlossen und erst bei Tagesanbruch wieder geöffnet. Als der Morgen graute, konnten wir endlich die kombinierte Bahn-Straßen-Brücke zwischen Tui und Valença überqueren und die Einreiseprozedur hinter uns bringen. Wir waren fast die einzigen Fremden, Autos mit ausländischem Kennzeichen gehörten Gastarbeitern auf Heimaturlaub. Der Wechselkurs war günstig und somit ein gutes Hotel im Rahmen des Budgets. Weiß livrierte Kellner beim Essen am Abend standen in Gegensatz zu der bescheidenen Umgebung am Tage.

Damals dauerte die Weiterfahrt nach Lissabon einen ganzen Tag – fast nur Landstraße, aber wenig Verkehr. Heute berechnet der Routenplaner gut 4 Stunden Fahrzeit, zur Auswahl stehen zwei parallele, wenig befahrene und mit EU-Hilfe finanzierte Autobahnen. Englisch war in jenen Tagen noch wenig verbreitet, aber auf Französisch erhielten wir Auskunft über den Weg ins Zentrum der Hauptstadt. Wo sich heute Fußgängerzonen erstrecken, floss damals spärlicher Verkehr, Parken kein Problem. Der Eindruck war kleinstädtisch und typisch. Zu kaufen gab es wenig, zwei Kaufhäuser, die hundert Jahre früher Zola als Vorlage für seinen Kaufhausroman „Das Paradies der Damen" gedient haben könnten, waren ein Zugeständnis an die moderne Zeit.

Die Weiterfahrt in den Algarve auf schmalen, gewundenen Küstenstraßen dauerte erneut eine gefühlte Ewigkeit. Am Abend fanden wir Quartier in den Torralta-Plattenbauten direkt am Stand von Alvor, damals den einzigen vielstöckigen Gebäuden an der Südküste. In Erinnerung geblieben ist mir das Frühstück mit der überroten Wurst und – mitten im größten Orangenanbaugebiet des Landes – der dünne, künstlich schmeckende Orangensirup. Abends aßen wir in simplen Bretterbuden am Strand hervorragenden fangfrischen Fisch. In den schicken Strandrestaurants, die heute dort stehen, kann man immer noch relativ sicher sein, Fisch von der Costa Portuguesa zu bekommen, aber inzwischen ist auch Portugal an die Kühltruhen des industriellen Fischfangs im Südatlantik angeschlossen oder der Fisch kommt aus der Aquakultur auf den Teller. Alvor war damals noch ein Fischerdorf mit wenig Tourismus, Highlight war eine inzwischen verschwundene Stierkampfarena am Ortsrand. Zwei Tage später führte dann die Fahrt auf der staubigen Landstraße zur Fähre über den Guadiana nach Spanien, Ortsumfahrung war damals noch ein Fremdwort in Portugal.

Dann ein unglaublicher Glücksfall, 1981 bekam ich die Gelegenheit, für fünf Jahre in Lissabon zu leben und zu arbeiten. Eine Wohnung im Stadtzentrum war bald gefunden. Klein, aber mein und anfangs recht teuer – Mietpreiserhöhung aber gesetzlich nicht möglich.

Durch den Verfall der portugiesischen Währung nahm die in Mark umgerechnete Miete schnell ab und demonstrierte anschaulich, wieso großbürgerliche 8-Zimmer-Wohnungen in bester Lage für 8 oder 10 DM vermietet waren. Niemand konnte in solche Hauser investieren und so verfielen ganze Stadtviertel.

Briefe wurden in Lissabon damals noch zweimal am Tage zugestellt, dafür waren die beiden staatlichen Fernsehprogramme genauso langweilig wie das kirchliche. Nicht synchronisierte amerikanische Filme mit Untertiteln trugen aber zur Verbreitung des Englischen bei. Trotzdem leerten sich die Straßen nach Einbruch der Dunkelheit recht schnell. Das Leben spielte sich zu Hause ab.

Nicht nur in Lissabon war der Krämer in der Nachbarschaft mit dem ostzonalen Angebot die normale Einkaufsmöglichkeit, überall gab es Bäckereien mit Innenausstattung aus weißem Marmor, die Fächer gefüllt mit einer Sorte frischer Brötchen, Weiß- oder Maisbrot. In den beiden Supermärkten der Stadt kämpften die Regale um die Ware.

Die Verwaltungsstrukturen waren archaisch oder schlank. Wo in Deutschland der Stempel eines Amtes notwendig war, reichte in Portugal die Unterschrift zweier Kaufleute. Vor den Ämtern boten Schreiber ihre Dienste an und verfassten auf ihren Bauchläden Anträge an die hochwohlgeborene Beamtenschaft auf blassblauem Stempelpapier.

Viele Restaurants kochten damals noch deftige portugiesische Gerichte. Kartoffeln und fein geschnittene Blätter des portugiesischen Kohls waren die Basis der „caldo verde", auf keinen Fall durfte eine Wurstscheibe in dieser Suppe fehlen. Der Stockfisch, „o bacalhau", war einmal ein Arme-Leute-Essen, angeblich soll es für jeden Tag des Jahres eine Zubereitungsart geben. Mit Geduld konnte man viele in Restaurants finden.

Natürlich war ich in dieser Zeit auch öfters im Algarve. Im Spätsommer 1981 verbrachte ich einige Tage in Praia da Rocha, einen Ortsteil von Portimão. Das Hotel für Pauschalurlauber lag in Steinwurfweite der berühmten Felsenküste des Ortes. Der Streifen zwischen Hotel und Küste war weitgehend unbebaut. Kommt man heute im Sommer nach Praia da Rocha, erkennt man den Ort nicht wieder. Zwischen Karaoke Bars, Irish Pubs, Restaurants gelegentlich auch mit portugiesischer Küche, Läden mit Strandmatten und Besitzern aus China promenieren im Sommer Touristen dicht an dicht von einem Ende der Promenade zum anderen und abends ist Party.

Der EU-Beitritt 1986 bedeutete eine große mentale Änderung für das Land. Wandte man bisher Europa den Rücken zu und blickte über das Meer nach Afrika und Brasilien, musste man sich jetzt buchstäblich umdrehen. Geld kam ins Land, das Angebot an Konsumgütern nahm zu. Wurde gestern die Milch noch unter dem Ladentisch verschoben, gab es heute ein breites Angebot von Milchprodukten, einen fantastischen Camembert, alles aus portugiesischer Produktion.

In jenen Jahren jagte eine Abwertung der Währung die nächste. Bekam man 1981 für 1 Mark etwa 25 Escudos, waren es 1990 88 Escudos und im Jahr 2000 102 Escudos. Mit der Einführung des Euros wurde der Umrechnungskurs fixiert – die Eurokrise lässt grüßen.

Für die Portugiesen waren es gute Jahre, die deutlich gestiegenen Gehälter näherten sich europäischem Niveau, Supermärkte und riesige Shopping-Malls, in denen sie wieder ausgegeben werden konnten, entstanden am Standrand. Überall werden seither die herrlichsten Leckereien der amerikanischen Schnellküche angeboten, Ikea verschönert die Wohnungen und ab Oktober verkaufen Lidl und Aldi deutsche Lebkuchen. Die Tante-Emma-Läden in den Innenstädten konnten dieser Konkurrenz oft nicht Stand halten und schlossen, die

Zentren verödeten. Ein Bauboom ließ um die portugiesischen Städte neue Viertel entstehen, ja sogar komplett neue Trabantenstädte wurden in den Ballungszentren aus dem Boden gestampft. Im Algarve wurde an vielen Stellen die Küste zubetoniert, Portimão und Praia da Rocha vermitteln aus der Ferne den Eindruck, auf Manhattan zu blicken. Zehn- und mehrstöckige Appartementhäuser stehen in mehreren Reihen entlang der Küste. Höhepunkt der schlechten Architektur dieser Bauwerke ist das gelegentlich nach Süden, Richtung Meer gelegene Treppenhaus. Ob um Lissabon, Porto oder im Algarve, die Appartements fanden reißenden Absatz. Viele Portugiesen kauften, meist auf Kredit, die zweite und dritte Wohnung, kein schlechtes Geschäft, da der Preis lange Zeit nur eine Richtung kannte. Oft standen sie leer, bis die Kinder dort einziehen konnten. Wer Geld hatte, wurde Bauträger und verdiente gut. Das Land, durch das sich noch zehn Jahre früher Autoschlangen hinter schwarz qualmenden Lkws auf schmalen Straßen quälten, wurde mit Autobahnen erschlossen.

Nur meinem Lieblingsjoghurt bekamen die Zeitläufe nicht, er wurde nestléfiziert. Vielen anderen Produkten ging es ähnlich, ihre Hersteller gingen in ausländische, oft spanische oder multinationale Hände über, die die Ware für den kleinen portugiesischen Markt oft im Ausland produzierten.

Den Besucher, der heute in den Algarve reist, erwartet an der Küste eine Ferienlandschaft, die alle Wünsche des modernen Touristen erfüllt. Nimmt man sich aber die Zeit, durch das Hinterland zu fahren, ja vielleicht sogar zu wandern, dann scheint oft die Zeit stehen gebliebenen zu sein und man fühlt sich in ein anderes, ursprünglicheres Portugal zurückversetzt.

027al cf

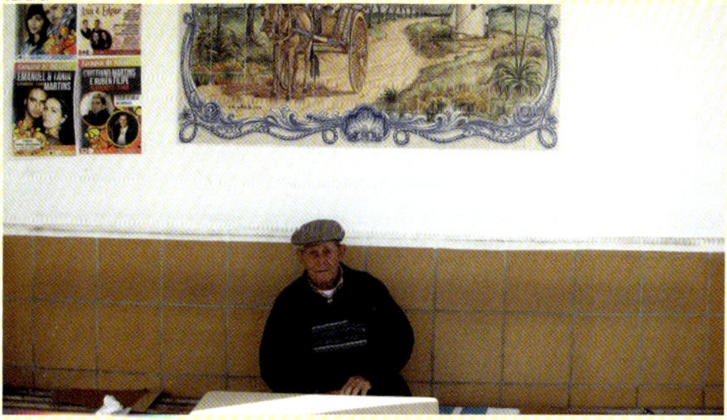

Naturparks

Entlang der Westküste des Algarve und weiter nach Norden bis Sines verläuft der **Parque Natural do Sudoeste Alentejano e Costa Vicentina** mit Dünen und Mooren, Salzwiesen und Sümpfen, Bergketten und Tälern, Flüssen und Lagunen. Prägend für das Bild der Landschaft ist die bis zu 150 m hohe, zerklüftete Steilküste. Zwischen den Steilhängen liegen nicht nur kleine Sandbuchten, sondern auch ausgedehnte Strände, die zu den schönsten Portugals zählen.

Die **Winde aus Nord und Nordwest** bestimmen maßgeblich das Klima entlang der Westküste und sind auch verantwortlich für die meist spärliche und doch beeindruckende Vegetation. Sie ist mediterran, nordatlantisch und auch afrikanisch. 750 Pflanzenarten wurden gezählt, 12 Arten davon soll es nirgends sonst auf der Erde geben.

Auch viele Reptilien und Amphibien leben in diesem Naturpark und über 200 Vogelarten fühlen sich hier zu Hause. Weißstörche nisten in den Klippen direkt über dem Meer, das machen sie sonst nirgendwo auf der Welt. Auch der Fischotter fühlt sich hier am Meer so wohl, wie sonst nirgendwo mehr in Europa.

Der 1987 eingerichtete **Parque Natural da Ria Formosa** ist ein einzigartiges Lagunensystem, das durch kontinuierliche Bewegung durch Wind, Strömungen und Gezeiten einem ständigen Wandel unterliegt und sich 60 km entlang der Küste des westlichen Sandalgarve von Vila Nova de Cacelas bis Almancil erstreckt. Von der geschützten Fläche von 170 km² umfasst die eigentliche Lagune 83,5 km².

Die **Ria Formosa** verdankt ihre Lagunenlandschaft dem letzten großen Seebeben von 1755, das auch Lissabon zerstörte. Zwischen dem Atlantik und der Ria liegen schützend fünf vorgelagerte Inseln und zwei Halbinseln: Die Peninsula do Ancão (auch bekannt als Ilha de Faro), die Ilha da Barreta, besser bekannt unter dem Namen Ilha Deserta, die Ilha da Culatra, die Ilha da Armona, die Ilha de Tavira, die Ilha de Cabanas und die Peninsula de Cacela.

Hier kann das **Zusammenspiel der Gezeiten** eindrucksvoll betrachtet werden. Bei Flut gleicht die Ria an vielen Stellen einem riesigen See, bei Ebbe wird das Labyrinth unzähliger Kanäle und Inselchen sichtbar.

In diesem **Schutzgebiet** gibt es eine Vielzahl von Habitaten, wie Barriereinseln, Marschen, Watt, Sandbänke, Dünen, Salinen, Süßwasserseen, landwirtschaftliche Nutzfläche und Waldgebiete und folglich eine beeindruckende Vielfalt an Flora und Fauna. Das Gebiet ist ein Paradies für **Vogelliebhaber** und eine wichtige Etappe für Zugvögel auf ihrem Weg zwischen Nordeuropa und Afrika. Es bietet aber auch Schutz für seltene Vögel wie das Purpurhuhn, das Symbol des Naturparks, und andere gefährdete Tierarten wie z.B. dem Chamäleon und dem Seepferdchen, das hier in einer der größten Population weltweit vorkommt.

Durch das **Watt- und Marschgebiet** ist die Lagunenlandschaft außerordentlich fruchtbar. Vor einigen Jahren dominierte hier noch die Salzgewinnung und der Anbau von landwirtschaftlichen Produkten, heute werden auf weiten Flächen Austern und Muscheln gezüchtet. Aber auch viele Salzbecken werden noch bewirtschaftet und sogar wieder restauriert und oft kann man weiße Salzberge von Weitem in der Sonne glänzen sehen.

In Silves gibt es viele Storchennester auf den Dächern (Tour 10)

018al cf

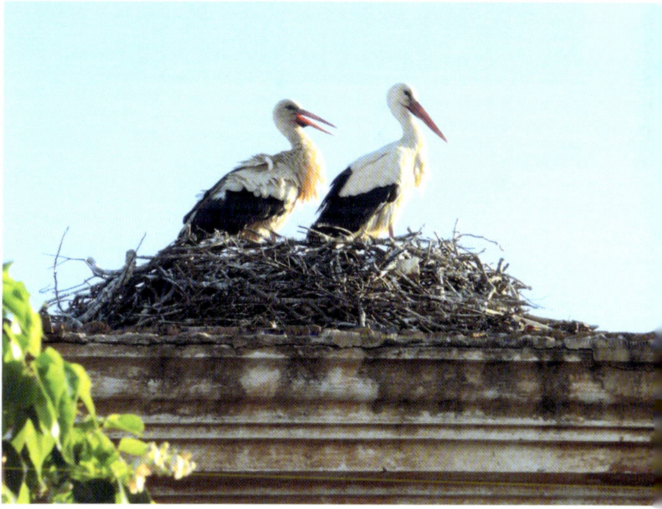

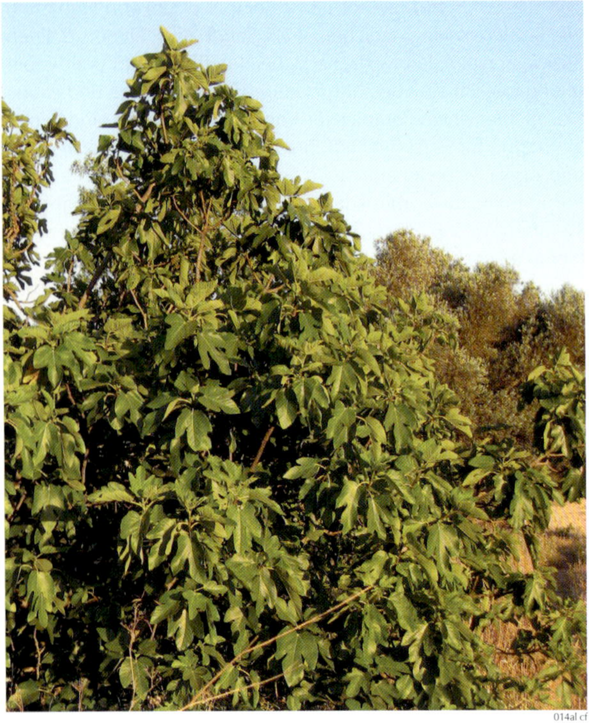

014al cf

Flora

Im traditionellen Trockenfeldbau des Algarve spielten folgende vier nutzbare Bäume eine große Rolle, da sie ohne Bewässerung auskommen, wenn sie einmal angewachsen sind.

Der **Feigenbaum** *(Ficus carica)* mit seinen großen grünen Blättern stammt aus dem Orient, ist aber seit Jahrtausenden in Portugal verbreitet. Seine Zweige wachsen sehr in die Breite, sodass die relativ niedrigen Bäume viel Platz benötigen. Im Winter wirft der Feigenbaum sein Laub ab, dann sind nur etwa armdicke kahle graue Äste zu sehen, die den Eindruck erwecken, der Baum sei abgestorben.

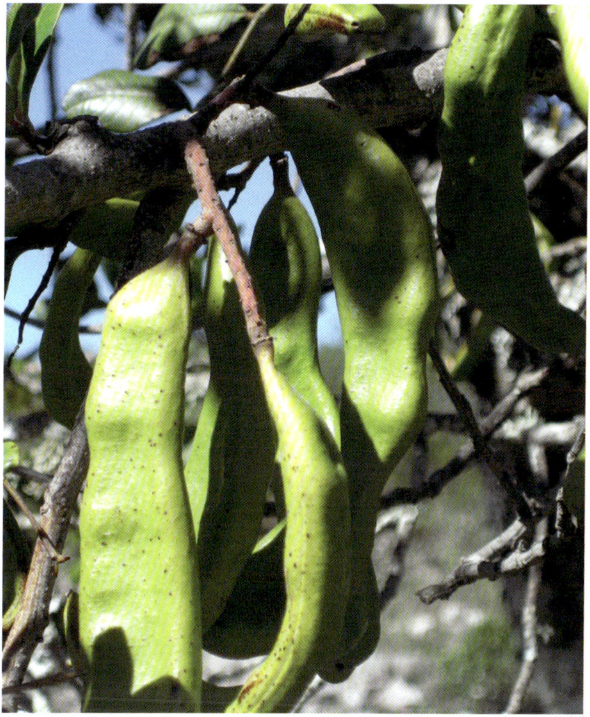

015al cf

Die Früchte werden ab August/September geerntet. An den meisten Bäumen hängen grüne oder – seltener – blaue Feigen.

Der **Johannisbrotbaum** *(Ceratonia siliqua)* ist ein 10 bis 20 m hoher, immergrüner Baum mit kräftigem Stamm und ausladender, halbkugeliger Krone. Die langen harten Schoten werden ab Juli geerntet, wenn sie dunkelrot, fast schwarz gefärbt sind. Sie schmecken sehr süß, ein wenig wie künstlicher Süßstoff. Bauern verwenden sie als Viehfutter.

Feigenbaum

Johannisbrotschote

Die Kerne liefern das Verdickungsmittel Carubin oder auch Karuben-/Johannisbrotkernmehl.

In der EU ist es uneingeschränkt als Lebensmittelzusatzstoff zugelassen und kommt in Süßwaren, Soßen, Suppen, Puddings und Speiseeis vielfach zum Einsatz. Auch die Kosmetik- und Pharmaindustrie kauft Johannisbrotschoten auf, z.B. als Tablettierhilfsmittel.

In der Antike glaubte man, dass die Samenkörner des Johannisbrotbaums ein konstantes Gewicht von 0,2 g haben und verwendete sie deshalb als Wiegeeinheit für Diamanten. Daran erinnert die noch heute gebräuchliche Bezeichnung Karat.

Der 3 bis 6 m hohe **Mandelbaum** *(Prunus dulcis)*, der ursprünglich aus Südwestasien stammt, wird seit rund 4000 Jahren kultiviert. Im Februar bezaubert er mit zarten weißen oder rosa Blüten. Er ähnelt einem Pfirsichbaum, seine grünen Früchte sind auch wie ein Pfirsich behaart und etwa so groß wie eine Aprikose. Im August/September werden die Mandeln geerntet. Bei reifen Früchten platzt die Außenhaut auf, sodass sich der Kern leicht entnehmen lässt oder herunterfällt. Verwertet wird der vom Kern umschlossene Samen des Mandelbaumes.

Allein das Herunterschlagen der Früchte von den relativ hohen Bäumen ist eine harte Arbeit, ganz zu schweigen vom Entkernen. Aufgrund der niedrigen Marktpreise für Mandeln verkommen vielerorts die Bäume.

016al cf

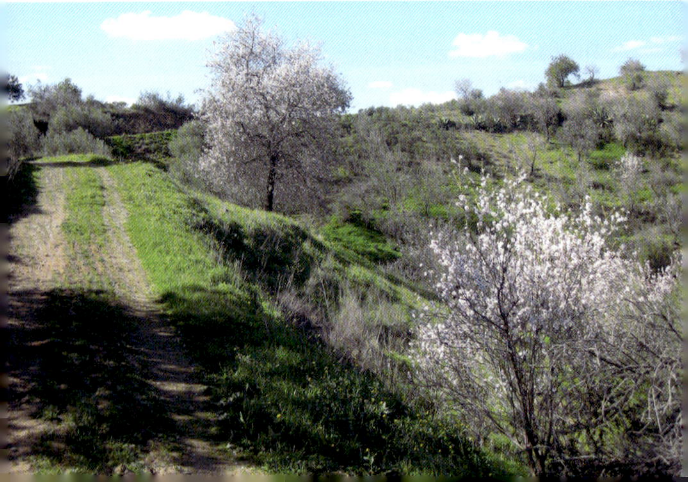

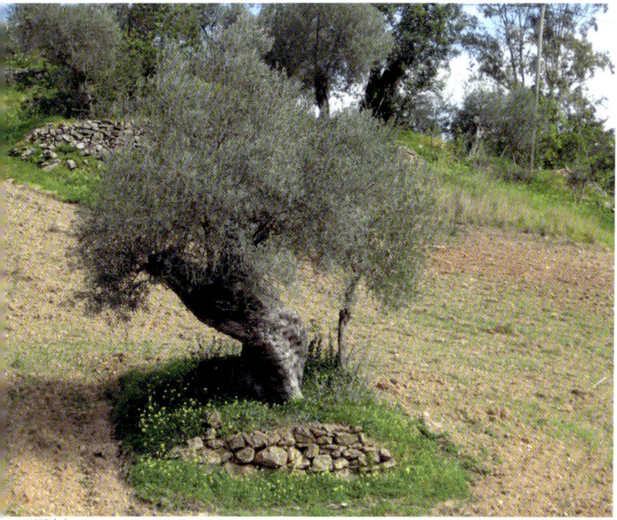

017al cf

Der immergrüne, 10 bis 20 m hohe **Olivenbaum** *(Olea europaea)* wurde von den Arabern in den Algarve gebracht. Olivenbäume können bis zu 2000 Jahre alt werden. Nach der Blüte im Mai/Juni werden die Früchte ab Oktober bis Januar geerntet.

Wirtschaftlich spielt die Ölgewinnung im Algarve keine große Rolle. Große Plantagen liegen vor allem im Alentejo und in Nordportugal.

Die intensiv gelb blühende **Akazie** wurde ursprünglich aus Australien eingeführt, man findet sie in vielen Gärten, aber auch in freier Natur. Die feinen kleinen kugeligen Blüten erscheinen in den Monaten Februar und März.

Es gibt diverse Arten, weit verbreitet ist die Silberakazie *(Acacia dealbata)*, die in Deutschland als Mimose bekannt ist. Sie hat

Olivenbaum (Tour 30)

Blühende Mandelbäume (Tour 33)

gefiederte Blätter, die sich zusammenziehen, wenn man sie berührt.

Die relativ schlanken, bis zu 40 m hohen **Eukalyptusbäume** (*Eucalyptus globulus* oder *camaldulensis*) haben meist auffällig lange und schmale Blätter. An die 700 verschiedene Eukalyptusarten kommen in ihrer natürlichen Heimat Australien vor. Sie werden in Portugal großflächig zur Gewinnung von Zellulose für die Papierherstellung angepflanzt. In 10-jährigem Abstand wird ihre Krone gekappt und verarbeitet. Nach dem vierten Mal werden die Bäume gefällt und die sehr tiefen Wurzeln ausgegraben. Da die Bäume viel Wasser benötigen, laugen sie den Boden aus und tragen maßgeblich zum Austrocknen ganzer Flächen bei. Eine Landschaft braucht etwa 60 Jahre, um sich zu erholen und ihr ursprüngliches ökologisches Gleichgewicht wiederzufinden. 5 % aller portugiesischen Exporte gehen auf das Konto der Papierindustrie.

Eukalyptusplantagen sind ein Grund für die häufigen Waldbrände im Sommer. Während traditionelle Wälder aus Kork- und Steineichen, aus Johannisbrot- und Kastanienbäumen usw. selten brennen, ist Eukalyptus aufgrund seiner ätherischen Öle für jeden Waldbrand Öl fürs Feuer.

Eukalyptuswald auf dem Picota (Tour 17)

019al cf

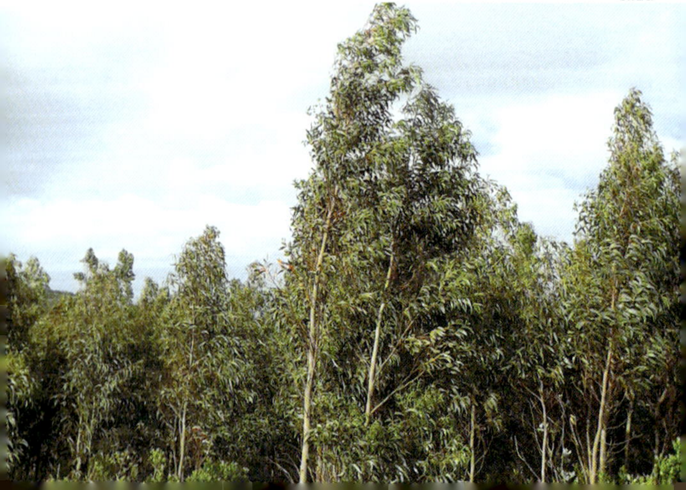

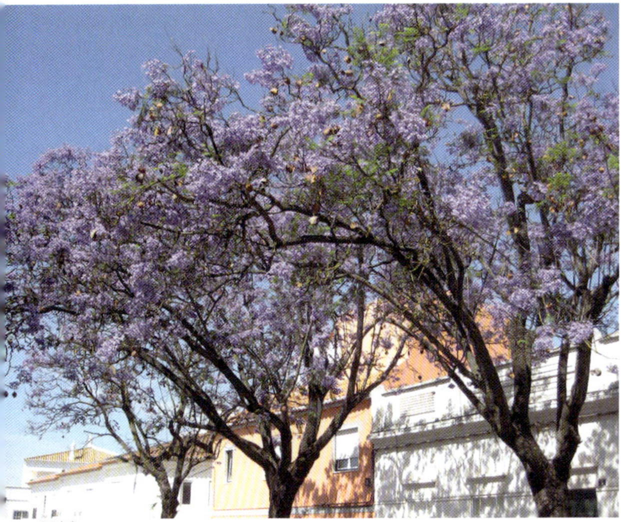
020al cf

Der **Jacarandabaum** *(Jacaranda mimosifolia)* stammt aus Südamerika und schmückt mit seinen intensiv blau-violetten Blüten Plätze und Straßen im Algarve. Während der Blüte im Mai/Juni hat der Baum noch wenige Blätter, sodass das leuchtende Blau der Blüten besonders auffällt.

Die **japanische Mispel** *(Eryobotrya japonica)* wurde erst Ende des 18. Jh. aus Japan und China eingeführt. Ihr portugiesischer Name lautet *nespera,* die Früchte *nesperas.* Die Pflanze wird 7 bis 12 m hoch und hat große, längliche Blätter. Die weißen, duftenden Blüten, die im Herbst austreiben, sehen aus wie kleine Wollknäuel, deshalb wird der Baum auch „Wollmispel" genannt, gehört aber trotz des Namens nicht zu den Mispel-, sondern zu den seltenen Rosengewächsen. Von März bis Mai werden die pflaumengroßen gelben oder orangefarbenen Früchte geerntet. Nur ganz reife *nesperas* schmecken gut, unreife Früchte sind sehr sauer. Da deshalb nur reife Früchte geerntet werden, ver-

Jacarandabaum in Lagoa

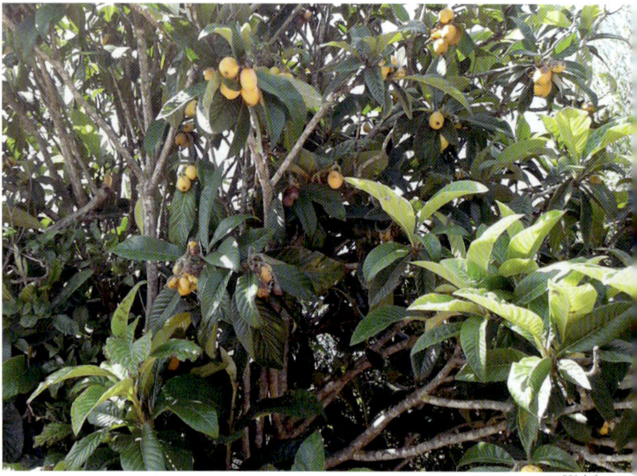
021al cf

derben sie schnell und werden nicht exportiert. In Deutschland sind sie nahezu unbekannt.

Palmen gedeihen im milden Klima des Algarve gut, aber nur die **Zwergpalme** *(Chamaerops humilis)* ist portugiesischen Ursprungs. Die **Kanarische Dattelpalme** *(Phoenix canariensis)* wurde als Zierbaum in Gärten, Parks und Alleen gern und häufig angepflanzt, wird aber seit einigen Jahren vom Palmrüsselkäfer angegriffen. Ihre kleinen gelben Früchte sind nicht essbar.

Die immergrüne **Korkeiche** *(Quercus suber)* erkennt man sofort an der abgeschälten Rinde. Steht beispielsweise die Zahl 2 am Baumstamm bedeutet, dass die Rinde im Jahr 2012 geschält wurde. Korkeichen dürfen alle 9 Jahre geschält werden, immer muss mindestens ein Drittel des Baumes noch mit Rinde versehen sein, um ein Absterben zu verhindern. Erst wenn ein Baum älter als 25 Jahre ist, darf mit der Schälung begonnen werden. Er kann dann während seines Lebens bis zu 200 kg Kork liefern.

Korkeichen können sehr alt werden. Wenn sie als Korklieferant genutzt werden, erreichen sie ein Alter von 200 bis 250 Jahren, sonst leben sie bis zu 600 Jahren.

Reife Nesperas (Mispel)

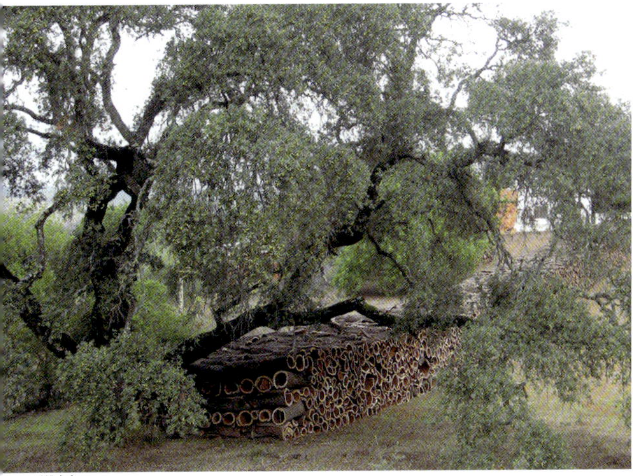

112al cf

Die **Schirmpinie** *(Pinus pinea)* mit ihrer breiten Krone wächst an einigen Küstenabschnitten. Sie bietet nicht nur Schatten, sondern gibt der Landschaft auch ein südliches Flair. In den großen Zapfen stecken essbare Samen, die Pinienkerne.

In ihrem Erscheinungsbild nicht so malerisch sind andere Pinienarten, die **Sternkiefer/Strandkiefer** *(Pinus pinaster)* und **Waldkiefer** *(Pinus sylvestris)*. Sie wachsen hoch und haben keine charakteristische Krone. Diese Bäume werden zur Holzgewinnung angepflanzt und nach 30 Jahren gefällt.

Der **Orangenbaum** *(Citrus sinensis)* kam erst im 16. Jh. aus China nach Portugal. Der bis zu 3 m hohe Baum hat grüne, lederartige, elliptische Blätter. Er blüht von Februar bis Juni. Die weißen Blüten riechen süß-aromatisch und überziehen besonders die Gegenden mit großen Orangenplantagen (Ostalgarve und Silves) mit ihrem Duft. Geerntet werden Orangen von Dezember bis Juni.

Korksammelstelle (Tour 28)

Nächste Seite: Korkeichen (Tour 30)

114al cf

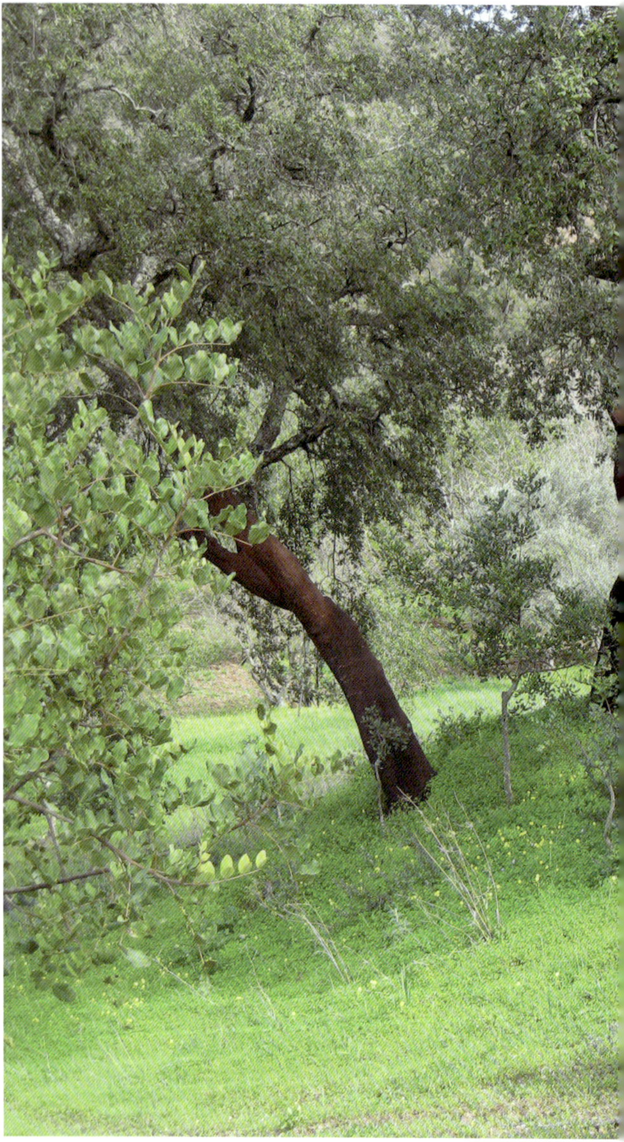

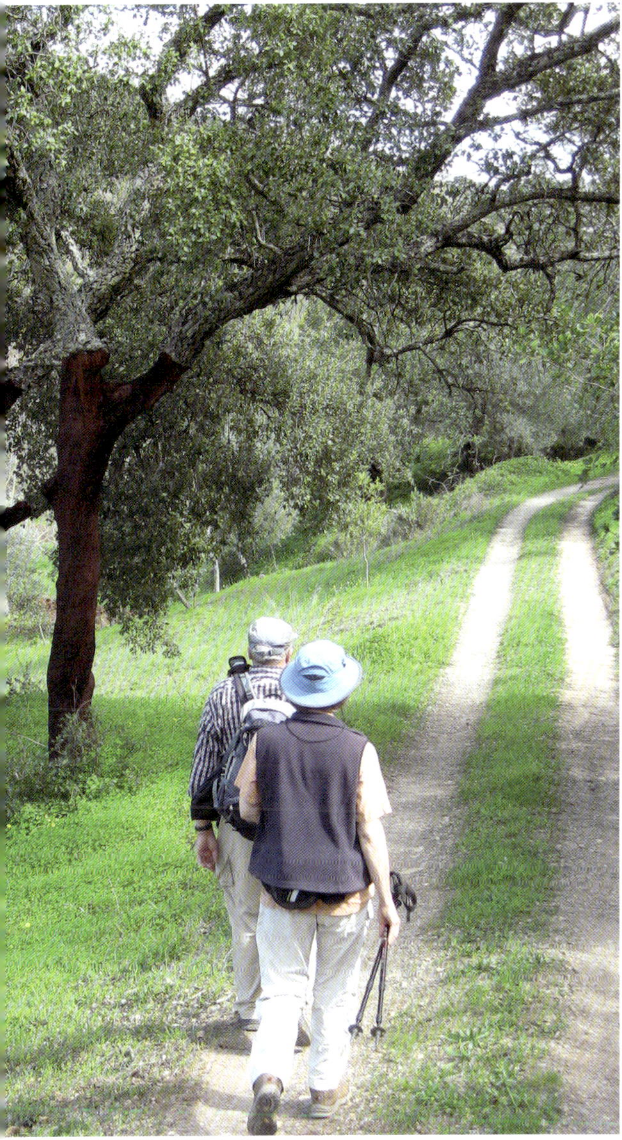

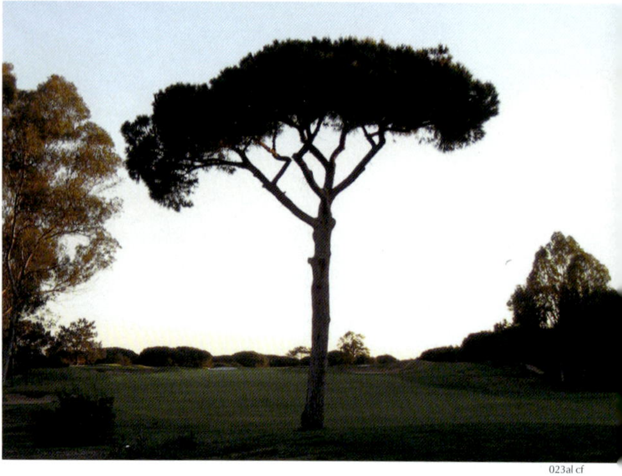
023al cf

Der **Zitronenbaum** *(Citrus limonium)* kommt aus der gleichen Pflanzenfamilie wie der Orangenbaum. Er unterscheidet sich lediglich durch die etwas größeren Blätter (bis zu 16 cm) und die Zahl der Blüten, die etwas später als beim Orangenbaum erscheinen. Zitronenbaumplantagen gibt es seltener im Algarve.

Der **Acker-Gelbstern** *(Gagea arvensis)* ist ein Liliengewächs und erreicht eine Wuchshöhe von 8 bis 15 cm, seine Blätter sind grundständig und flach linealförmig, gelegentlich auch fadenförmig. Die Blätter sind bis zu 4 mm breit. Er blüht im März und April, der Durchmesser der auffällig gelben Blüten liegt bei etwa 1 bis 3 cm. Neben landwirtschaftlichen Flächen gedeihen diese Pflanzen auch an Wegesränder und Wiesen.

Die aus Amerika kommende **Agave** *(Agave americana)* wird gerne als Begrenzung von Grundstücken gepflanzt, die gelbgerandete Sorte „Margineta" findet man auch in Parks und Gärten. Ihre 1 bis 2 m langen Blätter haben nicht nur seitlich Dornen, auch an der schwarzen Blattspitze befindet sich ein Stachel, an dem man sich schmerzhaft stechen kann. Besonders auffällig ist die Blüte dieser

Schirmpinie auf der Quinta do Lago (Tour 24)

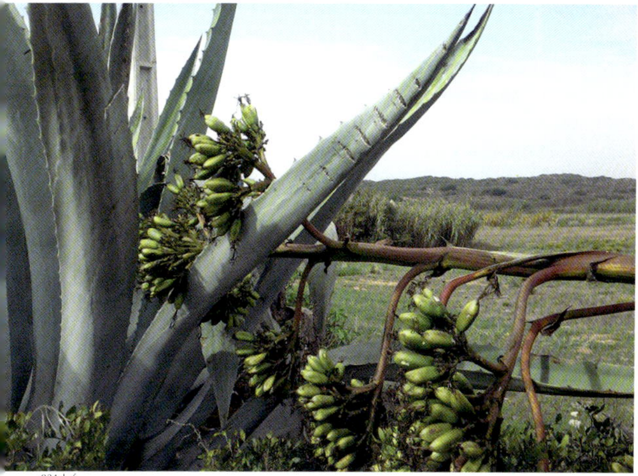

024al cf

Sukkulente. Es bildet sich ein 5–8 m hoher Blütenstand mit großen gelben Blüten, der einem Baum ähnelt. Nach der Blüte stirbt die Pflanze ab. Für ihren Fortbestand sorgt sie durch Ausläufer, die beim Absterben der Hauptpflanze weiter wachsen.

Die **Baumheide** *(Erica arborea)* ist ein immergrüner, buschiger und verzweigter Strauch oder kleiner Baum mit bis zu 4 m Höhe. Junge Pflanzen tragen weiß behaarte Zweige, die später eine rotbraune Rinde bilden. Etwa 5 mm lang und 0,5 mm breit sind die nadelartigen, leuchtend grün gefärbten Blätter. Von März bis Mai/Juni steht die Baumheide in Blüte. Ihre Blüten sind etwa 12 mm lang und weiß gefärbt.

In Deutschland ist **Borretsch** *(Borago officinalis)* vor allem als Küchenkraut bekannt und beliebt. Im Algarve trifft man den bis zu 70 cm hohen, wilden Borretsch auf Brach- und Kulturland an. Auf den zwischen 10 und 15 cm langen lanzett- bis eiförmig Blättern befinden sich borstige Härchen. Die Öffnung der Blüten hängt meist ein wenig nach unten anfangs sind sie rosa gefärbt und werden mit der Zeit leuchtend blau.

Agave mit Blütenstand (Tour 4)

Die Anfang des 19. Jh. aus Brasilien eingeführte **Bougainvillea** *(Bogainvillea spectabilis)* wächst nicht wild, sondern wird als dekorative Kletterpflanze oft zum Schmuck von Mauern und Arkaden angepflanzt. Sie kann bis zu 10 m hoch werden, benötigt aber zum Ranken ein Gerüst. Der Stamm ist holzig und mit Dornen versehen. Die Pflanze wirkt durch ihre bunten Hochblätter, die wie ein Kelch die kleine, unscheinbare cremefarbene Blüte umranden. Am häufigsten vertreten sind violett oder rot „blühende" Pflanzen, Exemplare mit weißen oder gelben Hochblättern sind seltener. Die immergrüne Pflanze behält ihre intensiv farbigen Hochblätter vom Frühsommer bis in den Herbst.

Im Frühling blüht in Portugal die nur etwa 10 bis 12 cm hohe **Engelstränennarzisse** *(Narcissus triandrus pallidulus)*. Ihre am Stängel hängenden Blüten erreichen eine Größe von ca. 2,5 bis 3 cm, die Öffnung weist nach unten. Die Blüten sind weißlich bis blassgelb, die restlichen Teile der Pflanze hellgrün gefärbt. Hecken, Wälder und felsige Areale, darunter auch mit Steinen durchsetzte Weideflächen, sind typische Standorte.

Erdbeerbaum mit Blüten und Früchten (Tour 9)

Bougainvillea

025al cf

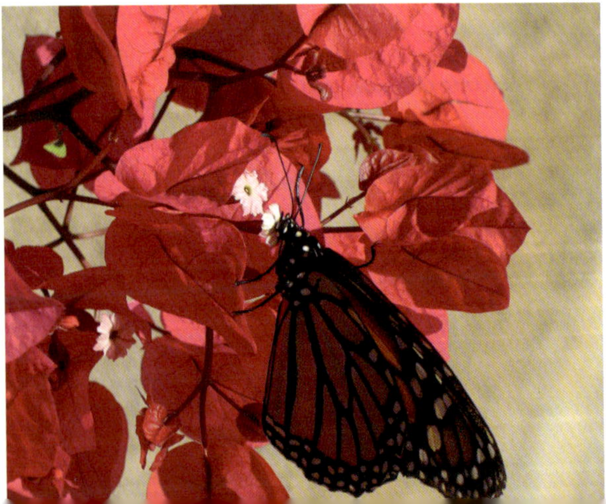

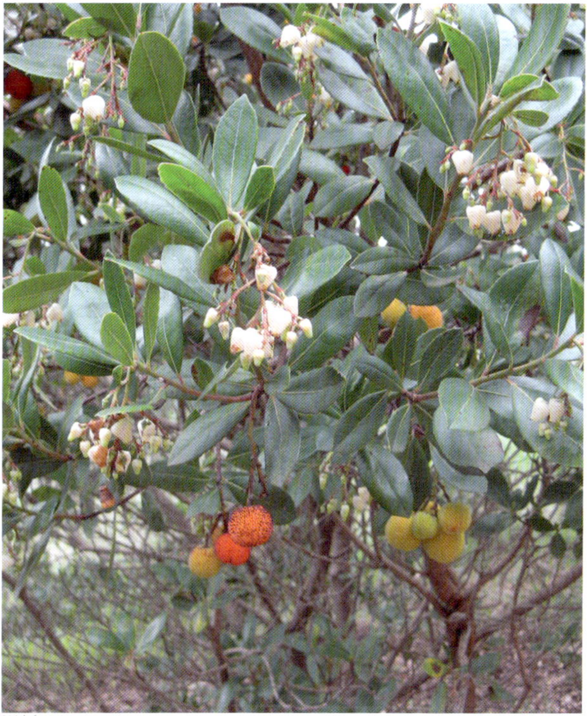

026al cf

Der zu den Heidekrautgewächsen gehörende **Erdbeerbaum** *(Arbutus unedo)* kann bis zu 8 m hoch werden. Im Algarve erscheint er aber meistens als buschig verzweigter Strauch, dem man überall in der Buschwildnis begegnet. Seine immergrünen Blätter sind ledrig und am Rand fein gesägt und ähneln dem Lorbeer. Die weißen Blüten sehen wie Maiglöckchen aus und erscheinen oft zusammen mit den Früchten im Herbst. Die rötlichen Früchte sind kugelig, genoppt und etwas kleiner als Tischtennisbälle. Reife Früchte sind auch essbar, ihr Geschmack ist aber eher fade.

Hauptsächlich wird aus den Früchten jedoch der bekannte Medronho, ein hochprozentiger Obstbrand, hergestellt. Nach der Ernte im Herbst müssen die Beeren zusammen mit Wasser drei Monate in Holzfässern gären. Bei der Destillation im Frühjahr werden Früchte und Flüssigkeit in einem Kupferkessel erhitzt und der Dampf in durch kaltes Wasser gekühlte Rohre abgeleitet, aus denen dann der Alkohol rinnt.

Medronho ist überall erhältlich, machen Sie aber vor dem Kauf den Qualitätstest: Nur wenn nach dem Schütteln der Flasche Luftbläschen verbleiben, ist er gut.

Der 10 bis 50 cm hohe **Erdrauch** *(Fumaria officinalis)* gehört zur Familie der Mohngewächse. Die einjährig, krautige Pflanze wächst meist im Ödland, auf Äckern und an Wegrändern. Die Pflanzen sind aufgrund der grau-grünen Färbung ihrer Blätter relativ leicht zu erkennen. Die Blüten sind purpurrot bis rosa gefärbt und stehen in dichten Trauben zusammen. An den Spitzen sind die einzelnen Blüten sehr dunkel gefärbt, der Farbton variiert von dunkelrot bis schwarz.

Das zu den Dickblattgewächsen gehörende **Felsen-Nabelkraut** *(Umbilicus rupestris)* speichert in seinen fleischigen Blättern Wasser für trockene Zeiten. Die Wuchshöhe beträgt zwischen 10 und 80 cm, von Mai bis August bilden sich die röhrenförmigen, etwa 1 cm langen Blüten, ihre Färbung variiert von weißlich-grün bis rötlich, sie sind hängend angeordnet. Die Blätter sehen wie kleine Schirme mit einer mittig angeordneten Senke aus, ihre Breite beträgt zwischen 3 und 8 cm. Felsen und Klippen sowie Mauern und Hecken sind typische Standorte des Felsen-Nabelkrauts.

Der giftige **Rote Fingerhut** *(Digitalis purpurea)* wird 30 bis 150 cm hoch und gedeiht auf Waldlichtungen, an Kahlschlägen sowie an Waldrändern. In Portugal blüht er von Mai bis August. Die ca. 5 cm langen roten, manchmal auch weißen Blüten haben eine Glockenform und hängen in einer Traube am oberen Teil des Stängels, ihr Schlund ist gefleckt. Die eiförmigen bis lanzettenartigen Grundblätter stehen in einer Rosette und an ihrer Unterseite filzig behaart.

Zu erkennen ist der **Pfriemenginster** *(Spartium junceum)* vor allem an der recht schlank wirkenden Silhouette der einzelnen Sträucher. Seine Wuchshöhe beträgt normalerweise zwischen 1 und 3 m, in seltenen Fällen sogar bis zu 5 m. Ein weiteres typisches Merkmal ist, dass die Pflanzen reich verzweigt sind. Grau-

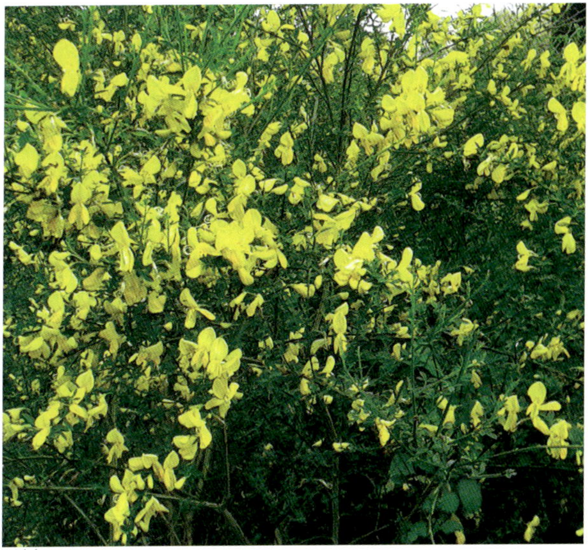

028al cf

bis blaugrün sind die runden Stängel gefärbt. An ihnen befinden sich kleine Blätter, wenn sie noch jung sind, dagegen tragen ältere Zweige keine Blätter mehr. Gelb sind die bis zu 2,5 cm großen Blüten gefärbt, die Hauptblütezeit dieser Ginsterart liegt zwischen April und Juli.

Der vermutlich aus China stammende **Hibiskus/Eibisch** *(Hibiscus rosa-sinensis)* wird gerne in Gärten angepflanzt. Die bis zu 10 cm breiten, trichterförmigen Blüten mit hervorstehenden Staubgefäßen öffnen sich nur für einen Tag und fallen dann ab. Der Hibiskus ist ein eifriger Blüher, sodass neue Knospen sofort folgen.

Die Urform blüht rot, ihre Blüte ist ungefüllt. Es gibt unzählige Züchtungen mit orangen, weißen und rosa Blüten, die einfach oder gefüllt sind. Unterschiedlich geformt sind auch die breiten eiförmigen Blätter, die bei einigen Sorten am Rand gezackt sind. Der Strauch gehört zur Familie der Malvengewächse und wird bis zu 5 m hoch.

Ginster

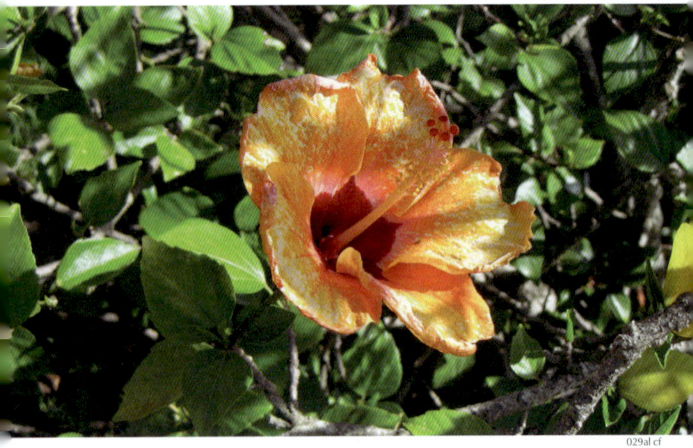

029al cf

Die **Hottentottenfeige** *(Carpobrotis edulis)* überzieht wie ein Teppich große Flächen des Algarve. Von April bis Juli leuchten die weißen, gelben oder pinkfarbenen Blüten mit einem Durchmesser von bis zu 10 cm intensiv in der Landschaft.

Die fleischigen Blätter der aus Südafrika stammenden Sukkulente liegen wie kleine Wülste auf dem Boden. Die Hottentottenfeige wächst schnell und passt sich fast jeder Bodenbeschaffenheit an. Sie wird deshalb zur Befestigung der Sanddünen an der Westküste angepflanzt. Ihre Frucht ist essbar, ihr Saft ein altes Heilmittel bei Durchfall.

030al cf

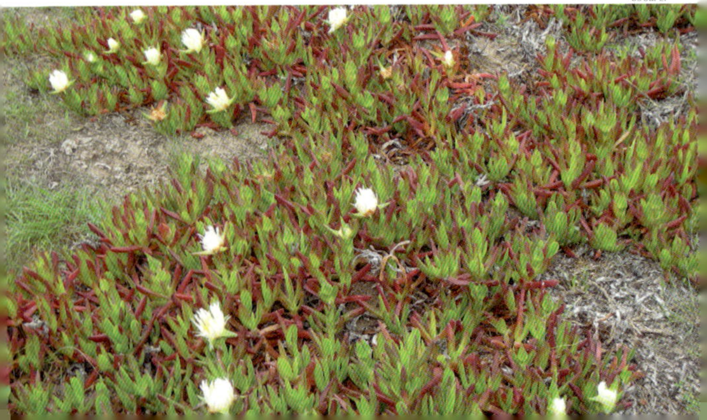

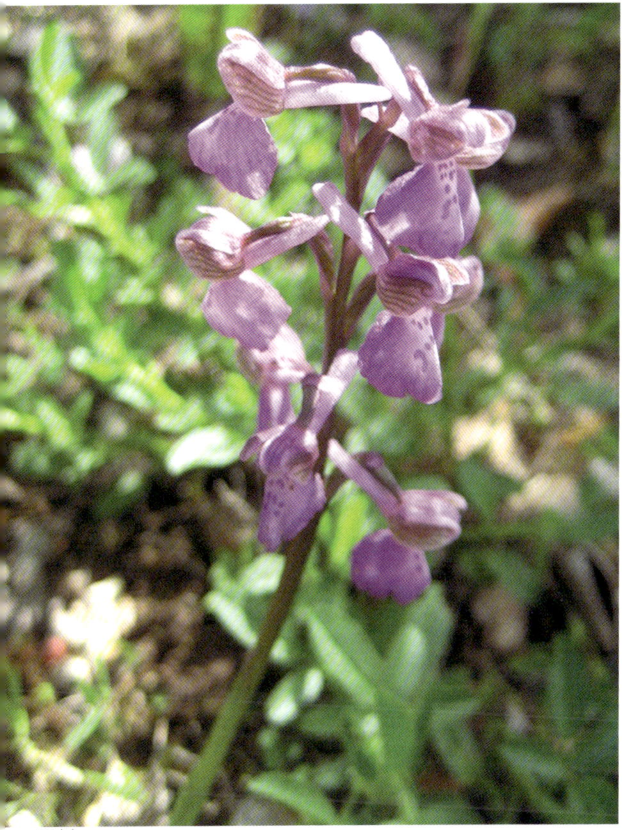

031al cf

An Weg- und Feldrändern, auf Brachflächen sowie selten in Strandnähe wächst der bis zu 90 cm hohe **Klatschmohn** *(Papaver rhoeas)*. An seinen leuchtend rot gefärbten Blütenblättern und den behaarten Stängeln ist er leicht zu erkennen.

Kleines Knabenkraut

Hibiskus (oben) und Hottentottenfeige (unten, Tour 5)

Das 8 bis 50 cm hohe **Kleine Knabenkraut** *(Orchis morio champagneuxii)* ist eine Orchidee, die ab März blüht. Meist sind die Laubblätter grundständig in einer Rosette angeordnet. Sie können zwischen 3 und 10 cm lang werden. An den Blütenständen befinden sich häufig mehrere Einzelblüten, diese sind purpurrot gefärbt. Mitunter sind auch fast weiße Blüten zu finden.

Der **Kleinfrüchtige Affodill** *(Asphodelus aestivus)* ist eher unscheinbar ist, sofern er nicht in Blüte steht, und ist im Algarve recht häufig anzutreffen. Das Gewächs bevorzugt trockenes Grasland und Strauchheidenformationen auf flachgründigen Böden als Standorte. In der Zeit von März bis Juni steht die zu den Liliengewächsen gehörende Pflanze in Blüte und ist entsprechend auffällig. Dann ragen 1 bis 2 m hohe, glatte und dunkelgrün gefärbte Stängel empor, an deren oberen Ende sich je ein

032al cf

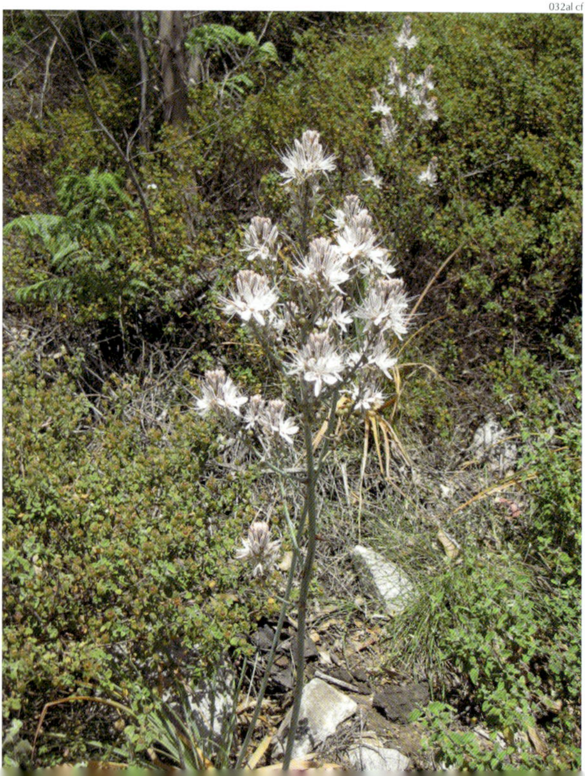

verzweigter Blütenstand befindet. Sechs weiße Kronblätter mit einem rosafarbenen oder bräunlichen Mittelnerv weist jede Blüte auf. Die Länge der Kronblätter kann 10 bis 16 mm betragen, die Breite liegt meist bei 4 bis 5 mm. Von unten nach oben öffnen sich die Blüten nach und nach. Während die oberen Blüten blühen, sind die unteren bereits verwelkt.

Weideflächen mit viel Sonne sind typische Standorte der **Meerzwiebel** *(Urginea maritima)*. Sie schmeckt Weidevieh nicht, wird

Meerzwiebel (Tour 22)

Kleinfrüchtiger Affodill (Tour 14)

033al cf

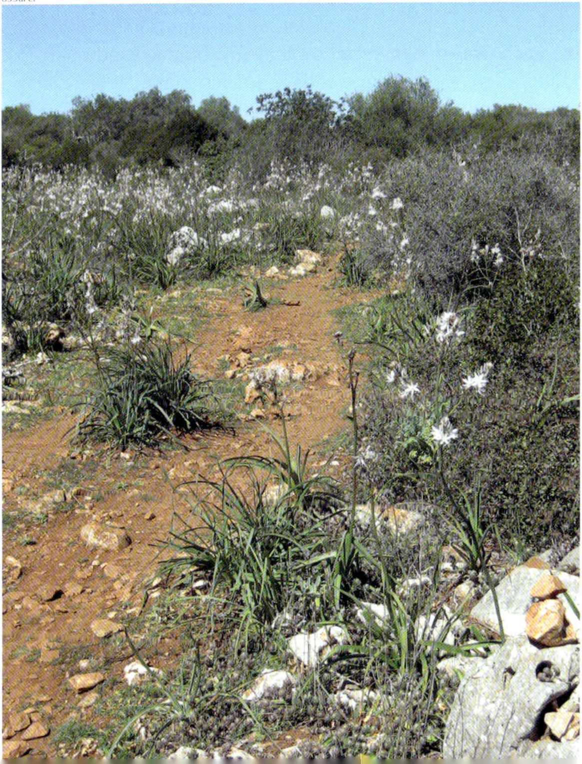

deshalb von den Tieren nicht klein gehalten und gedeiht entsprechend gut auf Weiden. Im Frühjahr bringt sie ihre Blätter aus der im Boden befindlichen Zwiebel hervor. Bei vollständig entwickelten Pflanzen können die Blätter 1 m lang werden. Im Spätsommer blüht die Pflanze. Ausgewachsene Meerzwiebeln erreichen eine Höhe von 50 bis 150 cm.

Bereits ab Ende Februar können Sie im Algarve wilde **Orchideen** bewundern. Hauptsächlich an Flussläufen und im Kalksteingebirge wachsen Wespenragwurz, Italienisches Knabenkraut, Gelber Bienenragwurz und Fratzenorchis, um nur einige der vielen Arten zu nennen.

Der **Oleander** *(Nerium oleander)* gehört zur Familie der Hundsgiftgewächse und ist in allen Teilen giftig. Er wächst wild, wird aber auch sehr häufig in Gärten angepflanzt.

Im Sommer, wenn im Algarve die Felder und Wiesen ausgetrocknet sind, setzt der Oleander mit seinen rosafarbenen, seltener auch weißen Blüten Farbtupfer in die braune Landschaft. Die graugrünen, ledrigen und sehr schmalen Blätter rollen sich an den Rändern meist etwas ein. Wenn er nicht zurückgeschnitten wird, kann der Strauch bis zu 5 m hoch werden.

Der **Schopflavendel** *(Lavendula stoechas)* liebt kalkfreie, sonnige Böden. Man findet ihn deshalb oft in den Bergen von Monchique, wo er zusammen mit Zistrosen wächst. Ein Teppich aus weißen Zistrosen und dunkelviolettem Schopflavendel ist eine Augenweide. Die Blätter des bis zu 1m hohen, verzweigten Strauches sind sehr schmal, graufilzig und fassen sich weich an. Zu erkennen ist der Schopflavendel an seinen dunkelvioletten Hochblättern, die aus der (eigentlichen) Blüte wie aus einer Ähre hinauswachsen.

Die **Zierwinde** *(Ipomoea)* ist ursprünglich in Amerika beheimatet. Die intensiv blauen, bis zu 10 cm großen Blüten dieser schnell wachsenden Kletterpflanze fallen sofort ins Auge. Ganze Hecken und Bäume sind im Sommer blau berankt.

Zierwinde (Tour 4, oben), Lackzistrose (Tour 34, unten)

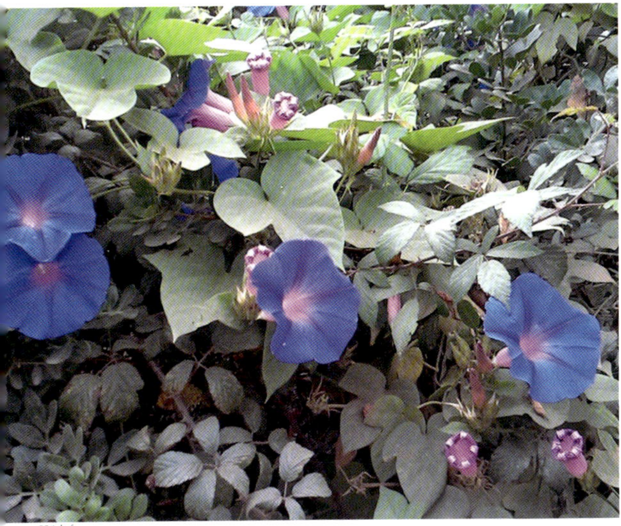

034al cf

035al cf

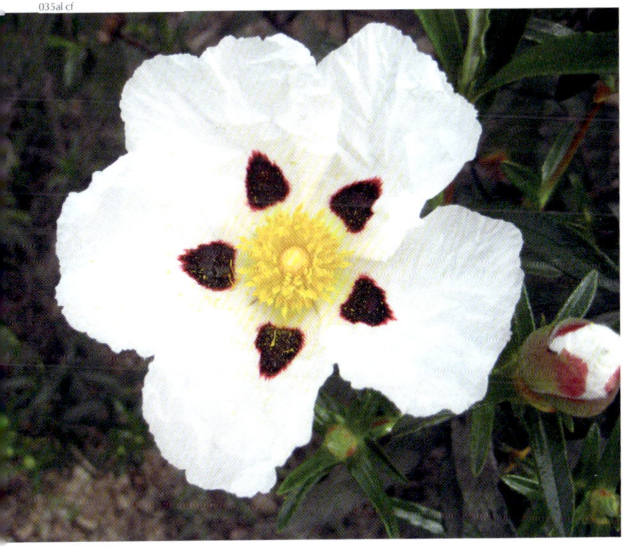

Zistrosen blühen von Mitte Februar bis Mai im Algarve. An der Westküste und im Monchique-Gebirge sind große Flächen mit Zistrosen bewachsen. Es gibt verschiedene Arten:

Die bis zu 2,50 m hohe **Lackzistrose** *(Cistus ladanifer)* ist einfach zu erkennen. Sie hat weiße Blütenblätter, die ein bisschen wie zerknittertes Papier aussehen. Im Innern der ca. 10 cm breiten Blüte sind oft gelbe oder lila Flecke. Die dunkelgrünen lanzettenförmigen Blätter sind mit einer klebrigen Masse überzogen. Alle Zistrosen sondern einen harzig duftenden Saft ab, bei der Lackzistrose ist diese Eigenart aber besonders ausgeprägt. Dieses Harz in ihren Blättern ist bereits seit biblischen Zeiten unter dem Namen Myrrhe bekannt.

Im Hochsommer ist von der Blütenpracht nichts mehr zu sehen; die Lackzistrose erscheint dann nur noch als brauner verdorrter Strauch. Sie wächst im Gegensatz zu anderen Sorten nicht auf Kalk, sondern bevorzugt saure Böden.

036al cf

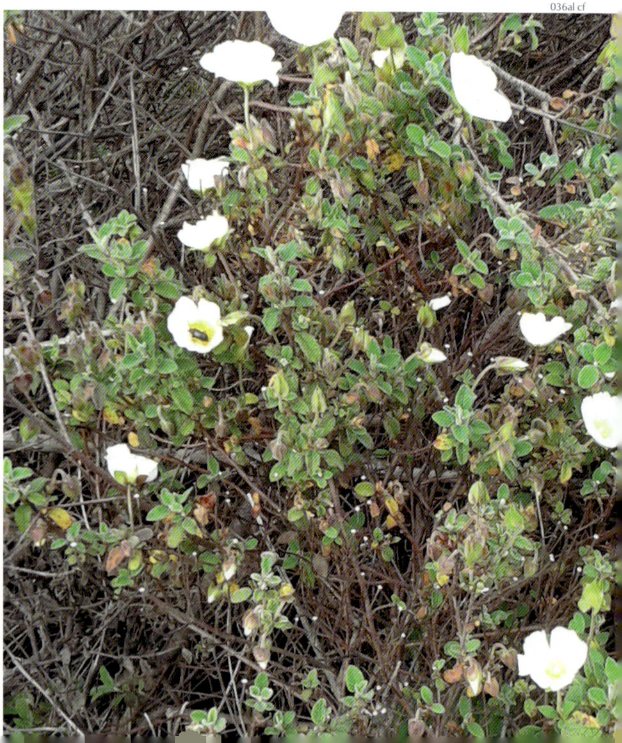

Die **Weißliche Zistrose** *(Cistus albidus)* findet man oft an der Westküste, da sie kalkhaltige felsige Böden bevorzugt. Ihr Name leitet sich von der Beschaffenheit ihrer Blätter ab; sie hat grauweiße, weiche filzartige Blätter. Der Strauch erreicht nur eine Höhe von ca. 1 m, auch die Blüte mit einem Durchmesser von 4 bis 6 cm ist kleiner. Die fünf Blütenblätter erscheinen in den Farben rosa oder Purpur. Die Weißliche Zistrose sondert nur wenig Saft ab, sie ist deshalb nicht so „klebrig" wie die Lackzistrose.

Heute wie im Altertum wird der Sud oder der Tee der Zistrose gegen Entzündungen verwendet.

Weißliche Zistrose

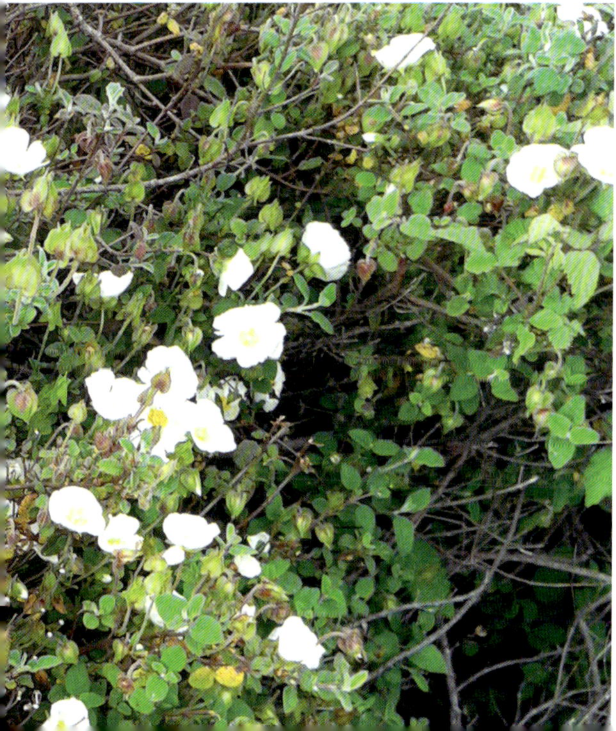

059al cf

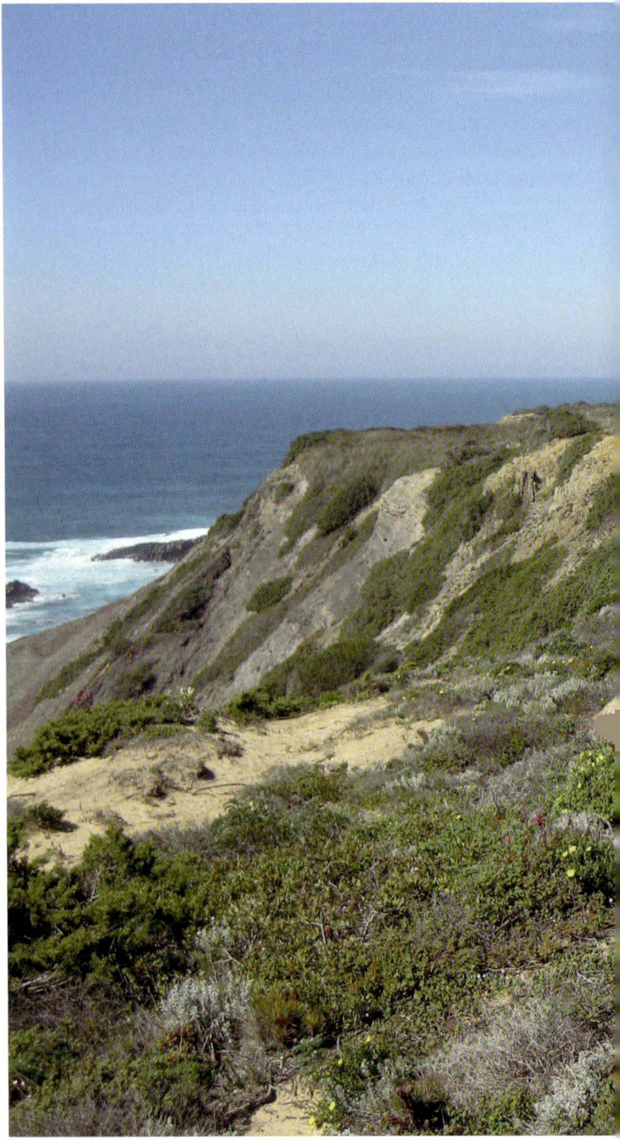

Wanderungen an der Westküste

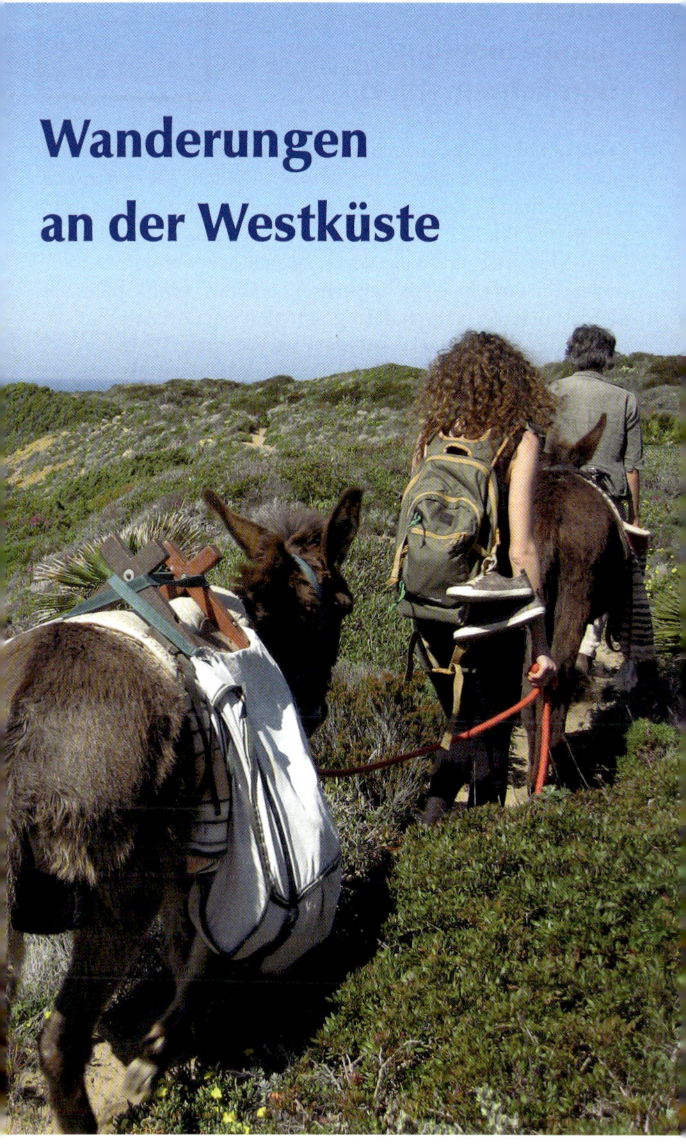

Tour 1 Rundwanderung nördlich von Aljezur

2.20 Std.
9,1 km
leicht

Obwohl die Costa Vicentina längst über Portugals Grenzen hinaus bekannt ist, gibt es immer noch Routen, auf denen man kaum jemanden begegnet, so z.B. die Tour vom Campingplatz do Serrão nördlich von Aljezur zur Praia da Amoreira. Anfangs führt der Weg über eine karge, ausgetrocknete und fast ausschließlich mit Macchia bewachsenen Ebene, etwas später verändert sich die Landschaft langsam. Man wandert zwischen niederen grünen Hügeln, zu den Lackzistrosen gesellen sich Mastixsträucher, Eichen, hohe Eukalyptusbäume und Wacholder. Die Pflanzenvielfalt an der Mündung der Ribeira de Aljezur, wo auch der Strand von Amoreira liegt, erstaunt – es gedeihen schwarze Krähenbeeren, Rosmarin, Thymian, Strandfilzblumen, Grasnelken, Wacholder sowie Mittagsblumen. Der Anblick des weiten, tiefblauen Meeres, der imposanten Felsen und der weißen Wellen, die immer wieder mit voller Wucht gegen die Klippen schlagen, entzückt. Nach zirka einem Kilometer verändert sich erneut die Vegetation. Wo vorher nur Sträucher und Bodengewächse wuchsen, tauchen vereinzelte Pinien auf, kurz darauf verläuft der Weg durch einen richtigen Wald. Über die karge Ebene führt der Weg zurück zum Campingplatz.

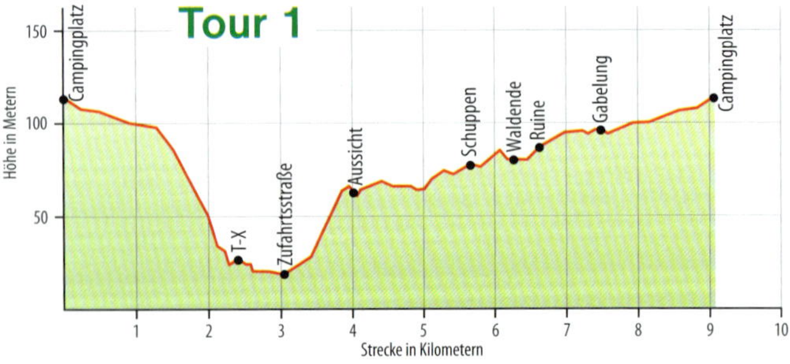

Kapitelstartseite: Blick auf die Ribat de Arrifana (Tour 2)

Auf der Rota Vicentina

Ausgangsort: Aljezur
Ausgangspunkt: Parkplatz vor dem Parque de Campismo do Serrão (N37°20.369′ W08°48.763′)
Höhenunterschied: 125 m
Gesamtzeit: 2.20 Std.
Länge: 9,1 km
Schwierigkeit: leicht
Karte: Karte 576
Anforderungen: Wanderung auf deutlichen Wegen zuerst mit rot-weißen, dann mit blau-grünen Markierung fast bis zum Ende
Einkehr: Am Ausgangspunkt (Tel. +351 282 990 220, www.campingserrao.com) und an der Praia da Amoreira

Wegbeschreibung

Vom **Parkplatz vor dem Campingplatz (1)** aus folgen wir der Fortsetzung der Zufahrtsstraße. Am Ende des Campingplatzes fächert sie sich auf, wir wandern auf dem **mittleren** der drei Wege geradeaus weiter. 20 Min. nach Beginn der Wanderung ignorieren wir einen Weg von rechts, die Farben der Markierung wechseln hier von rot-weiß zu blau-grün. Kurz darauf halten wir uns bei einer Gabelung rechts. Der Weg führt später abwärts in ein Tal, in dem das verfallende größere **Gehöft Amoreira** liegt. Bei einer **T-Kreuzung (2)** nahe am Gehöft gehen wir nach links, 10 Min. später mündet der Weg in die **Zufahrtsstraße zur Praia da Amoreira (3).** Wir folgen ihr gut 5 Min. nach rechts und biegen dann am Anfang des Parkplatzes in einen ansteigenden Sandweg rechts.

Am Ende des Anstiegs verlassen wir vorübergehend den breiteren Pfad mit den Markierungen nach links **(4)** um gut 5 Min. auf einem schmalen Parallelweg direkt an der Steilküste zu wandern. Zurück auf dem breiteren Weg gehen wir noch knapp

Die im Kopf der Touren angegebene **Kartennummer** bezieht sich auf die **Karten des Militärgeographischen Instituts.**

¼ Std. mit **schönen Ausblicken** auf Meer und Steilküste parallel zu ihr, bevor wir dann über der einsamen Praia da Carriagem (manchmal auch Carreagem) im rechten Winkel ins Landesinnere biegen.

Der breite Weg verläuft, vorbei an einem **roten Ziegelschuppen (5),** gut 20 Min. geradeaus durch einen Pinienwald und am **Waldende (6)** leicht nach rechts. Bei einer T-Kreuzung bald darauf halten wir uns links und wandern auf eine Ruine zu, in deren Innerem große Bäume stehen. Dahinter sehen wir eine zweite **Ruine (7)** und nochmals dahinter ein Haus neueren Baudatums. Ganz in der Ferne erblicken wir den **Fóia,** den höchsten Berg des Monchique-Gebirges, mit seinen Antennen. Bald nach dem neueren Haus wählen wir bei einer Gabelung den schlechteren Weg nach rechts und biegen kurz darauf bei einer T-Kreuzung nach rechts.

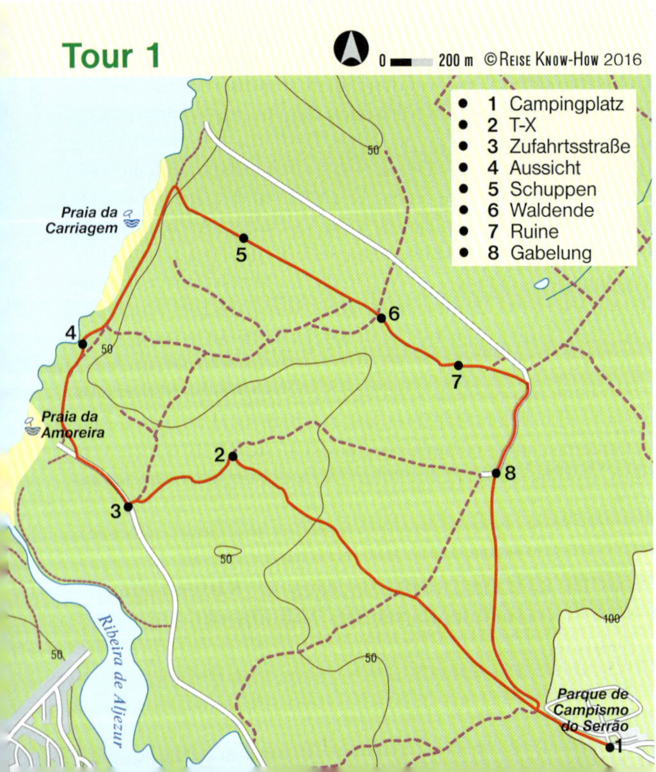

Etwa 7 Min. wandern wir bei der ersten **Gabelung (8)** auf einen deutlichen Weg nach links und erreichen gut 20 Min. später den **Parkplatz vor dem Campingplatz (1).**

Diese Abbiegung ist nicht die richtige

060al cf

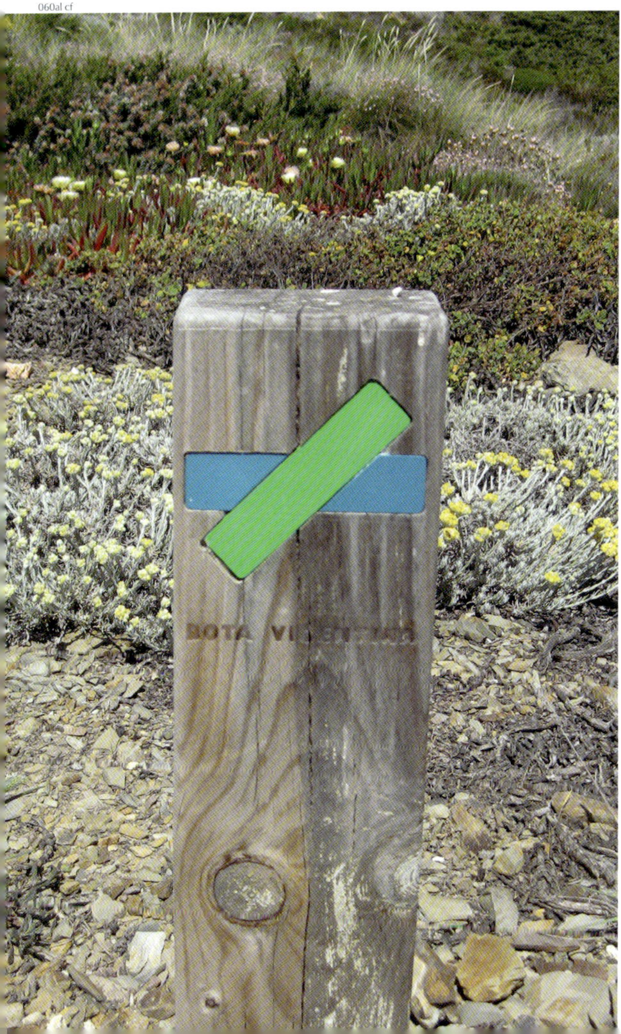

Tour 2
Monte Clerigo

3 Std.
11 km
leicht

Die Wanderung verläuft entlang der Steilküste, an der sich die Wellen brechen. Der Blick schweift über das blaue Meer, in den Klippen haben Störche ihre Nester errichtet – angeblich ist das einzigartig in Europa. Auf dem ins Meer vorspringenden Felssporn Ponta da Atalaia liegen die ausgegrabenen Grundmauern der Ribat de Arrifana. Diese maurische Kloster-Festung, eine der größten auf der Iberischen Halbinsel und bislang die einzige in Portugal nachgewiesene, wurde im 12. Jh. zur Verteidigung und für religiöse Zwecke erbaut und vermutlich während der christlichen Rückeroberung des Algarve verlassen. Bei Ausgrabungen wurde das Bestehen mehrerer Moscheen, eines Minaretts und einer nach Mekka ausgerichteten Gebetsmauer nachgewiesen.

Ein Stück weiter erinnert ein schlichter Granitstein an die siebenköpfige Besatzung einer Fokker Wulff 200 C-4 Condor der Deutschen Luftwaffe, die am Morgen des 9. Juli 1943 von britischen Flugzeugen hier abgeschossenen wurde. Die Umstände sind geheimnisvoll. Angeblich hatten die Deutschen den Wärter des Leuchtturms am Cabo de São Vicente bestochen, alliierte Schiffskonvois zu melden. Dann sollen vom Stützpunkt Bordeaux-Merignac im besetzten Frankreich Langstreckenflugzeuge zum Angriff gestartet sein. So auch am 9. Juli, allerdings wurden die vier deutschen Maschinen von britischen Begleitjägern in die Flucht geschlagen und eine abgeschossen.

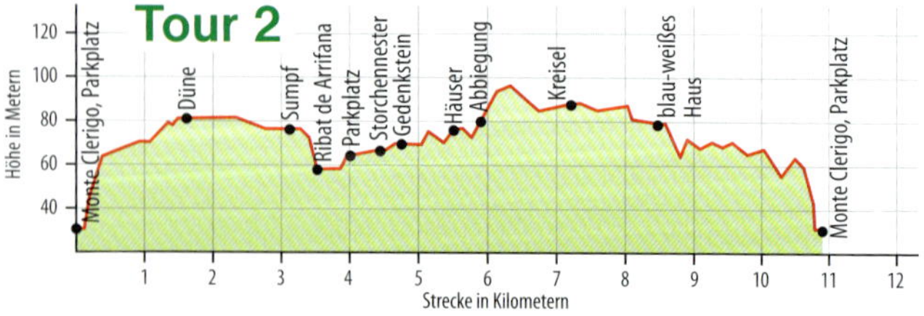

Eine Küste – viele Varianten

Ausgangsort: Aljezur
Ausgangspunkt: Parkplatz in Praia de Monte Clerigo (N37°20.376′ W08°51.225′). Vor dem südlichen Ortsanfang von Aljezur von der Nationalstraße nach Westen abbiegen (Ww. Monte Clerigo).
Höhenunterschied: 190 m
Gesamtzeit: 3 Std.
Länge: 11 km
Schwierigkeit: leicht
Karte: Karte 576/583-A/584
Anforderungen: Wanderung auf deutlichen Wegen mit blaugrüner Markierung an der Küste.
Einkehr: In Praia de Monte Clerigo
Tipp: Auf demselben Weg entlang der Küste zurückgehen

Die Wellen branden gegen die Steilküste

061al cf

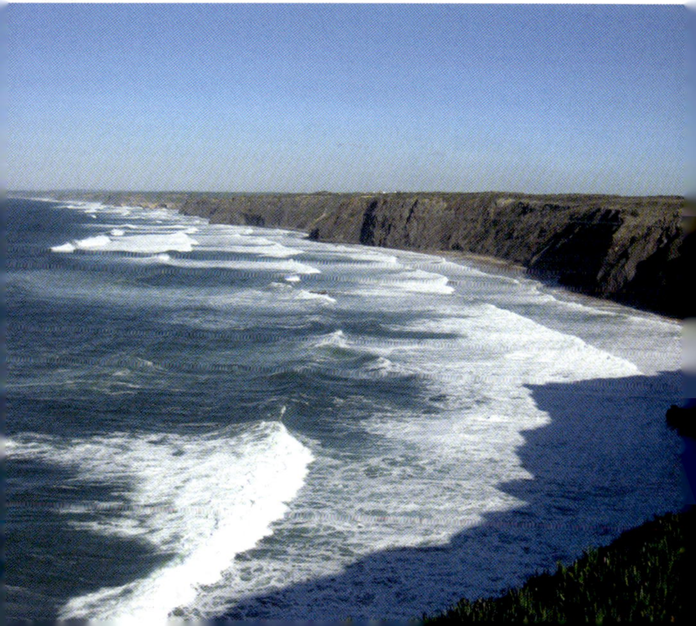

Wegbeschreibung

Vom **Parkplatz (1)** in dem kleinen Strandort an der Mündung der **Ribeira de Aljezur** biegen wir in die Sackgasse, die nach rechts zum Meer führt. Vor dem letzten Haus steigen wir links einen Treppenweg hinauf und wandern nach einer S-Kurve an seinem Ende auf einem breiten unbefestigten Weg weiter auf-

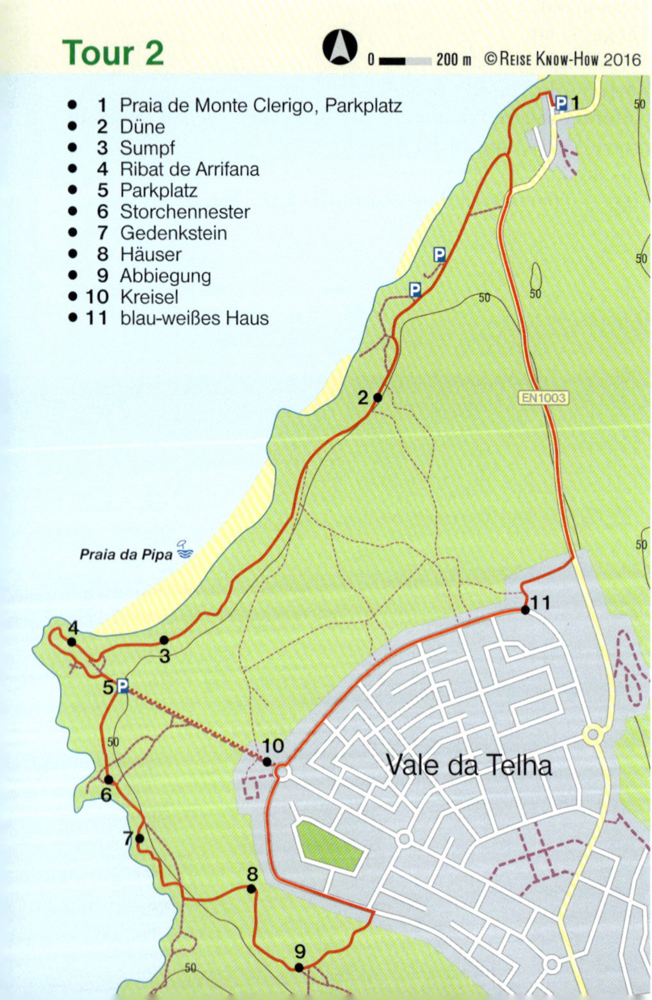

wärts. Bei einer Gabelung gehen wir nach rechts, ¼ Std. später endet der breite Weg (bis hierher Parkmöglichkeiten) und wir folgen einem **Pfad** weiter geradeaus an der Küste entlang. 5 Min. später gabelt sich der Pfad bei einer **Düne (2),** wir wandern geradeaus und bleiben an der Küste. Nach weiteren 25 Min., kurz vor der **Ponta da Atalaia,** durchqueren wir ein **sumpfiges Gebiet (3).**

Die Grundmauern der **Ribat de Arrifana (4)** sind umzäunt, es ist nicht wirklich viel zu sehen, aber in unserer Fantasie spähen streitbare maurische Krieger in diesem südwestlichen Außenposten des Kalifats wachsam aufs Meer. Das taten später auch die portugiesischen Küstenwächter in dem jetzt zerfallenen Zollhaus inmitten der Ruinen.

Wir gehen dann auf der unbefestigten Zufahrtsstraße vom **Parkplatz (5)** vor dem Ausgrabungsgelände gut 40 m landeinwärts und folgen dann dem rechts abgehenden blau-grün markierten Pfad. Nach gut 10 Min., kurz nachdem wir **Storchennester (6)** auf einem vorgelagerten Felsen gesehen haben, gabelt sich der Weg, die blau-grün markierte Rota Vicentina führt links in Steinwurfweite an der Küste entlang (bei fehlender Schwindelfreiheit zu empfehlen). Ein unmarkierter Pfad verläuft rechts unmittelbar an der Steilküste, bald treffen wir auf ihm den schlichten **Gedenkstein (7)** für die gefallenen deutschen Soldaten. Später vereinigen sich die Pfade wieder, entfernen sich etwas von der Küste und laufen auf einige **Häuser (8)** am Rand der großen Ferienhaussiedlung **Vale da Telha** zu. Hier erreichen wir aber noch nicht die Straße. Der Weg biegt nach rechts und verläuft am Rand der von hier nicht sichtbaren Siedlung entlang. Jetzt richten wir unser Augenmerk auf die Bauwerke auf der anderen Seite des Einschnitts rechts von uns. Zwischen der **großen Ruine** rechts und dem **unverputzten Schuppen** links von ihr, naher beim Schuppen, biegt von unserem Weg **ein Pfad nach links ab (9)** und läuft auf die nicht sichtbare Siedlung zu. Über den Pinienhain auf dem unbebauten Grundstück zwischen den Häusern erreicht er eine Straße; hier biegen wir nach links. Nach einer scharfen Rechtskurve kommen wir zu einem **Kreisel (10),** die zweite Abzweigung im Uhrzeigersinn führt zur Ribat de Arrifana. Von dort können wir entlang der Küste auf bekanntem Weg zum Ausgangspunkt wandern.

Nehmen wir die dritte Abzweigung (geradeaus), müssen wir etwa 20 Min. der Straße zwischen der ersten und der zweiten

Häuserzeile von Vale da Telha folgen, bis die Straße eine **Rechtskurve** macht. Dort führt ein Sandweg über ein unbebautes Grundstück vor einem **weißen Haus mit blauer Fensterumrahmung (11)** nach links und ein besserer Weg, der abfällt, leitet dann nach rechts an der Grundstücksgrenze entlang zur Straße, die von Vale da Telha nach Praia de Monte Clerigo führt. Auf ihr wandern nach links zurück zur Küste und dort auf bekanntem Weg zum Ausgangspunkt.

Ein schlichter Stein erinnert an die gefallenen deutschen Flieger

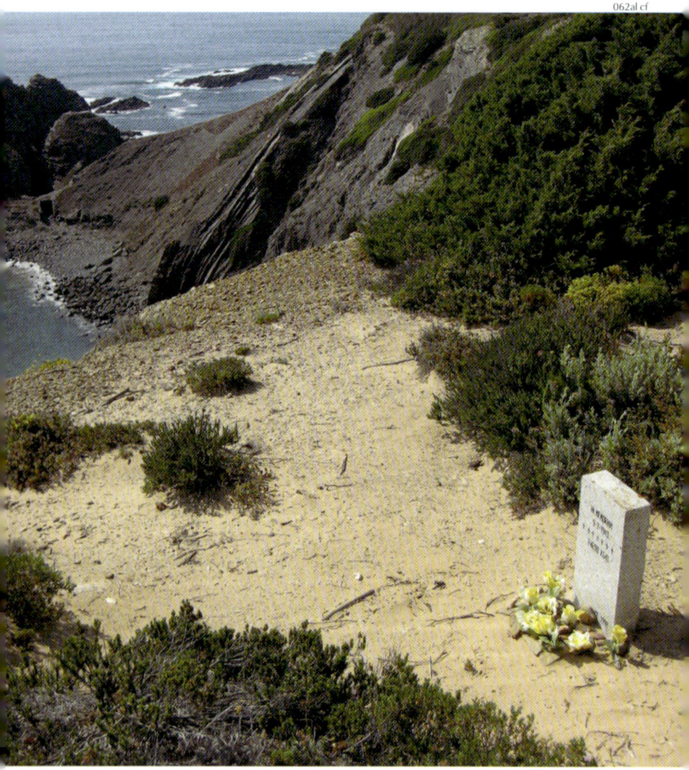

062al cf

Tour 3
Der Weg der Düfte

3.40 Std.
13,8 km
leicht

Nahe der Küste verläuft diese Wanderung durch einsame Täler in mediterraner Landschaft. Typisch für diese dem Wind ausgesetzte Gegend ist die Buschvegetation, am Anfang sieht man Zistrose, Seidelbast, Mastixstrauch, Filziges Bandkraut oder Sargassokraut, später sind es Wacholder und Oliven. Am Schluss der Wanderung kann man auch einige Duftpflanzen entdecken, die dem Weg seinen Namen geben.

Der wilde Westen

Ausgangsort: Aljezur
Ausgangspunkt: Bordeira (N37°11.852′ W08°51.774′). Die N 268 führt von Norden (Aljezur) kommend bei Bordeira über eine Brücke. Dann nach links in die Zufahrtsstraße nach Bordeira biegen und dort parken.
Höhenunterschied: 245 m
Gesamtzeit: 3.40 Std.
Länge: 13,8 km
Schwierigkeit: leicht
Karte: Karte 592/593
Anforderungen: Wanderung auf deutlichen Wegen ohne Markierung
Einkehr: Keine

Wegbeschreibung

Gegenüber der **Zufahrtsstraße Bordeira (1)** geht auf der anderen Straßenseite der N 268 ein **unbefestigter Feldweg** ab. Bei einer Gabelung nach 100 m halten wir uns rechts (von links kommen wir zurück) und kurz darauf bei **zwei Gabelungen** links. Nach der zweiten Gabelung beginnt der Weg zu steigen. Wir bleiben immer auf dem breiten Hauptweg, ignorieren kurz vor dem höchsten Punkt eine Abzweigung nach rechts und am höchsten Punkt eine nach links.

Der Weg fällt und leitet in das Tal **Vale Morteiro.** Dort wandern wir über ein meist **trockenes Bachbett (2)** und dann bei

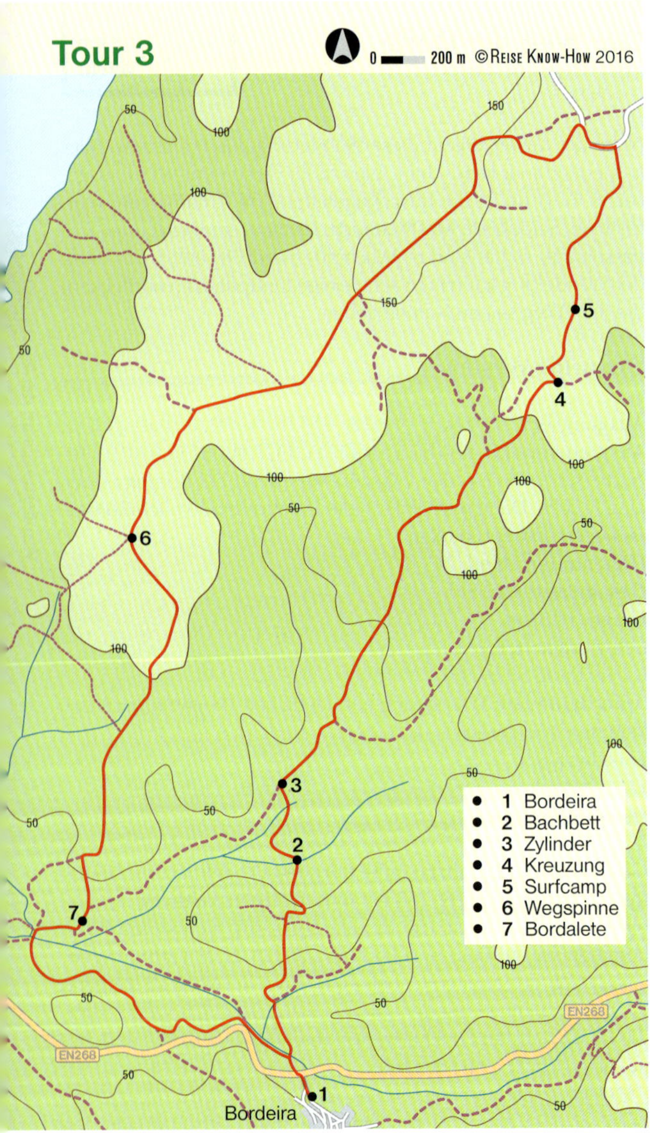
Tour 3
0 200 m ©Reise Know-How 2016
1 Bordeira
2 Bachbett
3 Zylinder
4 Kreuzung
5 Surfcamp
6 Wegspinne
7 Bordalete
Bordeira
EN268

einer T-Kreuzung mit einem ca. 4 m hohen **Betonzylinder (3)** (vermutlich der Entlüftung einer Wasserleitung) nach rechts. Bei der folgenden Gabelung halten wir uns links und kommen kurz darauf an einem zweiten, etwas niederen Betonzylinder vorbei. ½ Std. später, kurz nachdem vor uns in der Ferne **Windräder** sichtbar werden, stoßen wir bei einer **Kreuzung (4)** auf die Rota Vicentina. Geradeaus führt ein rot-weiß markierter Weg zu einer Ruine, wir folgen dem gleichfalls rot-weiß markierten Weg nach links. Am Ende des Anstiegs steht links vom Weg ein **neueres, weißes Landhaus,** in dem sich ein **Surfcamp (5)** befindet (www.nomadsurfresorts.com/de/vale-figueiras-algarve-portugal), dann sehen wir links mehrere Häuser und rechts zahlreiche Windräder. Nach einer großen Linkskurve kommen wir zu einer T-Kreuzung und folgen der Asphaltstraße nach links (die Rota Vicentina geht nach rechts). Die Straße führt durch die Häusergruppe, an ihrem Ende, vor dem **letzten Haus** gabelt sich die Asphaltstraße, wir biegen nach links (Ww. Malhada da Cerva), passieren noch einige Häuser, dann endet der Belag.

Küstenvegetation

063al cf

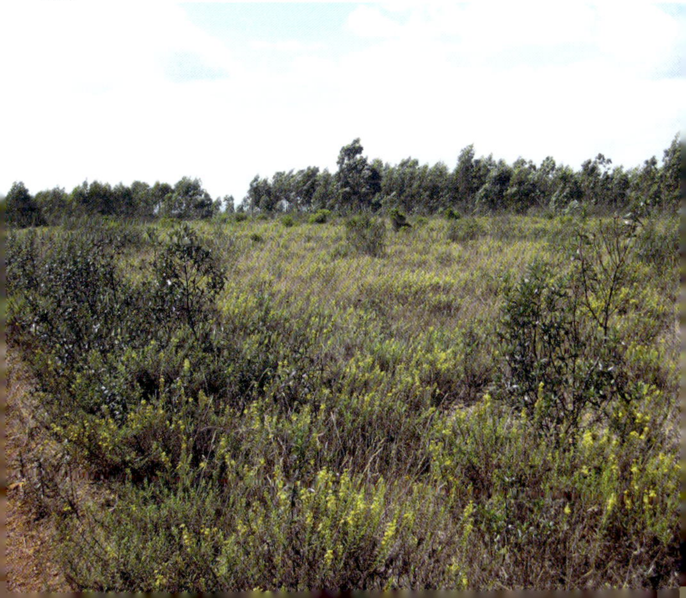

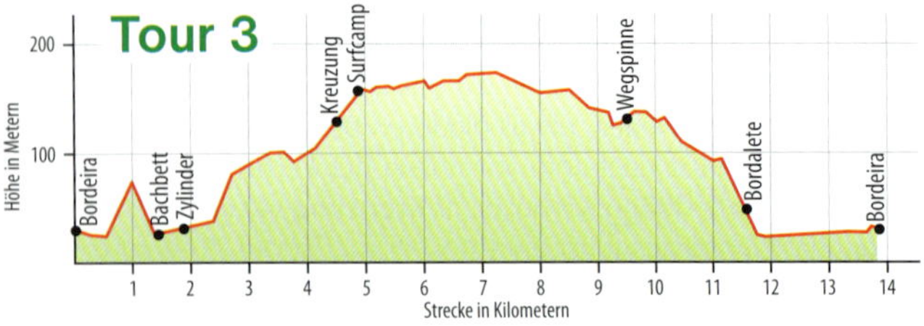

Wir bleiben immer auf dem unbefestigten Weg und ignorieren eine Abzweigung nach rechts und dann nach links. Später führt die Straße vorbei an zwei Abzweigungen nach rechts zu namenlosen Stränden. Bei einer **Wegspinne (6)** gehen wir geradeaus (ein sich unmittelbar nach der Abzweigung gabelnder Weg führt nach rechts) und folgen dem eindeutigen Weg bald abwärts zu dem **verlassenen Bauernhof Bordalete (7).** Davor kommt von links ein Weg. Wir wandern am Bauernhof vorbei, die Hunde bei einem Wohnwagen nach den Gebäuden **sind angekettet.** Nach dem Hof, etwa beim Wohnwagen, gehen wir nach rechts und nach einer Linkskurve über die Ribeira da Bordeira. Nach dem Fluss biegen wir bei der Gabelung nach links und wandern am rechten Rand des Tals (eine Abzweigung nach oben ignorieren) wieder zum Ausgangspunkt.

064al cf

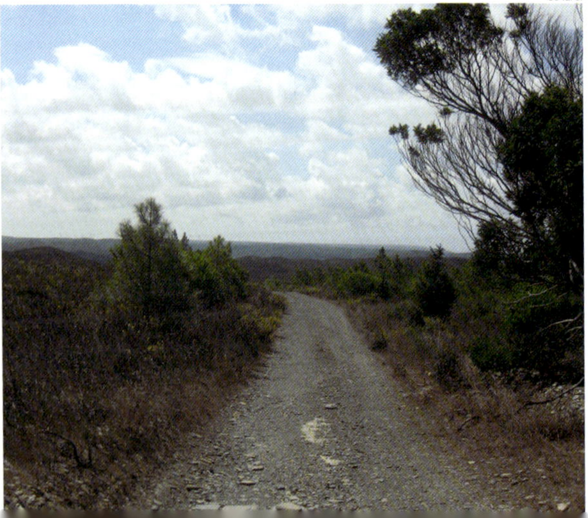

Tour 4
Gezeitenweg

4.40 Std.
18 km
mittelschwer

Carrapateira liegt auf einem buchtenreichen Kalksteinkliff an der Westküste des Algarve. Pontal, die Spitze des Kliffs, ähnelt mit seinen hohen rötlichen Felsen dem Cabo de São Vicente knapp 20 km südlicher. Die starke Strömung machte es in der Vergangenheit zu einer Falle für unachtsame Segelschiffe und in der Gegenwart zu einem Anziehungspunkt für Surfer. Der lange Strand von Bordeira mit seinen Dünen zählt zu den schönsten des Algarve.

Küste und Tal

Ausgangsort: Aljezur
Ausgangspunkt: Parkplatz beim Restaurant *O Sítio do Rio* in Carrapateira (N37°11.527′ W08°54.009′). Von Norden, von Aljezur kommend überquert die N 268 auf einer Brücke die Ribeira da Carrapateira, steigt dann an und führt in den Ort Carrapateira. Kurz nach der Brücke nach rechts (nach Westen, zum Meer) abbiegen und nach 800 m beim Restaurant *O Sítio do Rio* (Ww. an der Abbiegung) parken.
Höhenunterschied: 260 m
Gesamtzeit: 4.40 Std.
Länge: 18 km
Schwierigkeit: mittelschwer
Karte: Karte 592
Anforderungen: Wanderung auf deutlichen Wegen teilweise ohne Markierung
Einkehr: Restaurant Sítio do Forno, Praia do Amado, Carrapateira (Tel. +351 282 973 914) und weitere Restaurants in Carrapateira

Buschvegetation am Wegesrand

Tour 4

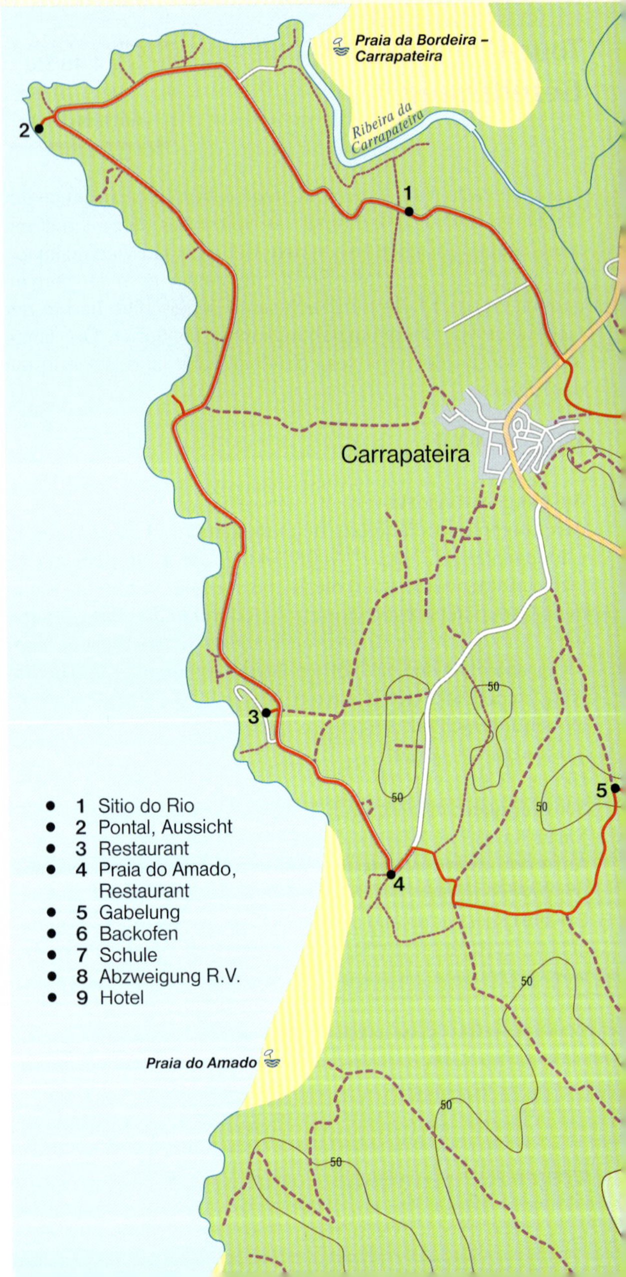
Praia da Bordeira –
Carrapateira
Ribeira da
Carrapateira
Carrapateira
Praia do Amado
50
1 Sitio do Rio
2 Pontal, Aussicht
3 Restaurant
4 Praia do Amado,
Restaurant
5 Gabelung
6 Backofen
7 Schule
8 Abzweigung R.V.
9 Hotel

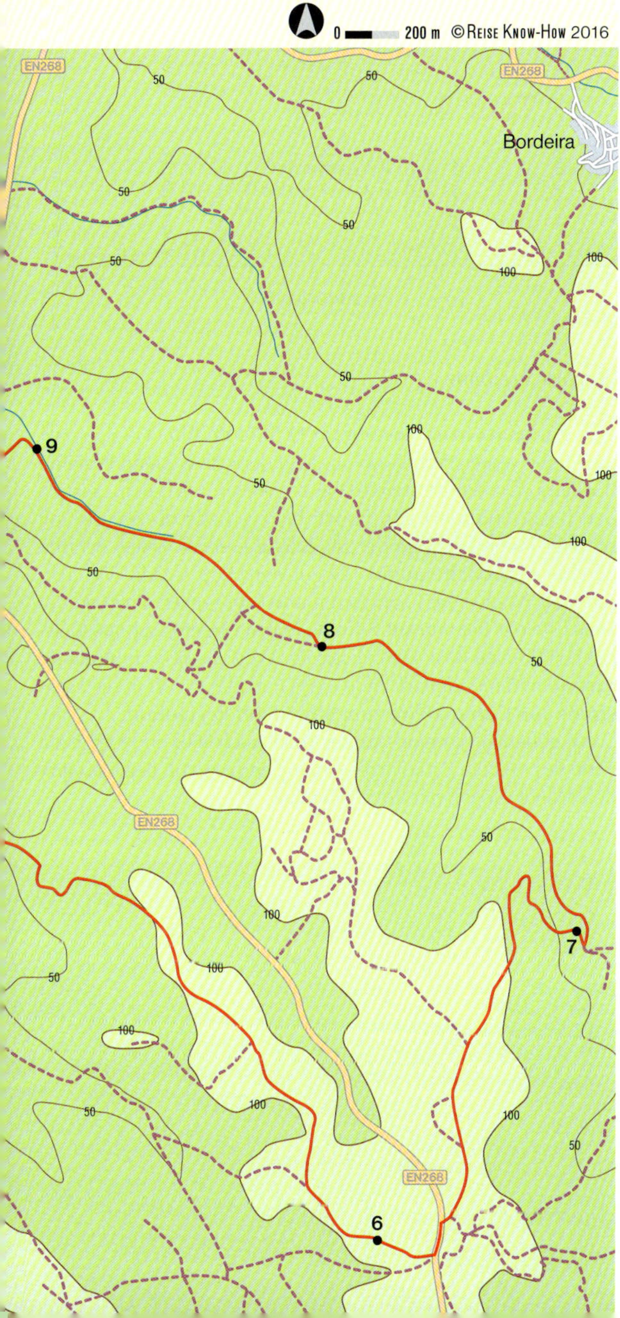
0 200 m
© Reise Know-How 2016
EN268
Bordeira
9
8
7
6
50
100

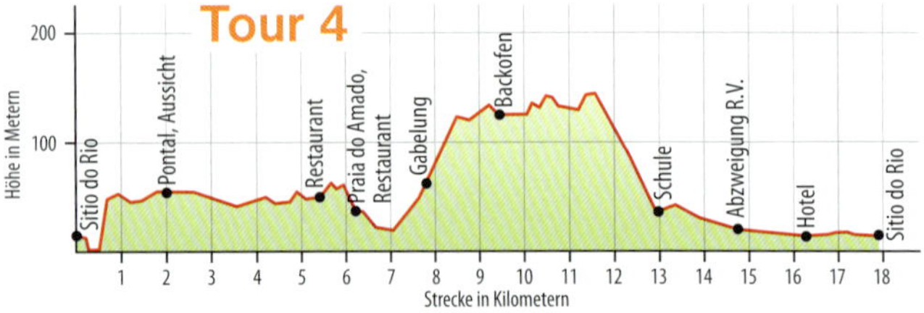

Wegbeschreibung

Vom **Parkplatz beim Restaurant O Sítio do Rio (1)** folgen wir der Straße weiter, rechts von uns liegt der große Strand **Praia da Bordeira.** Die Straße steigt dann an, verliert nach dem Anstieg den Belag und führt von Pontal bis zur Praia do Amado mit schöner Meeressicht an der **Steilküste** entlang. Einige Schritte zu einem **Aussichtspunkt (2)** auf dem Kap sollten wir nicht scheuen. Nach einer knappen Stunde liegt rechts, direkt an der Steilküste das **Restaurant Sítio do Forno (3),** eine schöne Gelegenheit für eine Rast. Dann leitet der Weg abwärts zur **Praia do Amado** und mündet am Ende eines Parkplatzes **(4)** in die **Fahrstraße von Carrapateira zum Strand mit Restaurant.**

Wir gehen auf ihr eines kurzes Stück nach links und folgen am Ende des rechten Parkplatzes einem Sandweg mit den blau-grünen Markierungen der Rota Vicentina.

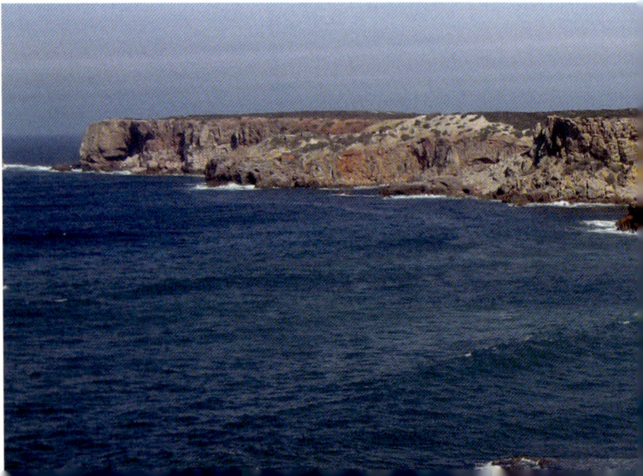

Bei zwei Gabelungen kurz danach wandern wir rechts und, bevor der Weg steil und gerade den Hang hinaufführt, nach links. Nach einem kleinen bewaldeten Einschnitt halten wir uns bei einer **Gabelung (5)** rechts und verlassen die nach links führende Rota Vicentina. Wir bleiben im Folgenden auf dem **deutlichen Hauptweg** und gehen im Zweifelsfall geradeaus. Nach 40 Min. kommen wir an einem verfallenen **Haus mit Backofen (6)** vorbei, 5 Min. später erreichen wir die **Landstraße** N 268, gehen auf ihr etwa 100 m nach links und verlassen sie dann rechts (viele Ww. u.a. Vilarinha). Die asphaltierte Straße leitet in etwa 35 Min. in das fruchtbare Tal der Ribeira da Carrapateira, alle Abzweigungen nach links ignorieren wir. Den Talgrund erreichen wir nach einer großen **Rechtsserpentine** bei einer **ehemaligen Schule (7).** Dort biegen wir nach links und wandern auf dem Weg mit den rot-weißen Markierungen der Rota Vicentina parallel zum Fluss, vorbei an zwei umzäunten, größeren Gehöften. Bald nach dem zweiten folgen die **Markierungen einem Pfad geradeaus (8),** wir bleiben auf dem Weg. Er macht eine scharfe Rechtskurve, gleich darauf eine scharfe Linkskurve und verläuft dann näher am Fluss. 20 Min. später wandern wir am **Hotel Casa Fajara (9)** vorbei, anschließend biegt der Weg scharf nach links, bei einer Gabelung gehen wir nach rechts, überqueren dann die N 268 und erreichen knapp ¼ Std. später den Ausgangspunkt.

Vom Aussichtspunkt hat man einen großartigen Blick auf die Küste

065al cf

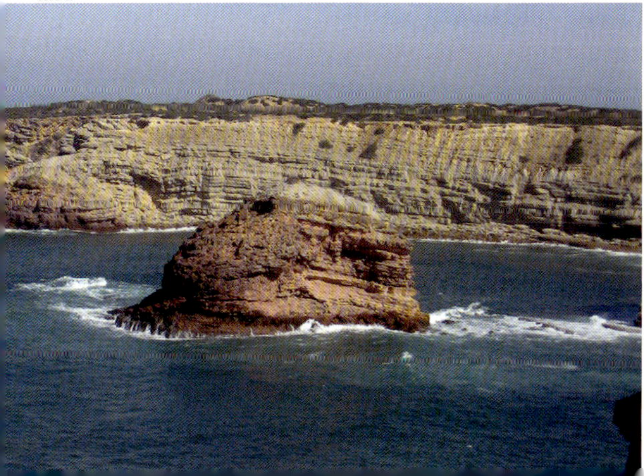

Tour 5
Cabo de São Vicente

3.30 Std.
13,8 km
mittelschwer

Portugals Südwestspitze, das mythische Kap, an dem im 15. Jahrhundert die Kapitäne von Heinrich dem Seefahrer zum letzten Mal die Heimat sahen, bevor sie ins Ungewisse segelten, nach Afrika und Indien, Japan und Brasilien, ist der südwestlichste Punkt des Kontinents. Cabo da Roca bei Lissabon, der westlichste Punkt des europäischen Festlandes, liegt etwa 50 km westlicher. Das Kalkgestein türmt sich am Cabo de São Vicente zu bis zu 100 m hohen Steilwänden. In einer alten Festung warnt der lichtstärkste Leuchtturm Europas, 270 Grad vom Wasser des Ozeans umgeben, mit seinen fast 60 km weit sichtbaren Signalen die Schiffe auf einem der weltweit meist befahrenen Seewege vor der Gefahr.

Es heißt, das Boot mit den Gebeinen des Heiligen Vinzenz von Valencia sei am Kap bei Sagres gestrandet und zwei Raben hätten die Reliquie aus den Fluten gerettet.

1780 und 1797 fanden vor dem Kap des Heiligen Vinzenz zwei Seeschlachten zwischen britischen und spanischen Flotten statt, etwas in Vergessenheit geraten ist die Seeschlacht von 1681 zwischen spanischen und kurbrandenburgischen Schiffen, die Friedrich Wilhelm, „der Große Kurfürst", ausgesandt hatte, um Schulden Spaniens einzutreiben.

Kult ist eine deutsche Wurstbraterei am Parkplatz vor dem kleine Forte, die die zertifiziert letzte Bratwurst vor Amerika anbietet.

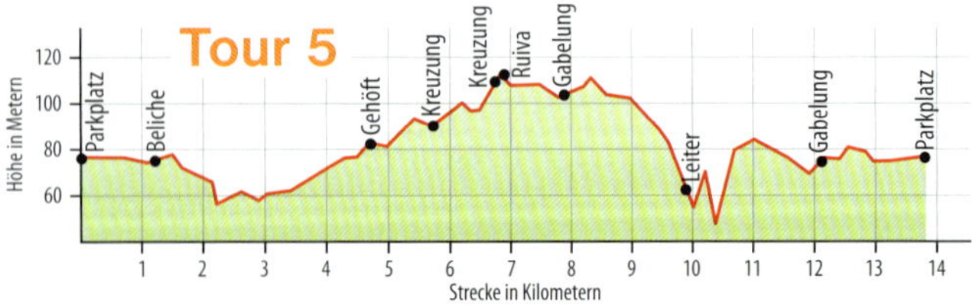

Das Ende der Welt

Ausgangsort: Sagres
Ausgangspunkt: Parkplatz vor dem Leuchtturm von Cabo de São Vicente (N37°01.439′ W08°59.647′). Von Sagres aus fährt man zum Cabo de São Vicente, dem südwestlichsten Punkt Kontinentaleuropas.
Höhenunterschied: 150 m
Gesamtzeit: 3.30 Std.
Länge: 13,8 km
Schwierigkeit: mittelschwer
Karte: Karte 601/609
Anforderungen: Wanderung auf deutlichen Wegen, anfangs Via Algarviana und Rota Vicentina, später nur noch Rota Vicentina.
Einkehr: Keine

Wegbeschreibung

Vom **Parkplatz (1)** vor dem **Leuchtturm** wandern wir auf dem Erdstreifen neben der Straße Richtung Sagres, vorbei am **Forte da Beliche** (**2,** an der linken Straßenseite weißes Doppelgebäude Restaurant-Artesanato). Etwa in der Mitte zwischen dieser Küstenbefestigung und den ersten Häusern von Sagres zweigt von der Küstenstraße eine Asphaltstraße nach links ab (Schilder 2,0 t; 50).

066al cf

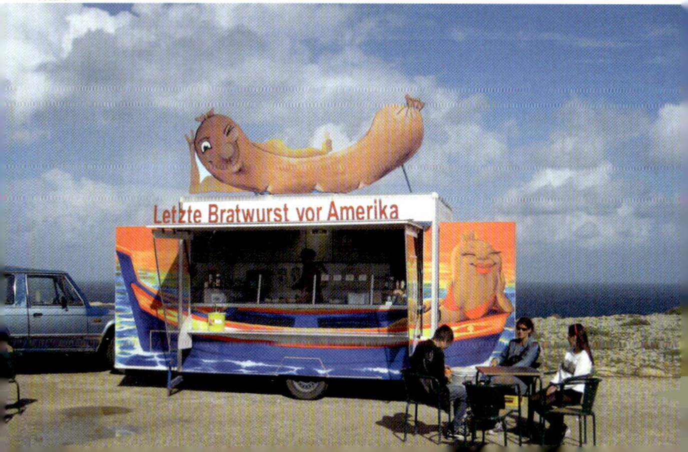

Auf dieser wenig befahrenen Straße wandern wir 35 Min. geradeaus, bis der Belag bei dem großen, verfallenden **Gehöft Vale Santo (3)** endet und wir mit der Straße nach rechts biegen (links führt der unbefestigte Weg zur Praia do Telheiro). Bei der nächsten **Kreuzung (4)** verzweigt auch die Stromleitung und die Via Algarviana wendet sich nach rechts, wir folgen der Rota Vicentina nach links (Ww. Vila do Bispo).

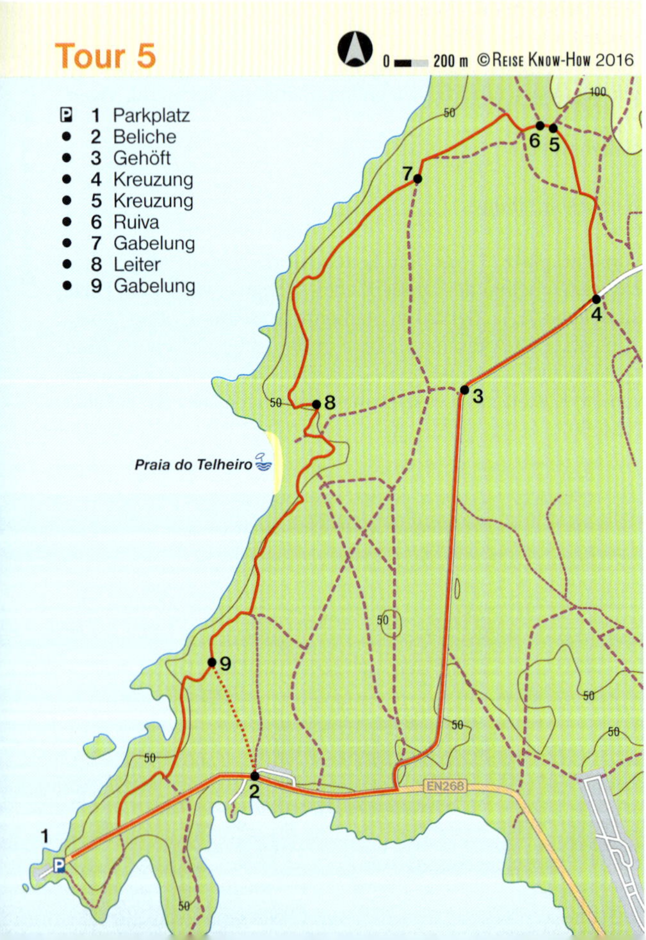

Bei der ersten Möglichkeit (rechts befindet sich ein Haus) biegen wir nach links und nach 200 m wieder nach rechts (Sperre mit Steinen und Baumstämmen für Autos).

Bei der nächsten **Kreuzung (5)** gehen wir links (Ww. Praia do Telheiro). Gleich danach führt rechts ein Stichweg zur **Praia da Ponta Ruiva (6),** einem Strand, der bei Surfern beliebt ist. Wenig später halten wir uns rechts, kurz darauf links und wandern geradeaus, bis wir bei der folgenden **Gabelung (7)** rechts halten. Der Weg verläuft im Folgenden immer nahe der Steilküste, evtl. gibt es mehrere Wegangebote, man kann nicht falsch gehen, wenn man der Küste folgt. Vor der **Praia do Telheiro** müssen wir in einem Einschnitt auf einer **Leiter (8)** etwa 2 m nach unten steigen, in dem Einschnitt führt auch ein Weg zum Strand. Wir steigen auf der anderen Seite wieder hinauf und wandern weiter an der Küste entlang.

Etwa ½ Std. nachdem wir die Zufahrtsstraße zur Praia do Telheiro überquert haben, **gabelt sich der Pfad (9).** Wollen wir die Küstenstraße eher in Leuchtturmnähe erreichen, halten wir uns rechts und folgen der Steilküste. Wandern wir nach links, stoßen wir etwa in Höhe des **Forte Beliche** auf die Küstenstraße.

Blick über die Festungsmauer auf die Südwestküste

067al cf

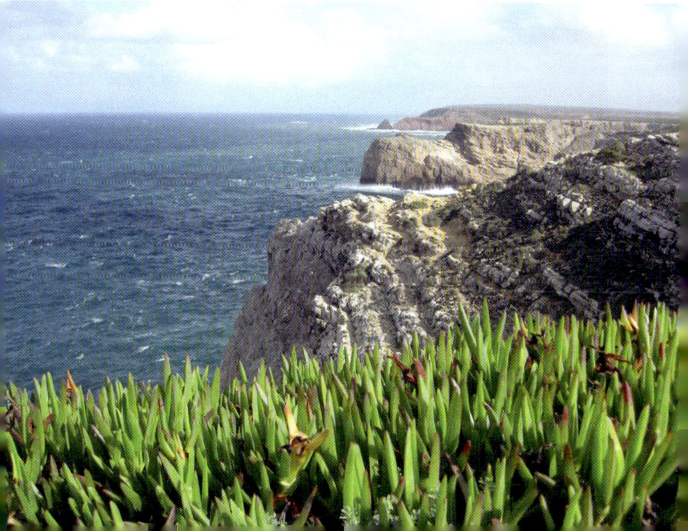

068al cf

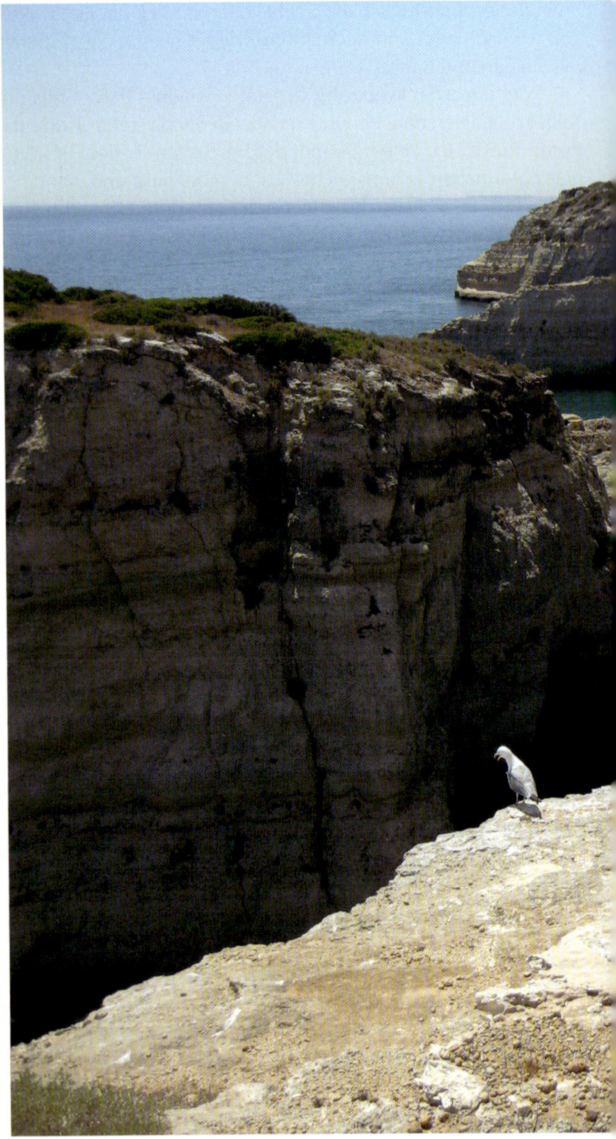

Küstenwanderungen und küstennahe Wanderungen – Felsalgarve

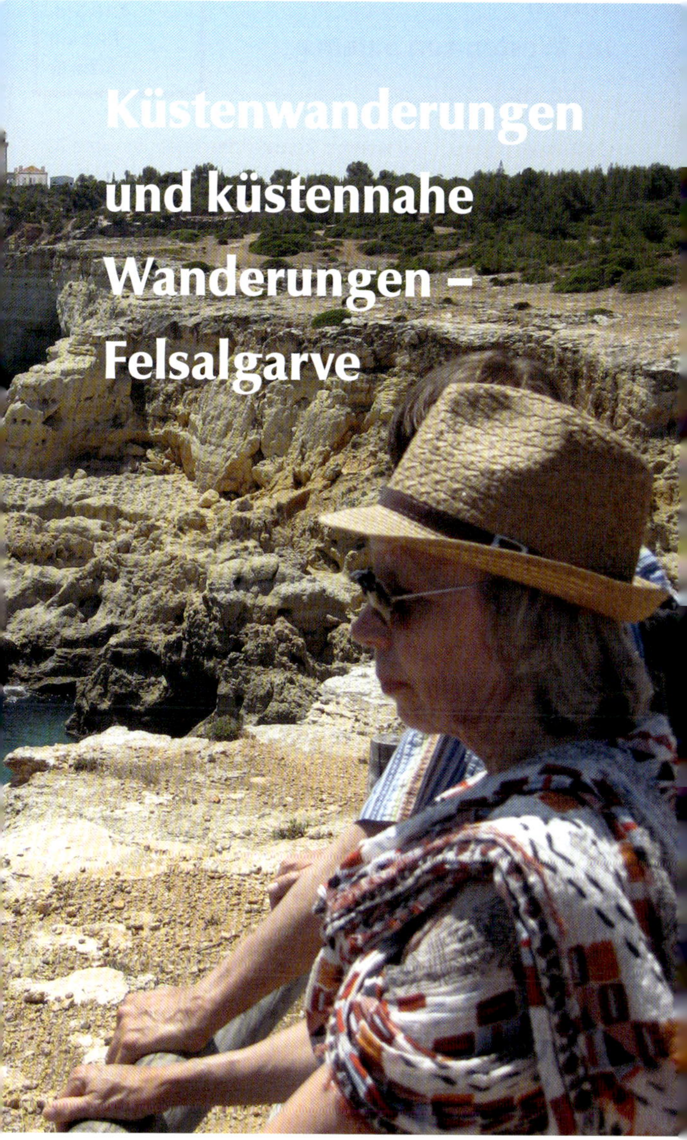

Tour 6
Im Westen von Salema

4.10 Std.
13,5 km
schwer

Zwischen Sagres und Salema konnte die Südküste ihre Ursprünglichkeit bisher bewahren, keine Siedlung hat sich dort festgesetzt. Nur ganz vereinzelt finden sich Häuser auf dem etwa 60 m hohen Küstenplateau, über das oft ein kühler Wind weht. Einsame, schwer zugängliche Sandstrände in kleinen Buchten ermöglichen ungestörtes Badevergnügen. Für den Küstenwanderer bedeutet das allerdings, dass er mehrere zum Meer führende Einschnitte überwinden muss.

Wilde Küste

Ausgangsort: Vila do Bispo
Ausgangspunkt: Figueira, Largo Primeiro de Maio (N37°04.400′ W08°50.657′). Figueira ist ein Dorf an der Nationalstraße N 125 etwa 6 km östlich von Vila do Bispo. Es gibt zwei Abfahrten von der N 125 in den Ort, östlich und westlich davon.
Höhenunterschied: 415 m
Gesamtzeit: 4.10 Std.
Länge: 13,5 km
Schwierigkeit: schwer
Karte: Karte 601/602
Anforderungen: Wanderung auf nicht immer deutlichen Wegen ohne Markierung.
Einkehr: Praia do Zavial (Mitte November bis Mitte März geschlossen, Montag Ruhetag), in Figueira

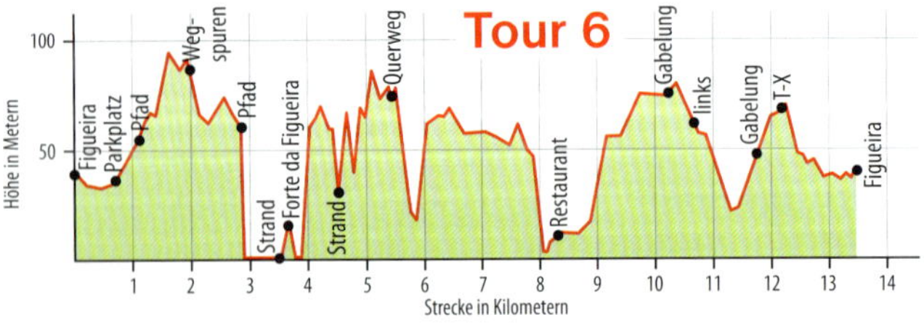

Wegbeschreibung

Vom **Largo Primeiro de Maio in Figueira (1)** sehen wir bereits unser erstes Etappenziel, die **Wassertanks** neben dem Mast auf dem Hügel südlich vom Ort. Wir folgen der Rua da Fonte, die vom Dorfplatz schräg gegenüber vom **Restaurant O Sapinho** in südwestlicher Richtung abgeht. Bei der T-Kreuzung an ihrem Ende halten wir uns rechts. Der unbefestigte, breite Weg biegt 3 Min. später nach rechts (und endet bald am Eingang von umzäunten Klärbecken), wir gehen hier auf einem schlechteren Weg geradeaus. Er mündet bei einem **Parkplatz (2)** in eine befestigte Straße, die nach rechts zur **Praia da Figueira** führt.

Wir wandern nach links, bis wir gut 5 Min. später nach rechts in einen **Pfad (3)** biegen. Er führt auf den Hügel und dann rechts vorbei an den erwähnten, weithin sichtbaren Tanks. Danach geht links ein Weg zu einigen Häusern ab, wir gehen aber noch etwa 8 Min. geradeaus und folgen erst dann etwa 4 Min. lang **Wegspuren** nach links (**4,** auf der anderen Seite des Einschnitts sehen wir links die oberen Geschosses eines Hochhauses, rechts Wegstücke) und biegen dann in einen parallel laufenden Weg nach rechts. Knapp 10 Min. später macht dieser deutliche Weg eine scharfe Rechtskurve (Wegspuren führen weiter geradeaus), nach 8 m folgen wir **einem Pfad (5)** nach rechts. (Geradeaus und dann bei einer Gabelung nach links führt der Weg ins nahe **Salema.**) Der schmale Pfad verläuft anfangs zwischen hohen Büschen, später, mit schönem Blick über die Küste, am Hang eines Einschnitts entlang. Ein schmaler Pfad zweigt links zu einem kleinen **Sandstrand** ab. Wir wandern weiter geradeaus und später parallel zur Küste.

Gut 10 Min. nach der Abbiegung (5) passieren wir einen weiteren **Strand (6)** und 5 Min. später erinnern einige Mauerreste an das kleine **Forte da Figueira (7)** aus dem 16. Jh., hier steigen wir in einen Einschnitt ab, der an der **Praia da Figueira** endet. Ein Übergang auf Steinen führt über einen Wasserarm am Fuße des Hangs. Der Strand kann nur zu Fuß erreicht werden – der übliche Weg führt aus dem Landesinneren durch eines der

Felsalgarve

Kapitelstartseite:
Im Hintergrund der Leuchtturm von Alfanzina (Tour 11)

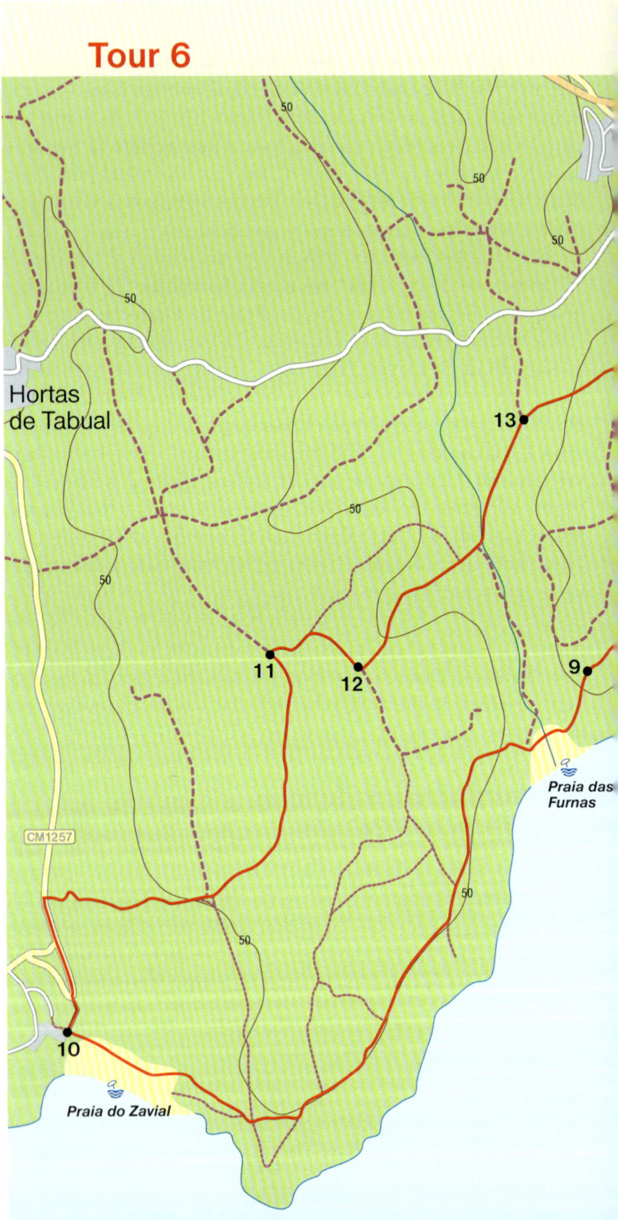
Tour 6
Hortas de Tabual
13
11
12
9
10
Praia das Furnas
Praia do Zavial
CM1257
50

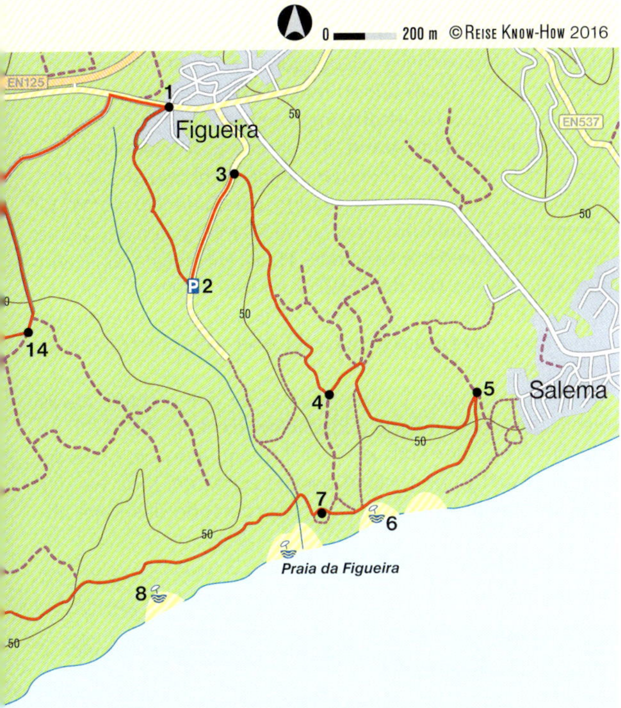

- 1 Figueira
- 2 Parkplatz
- 3 Pfad
- 4 Wegspuren
- 5 Pfad
- 6 Strand
- 7 Forte da Figueira
- 8 Strand
- 9 Querweg
- 10 Restaurant
- 11 Gabelung
- 12 links
- 13 Gabelung
- 14 T-X

schönsten Täler der Gegend – und ist deshalb auch in der Hochsaison nicht überfüllt.

Auf der anderen Seite des Tales wandern wir **in Küstennähe** auf einem schmalen Pfad wieder aufwärts, dann am Rand der Steilküste weiter. Nach gut 20 Min. überqueren wir wieder einen weniger tiefen **Einschnitt,** im Einschnitt führt ein Pfad zu einem namenlosen **Sandstrand (8).** Nachdem wir wieder das Plateau erreicht haben, achten wir darauf, nicht zu nahe an der Steilküste zu wandern. Auf diesem Abschnitt ist die **Wegführung nicht eindeutig.** Nach etwa 20 Min. sehen wir rechts von uns ein **futuristisch wirkendes Haus.** Hier folgen wir einem **Querweg (9),** der von dem Haus zur Küste führt, nach links. Er leitet uns bald wieder nach unten, die nach ihren Höhlen benannte **Praia das Furnas** ist auch auf einer schlechten Straße erreichbar.

Für den folgenden Aufstieg wählen wir den rechten, etwas weiter vom Meer entfernten Pfad. Über das Kap, das die Praia das Furnas von der Praia do Zavial trennt, führt ein breiterer Weg in etwa 100 m Abstand parallel zur Küste. Kurz vor der **Praia do Zavial** kann man das äußerste Ende des Kaps ab-

Forte da Figueira

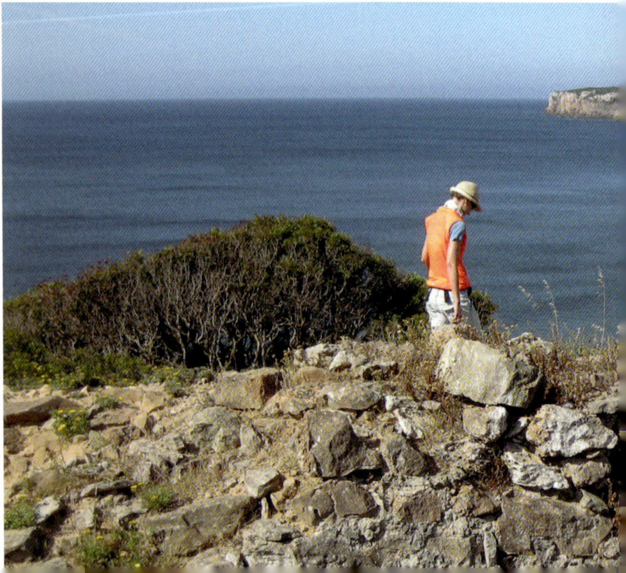

schneiden und dazu bei einer Wegspinne rechts gehen sowie bei der folgenden Kreuzung geradeaus. Dann sehen wir auch schon den Strand vor uns, steigen ab und gehen an ihm entlang zum **Restaurant (10)** am Ende der Zufahrtsstraße.

Auf der Zufahrtsstraße wandern wir 7 Min. geradeaus (bei einer Gabelung nach rechts) und biegen dann in den ersten rechts abgehenden, anfangs noch befestigten Weg (Ww. Zavia Beach Accommodation). Er führt an einigen Gebäuden vorbei, bei einer etwas unübersichtlichen Kreuzung 10 Min. später gehen wir geradeaus. Nach knapp 15 Min. folgen nacheinander eine **Gabelung (11),** eine T-Kreuzung und eine weitere Gabelung – wir halten uns jeweils rechts.

Dann treffen wir auf einen breiten Weg, dem wir **nach links folgen (12).** Immer geradeaus gehend kommen wir knapp ¼ Std. später an einem Holzhaus vorbei und halten uns bei der **Gabelung (13)** wenig später rechts. Kaum 10 Min. später gehen wir bei zwei **T-Kreuzungen (14)** kurz nacheinander nach links. Nach 5 Min. erreicht die Straße eine Landstraße, der wir nach rechts folgen. Nach weiteren gut 5 Min. biegen wir bei einem **Wohnmobilparkplatz** nach rechts in die westliche Zufahrtsstraße nach Figueira und kommen kaum 5 Min. später zum Ausgangspunkt.

069al cf

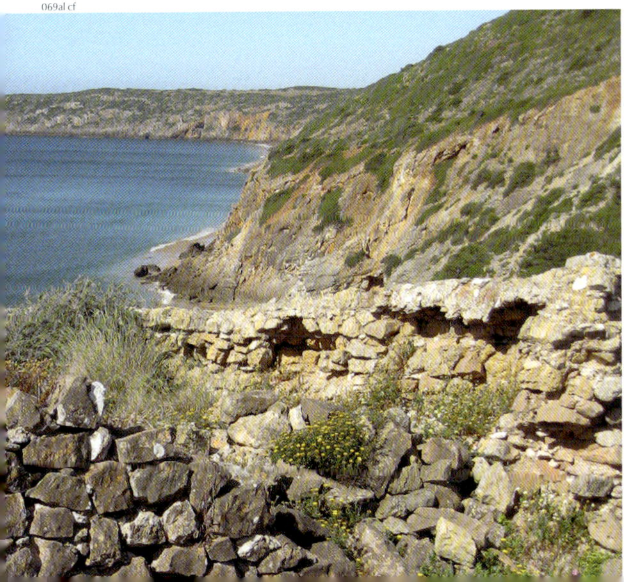

Tour 7
Von Salema nach Lagos

4.35 Std.
16,3 km
mittelschwer

Der Weg beginnt in Salema, einem ehemaligen Fischerdorf, das aufgrund seiner schönen Lage inzwischen auch Karriere als Zweitwohnungskonglomerat gemacht hat. Manche Anlagen stehen nicht nur leer, sondern auch in den Büchern der Banken. Von dort führt der Weg, meist in Küstennähe, über Burgau und Luz nach Lagos, einer uralten Hafenstadt mit phönizischen und griechischen Wurzeln. Die Felsen der Steilküste und das türkisfarbene Meer bieten einen herrlichen Farbkontrast und machen den Tag zu einem unvergesslichen Ergebnis.

070al cf

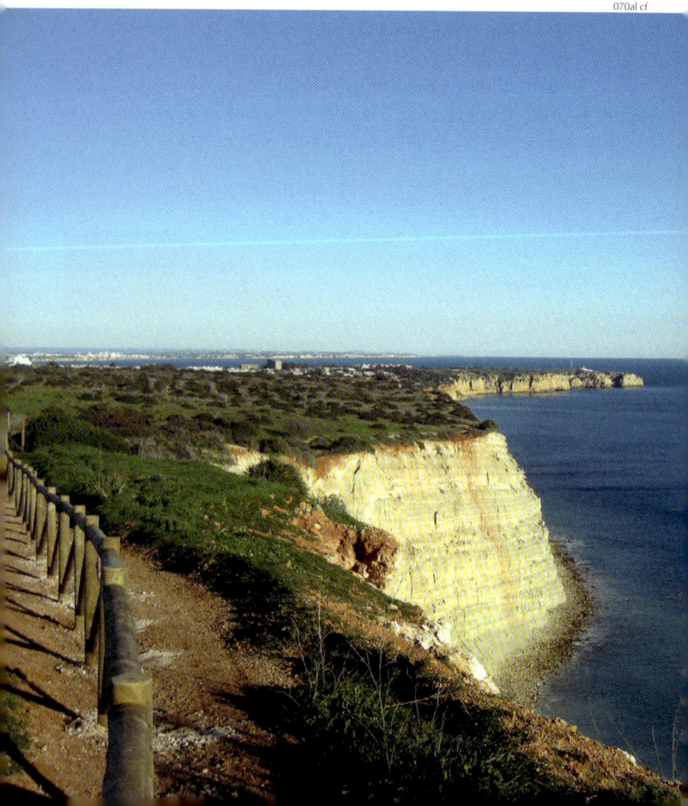

Eine Küstenwanderung

Ausgangsort: Lagos
Ausgangspunkt: Largo da Liberdade am Strand von Salema (N37°03.927′ W08°49.455′), ein Küstendorf zwischen Lagos und Vila do Bispo.

Es wird empfohlen vom Busbahnhof (Terminal Rodoviário) in Lagos (Rua Mercado de Levante) mit dem Überlandbus von EVA nach Salema zu fahren (Endstation Sagres bzw. Cabo São Vicente; vor der Haltestelle Salema (Dorf) gibt es noch die Haltestelle Salema (X) an der Abfahrt von der Nationalstraße). Abfahrt Lagos: 9:15, 10:45, 13:35 und 15:10 Uhr; Ankunft Salema (Dorf): 9:47, 11:17, 14:07 und 15:42 Uhr. Aktuelle Angaben unter www.algarvebus.info.

Vom Terminal Rodoviário fährt der Stadtbus (Onda Amarela [= gelb], Linha 4) in ca. 30 Min. nach Luz (Igreja [= Kirche] Senhora da Luz) und in ca. 40 Min. nach Burgau (Endstation).
An Werktagen: 7:58, 8:43, 9:28, 10:58, 12:03, 12:28, 13:58, 15:28 Uhr; an Samstagen, Sonn- und Feiertagen: 7:58, 9:28, 15:28 Uhr.

Vom Endpunkt der Wanderung (Praia Porto de Mós) in Lagos fährt der Stadtbus (Onda Azul [= blau], Linha 2) in 16 Min. in die Nähe des Busbahnhofs. Von der Haltestelle Portas de Portugal/Mercado in der Av. dos Descobrimentos sind es noch etwa 100 m (Richtung Landesinnere) zum Terminal Rodoviário. An Werktagen stündlich von 7:40 bis 18:40 Uhr, im Juli und August bis 23:40 Uhr; an Samstagen, Sonn- und Feiertagen: 7:40, 8:40, 9:40, 13:40, 16:40, 17:40, 18:40 Uhr, im Juli und August wie an Werktagen. Aktuelle Angaben unter www.aonda.pt.

Höhenunterschied: 370 m
Gesamtzeit: 4.35 Std.
Länge: 16,3 km
Schwierigkeit: mittelschwer
Karte: Karte 602
Anforderungen: Wanderung auf deutlichen Wegen mit gelb-roter Markierung
Einkehr: Praia Cabanas Velhas, Burgau, Luz, Praia de Porto de Mós

In der Ferne sieht man schon Lagos

Wegbeschreibung

Es geht von der zum Strand in **Salema (1)** führenden Straße kurz vor dem Meer nach links (Osten) in die ansteigende **Rua dos Pescadores.** Kleine ehemalige Fischerhäuser säumen anfangs die Straße, nach dem Ende der geschlossenen Bebauung stehen

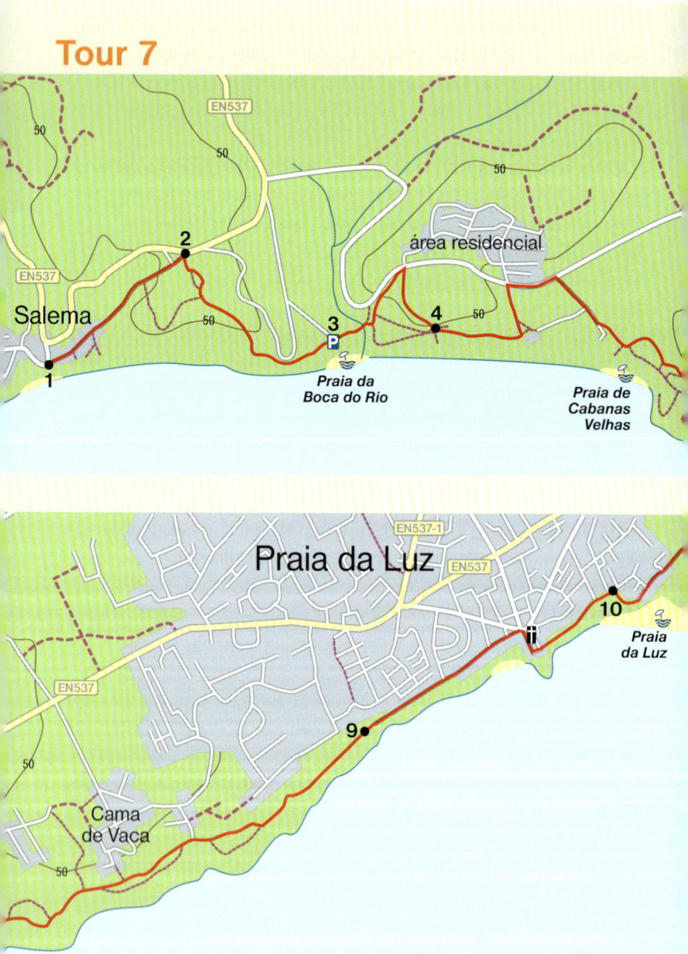

links einige Ferienhäuser, weitere sind in Vorbereitung. Die Straße endet an der **Küstenstraße** (**2,** Stoppschild), 20 m vorher folgen wir einem ansteigenden, anfangs ausgewaschenen Pfad nach rechts. Während des Anstiegs gibt es **zwei Parallelwege.** An der Küste wandern wir nach links und dann an ihr entlang. Mehrere Wegangebote leiten zu einer abwärts führenden, un-

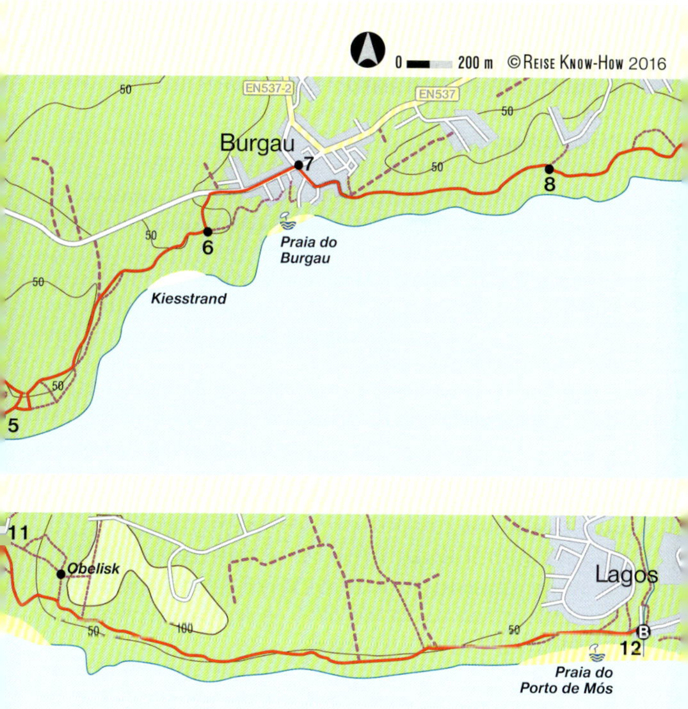

- 1 Salema
- 2 Küstenstraße
- 3 Parkplatz
- 4 Forte
- 5 Aussichtspunkt
- 6 links zur Straße
- 7 Kreuzung
- 8 der Küstenlinie folgen
- 9 Wasserwerk/Pumpstation
- 10 Luz
- 11 Geländestufe
- 12 Porto de Mós, Haltestelle

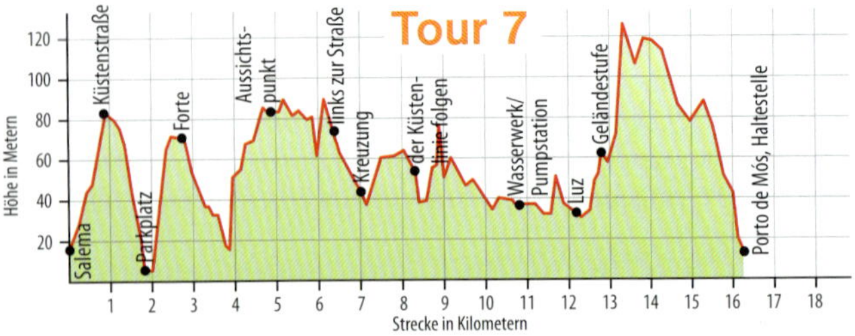

befestigten Straße und von dort zu einem asphaltierten **Parkplatz (3)** am Ende des teilweise sumpfigen Tals nahe am Strand **Praia da Boca do Rio.**

Ein Wasserarm versperrt den Weg zur gegenüberliegenden Talseite, am (östlichen) Strandende führt ein Pfad daran vorbei, danach gehen wir 50 m am Wasserarm entlang ins Landesinnere und dann in einem Einschnitt aufwärts. Wir erreichen die Zufahrtsstraße zum **Forte de Almádena** kurz nachdem sie von der Küstenstraße abzweigt und folgen ihr nach rechts zur inzwischen leicht desolaten **Befestigung (4),** die 1632 zum Schutz des Thunfischfangs errichtet wurde.

Vor dem Forte wandern wir nach links an der Küste entlang, bis eine **Riesenvilla** (Vila do Bonzo) den Weg versperrt. Wir biegen nach links, gehen auf einem unbefestigten Weg zu einer Ferienhausbebauung am Hang und davor auf der Fahrstraße nach rechts. Bei der ersten Möglichkeit biegen wir rechts ab und folgen der Fahrstraße zum Strand Cabanas Velhas (Almádena). Gegenüber der Zufahrt zur Vila do Bonzo leitet uns der ansteigende Weg links wieder zur Steilküste. Vor einer Industrieruine biegt er nach links, kurz darauf liegt direkt an der Küste ein **Aussichtspunkt (5)** mit Fernsicht bis Sagres.

Der breite Weg verläuft entlang der Küste, die erste Abzweigung nach links zur Fahrstraße ignorieren wir. Rechts von uns liegt dann ein Kiesstrand ohne Zugang, der Weg fällt ab und führt dann am Ende des Kiesstrandes bei den **ersten Häusern von Burgau nach links zur Straße (6).**

Ihr folgen wir nach rechts und biegen dann nach der **Kreuzung (7)** vor dem Ortskern nach rechts in die zweite, namenlose Straße ohne Namen (vor dem **blau-weißen Restaurant Esquina**). Sie führt zum Strand (an ihrem Ende steht das Namensschild Rua da Praia), dort biegen wir in die ansteigende Straße nach links (Ww. Restaurante Matias), nach einer Rechtskurve gehen wir am Straßenende nach links an der Steilküste entlang.

Nach gut 10 Min. liegen vor uns wieder Häuser, besonders auffällig ist ein **weißes Haus mit Turm und kleiner Kuppel** im maurischen Stil. Ein grüner Zaun reicht fast bis zur Steilküste, lässt aber noch Platz für den Durchgang, sodass wir weiter **der Küstenlinie folgen** können **(8).** Der Weg fällt ab und verläuft näher am Wasser, nach etwa 40 Min. erreichen wir bei **einem Wasserwerk/einer Pumpstation (9)** eine Straße, die uns geradeaus ins Zentrum von Luz bringt.

Vor der **Kirche** biegen wir nach rechts, bald wieder nach links und gehen an **Luz (10)** vorbei so weit als möglich am Strand entlang. Die Straße wird zum Pflasterweg, biegt nach links und steigt an. Beim letzten Haus erreicht man eine **Geländestufe (11).** Oberhalb sieht man einen **schwarz-weißen Obelisken,** einen trigonometrischen Messpunkt. Mehrere Pfade führen dorthin den steilen Hang hinauf. Oben angekommen wandern wir in 50 Min. auf einem bequemen breiten Weg entlang der Steilküste zur **Bushaltestelle Praia de Porto de Mós (12)** in Lagos.

Blick zurück auf Luz

071al cf

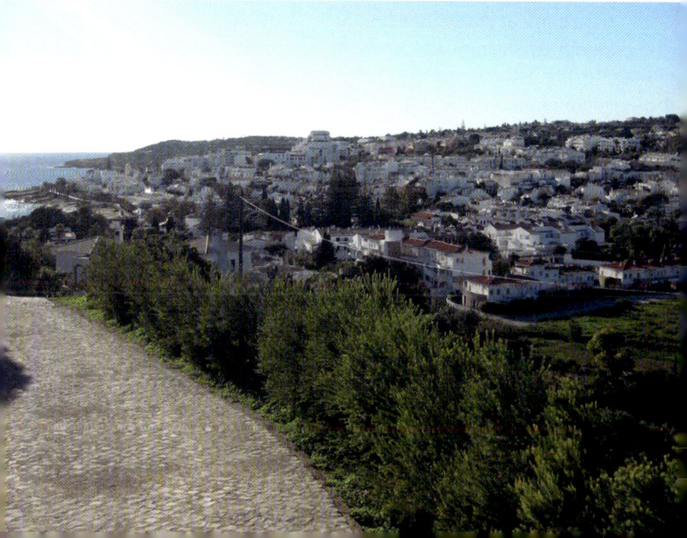

Tour 8
Rocha Delicada

1.50 Std.
7,9 km
leicht

Die Wanderung verläuft auf einer Halbinsel zwischen den Flüssen Ribeira do Farelo, Ribeira da Torre und Ribeira de Odiáxere, die in eine nur durch einen schmalen Sandstreifen vom Meer getrennte Lagune, die Ria de Alvor, fließen. Entlang von Fischteichen gelangt man in Salzwiesenlandschaften und Marschland. Der Weg führt dann durch Getreidefelder, Weiden, Weinberge, einige Waldgebiete und Obstgärten zurück zum Bahnhof. Diese Vielfalt der Landschaft auf relativ kleinem Raum zieht im Jahreslauf viele unterschiedliche Vögel an.

Auf der Meerseite der Lagune gibt es am Strand von Alvor eine gleichfalls empfehlenswerte kurze Wanderung durch die Dünenlandschaft.

Birdwatching

Ausgangsort: Portimão
Ausgangspunkt: Bahnhof von Mexilhoeira Grande in der Rua Estação (N37°09.265' W08°36.582'). Die EN 125 führt von Portimão nach Lagos vorbei am nördlich von der Straße liegenden Mexilhoeira Grande. Der Bahnhof dieses Ortes befindet sich dagegen auf ihrer südlichen Seite (Ww. Estação am Anfang der kurzen Stichstraße). Wie die meisten Bahnhöfe an der Linha do Algarve ist auch dieser verlassen, verschlossen und zerfällt. Nicht einmal zu einem Fahrplan reicht es mehr, Züge fahren allerdings regelmäßig und meist pünktlich. Am Bahnhof kann man parken.

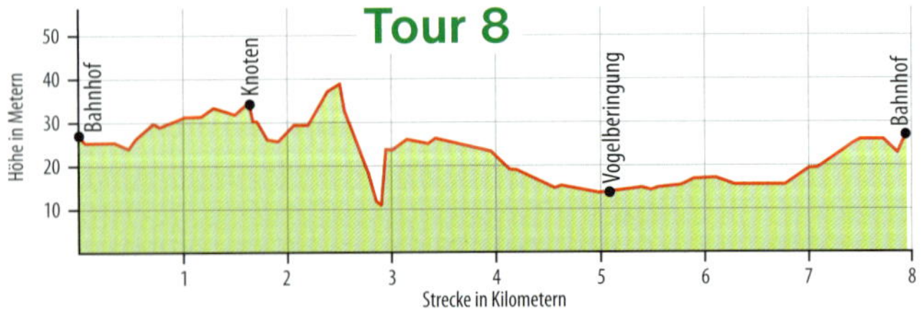

Höhenunterschied: 45 m
Gesamtzeit: 1.50 Std.
Länge: 7,9 km
Schwierigkeit: leicht
Karte: Karte 594/603
Anforderungen: Leichte Wanderung auf deutlichen Wegen mit gelb-roten Markierungen
Einkehr: Keine

Flamingos

072al cf

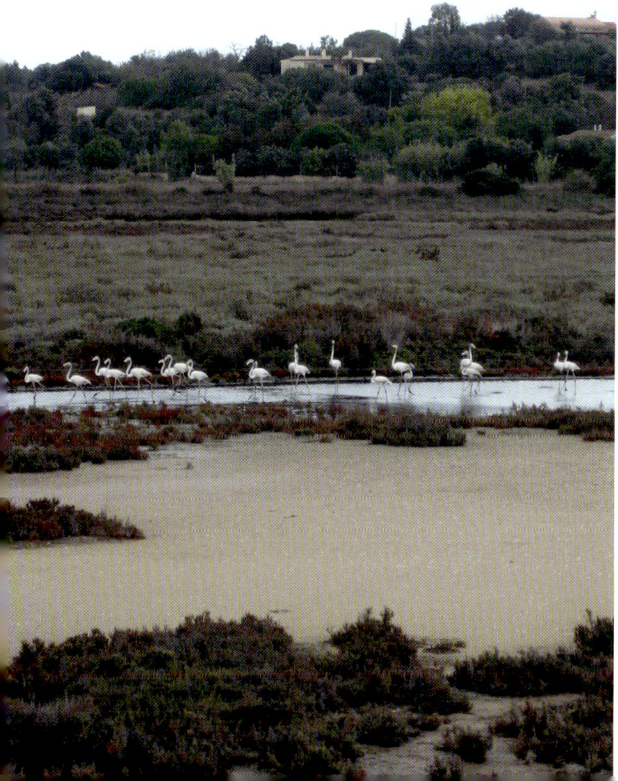

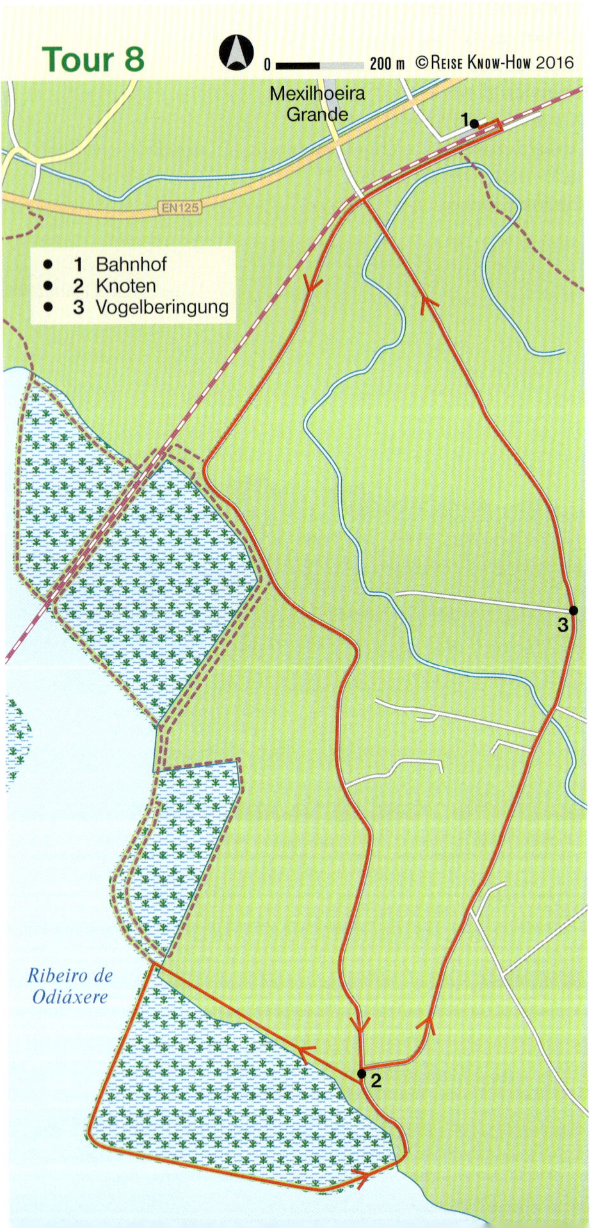
Tour 8
0
200 m
©Reise Know-How 2016
Mexilhoeira Grande
EN125
1 Bahnhof
2 Knoten
3 Vogelberingung
1
2
3
Ribeiro de Odiáxere

Wegbeschreibung

Am **Bahnhof (1)** überqueren wir die Gleise und wandern dann parallel zu ihnen nach rechts. Nach wenigen Metern gehen wir bei einem **Bahnübergang** weiter geradeaus, der Weg links wird unser Rückweg sein. Der breite Weg entfernt sich bald etwas von den Bahnschienen, biegt dann vor der **Wattlandschaft** nach links und verläuft an der Wassergrenze.

An einer **Wegkreuzung (2)** biegen wir nach rechts, nach Regenfällen kann der Pfad matschig sein. Die Wanderung führt gegen den Uhrzeigersinn um das Wattgebiet. Immer wieder können wir **Wasservögel** beobachten, im Herbst sogar Flamingos. Zuerst fließt rechts vom Weg der Ribeira de Odiáxere, je nach dem Stand der Gezeiten ein mächtiger Fluss oder ein armseliges Rinnsal. Später führt der Pfad an einer Lagune entlang. Am gegenüberliegenden Ufer befand sich der Fischerhafen von **Alvor,** heute sind es eher Freizeitkapitäne, die hier ihre Boote liegen haben.

Zurück an der **Wegkreuzung (2)** wandern wir dort nach rechts, zuerst etwas ansteigend. Wir bleiben immer auf dem Weg, der durch eine Landschaft im Umbruch führt. Ganz ist die Entscheidung noch nicht gefallen, dass sie einmal touristischen Zwecken dienen soll, aber der Kopf weiß eigentlich, dass die ursprüngliche landwirtschaftliche Nutzung keine Chance hat. Interessant ist die Station für **Vogelberingung (3),** die die Bedeutung dieses Marschgebietes für Zugvögel unterstreicht.

Der eindeutige Weg führt zur Kreuzung beim Bahnübergang, dort wandern wir nach rechts zum Bahnhof.

Tour 9
Ilha do Rosario

1.35 Std.
6,6 km
leicht

Der Rio Arade fließt durch Silves zum Meer. Bis nach der Maurenzeit soll er bis Silves schiffbar und die Stadt ein bedeutender Handelsplatz gewesen sein. Dann sei der Fluss verlandet und Silves verlor Gouverneur, Bischof, Bevölkerung und Bedeutung. Es kann sein, dass man in Silves auf der sogenannten römischen Brücke steht, Störchen zuschaut, die aus dem Schlickbett darunter Köstlichkeiten verspeisen, und die Geschichte sofort glaubt. Sechs Stunden später zweifelt man, jetzt fließt dort ein munteres Flüsschen und ein Boot bringt Touristen aus Portimão in die Stadt. Natürlich sind es Ebbe und Flut, die den Wasserstand des Rio Arade bis nach Silves beeinflussen.

Flussabwärts von Silves mündet die Ribeira de Odelouca in den Arade, die beiden Flüsse bilden die Halbinsel Ilha do Rosario.

Die Halbinsel

Ausgangsort: Silves
Ausgangspunkt: Parkplatz beim Restaurant Mira Rio (N37°11.231′ W08°29.253′). Von Silves auf der N 124 Richtung Monchique und Portimão. Ca. 5 km von Silves liegt das Restaurant Mira Rio auf der linken Straßenseite vor einer scharfen Rechtskurve.
Höhenunterschied: 56 m
Gesamtzeit: 1.35 Std.
Länge: 6,6 km

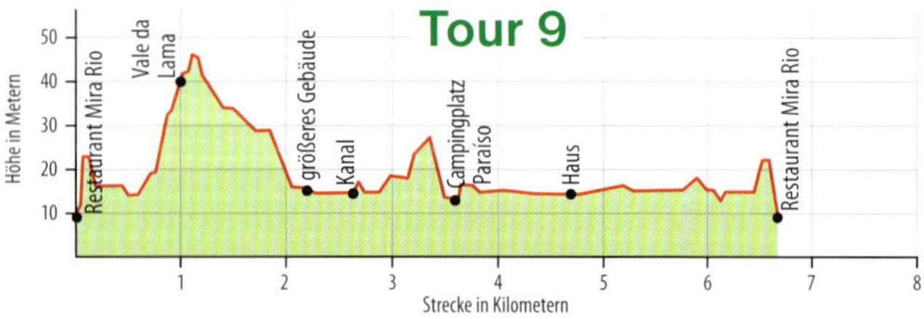

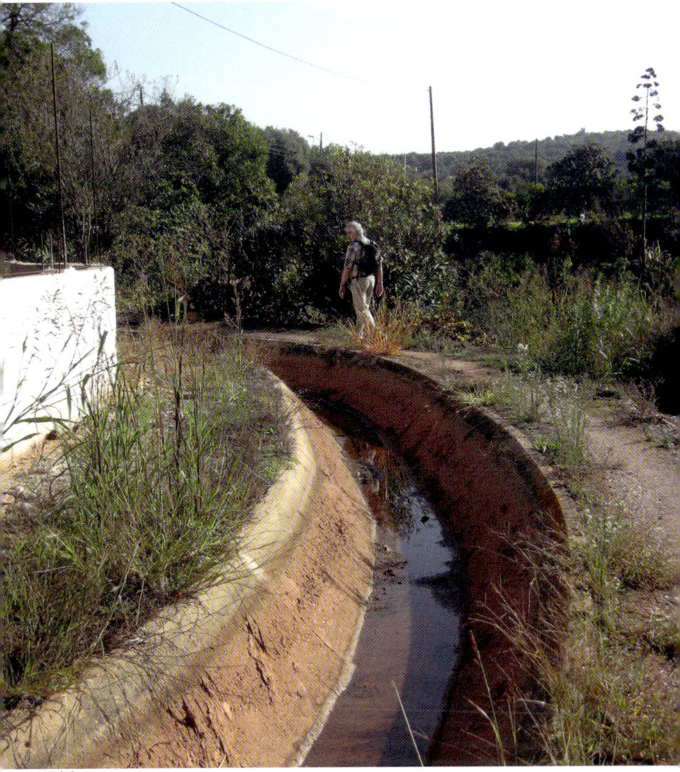

073al cf

Schwierigkeit: leicht
Karte: Karte 595
Anforderung: Leichte Wanderung auf deutlichen Wegen ohne Markierung
Einkehr: Bar beim Campingplatz Paraíso und Restaurant Mira Rio am Ausgangspunkt
Tipp: Wenn möglich bei Flut wandern, der Blick ist schöner.

Anfangs führt der Weg am Bewässerungskanal entlang

Wegbeschreibung

Vom **Restaurant Mira Rio (1)** wandern wir 20 m auf der Straße **Richtung Silves,** dann zweigen rechts zwei unbefestigte Wege ab. Wir folgen dem linken und gehen bei seiner Gabelung nach wenigen Metern links abwärts (hier gibt es eine Kette für Autos) zu einem **Bewässerungskanal.** Auf dem Pfad rechts daneben wandern wir nach links bis zu einer befestigten Straße und auf ihr nach rechts. Bald nach einer Brücke über einen (denselben) Bewässerungskanal steigen wir bei einer T-Kreuzung nach links aufwärts in den Weiler **Vale da Lama (2).**

Bei dem **Stoppschild am Ortsende** gehen wir geradeaus bergab. Die asphaltierte Straße biegt später nach links zur Land-

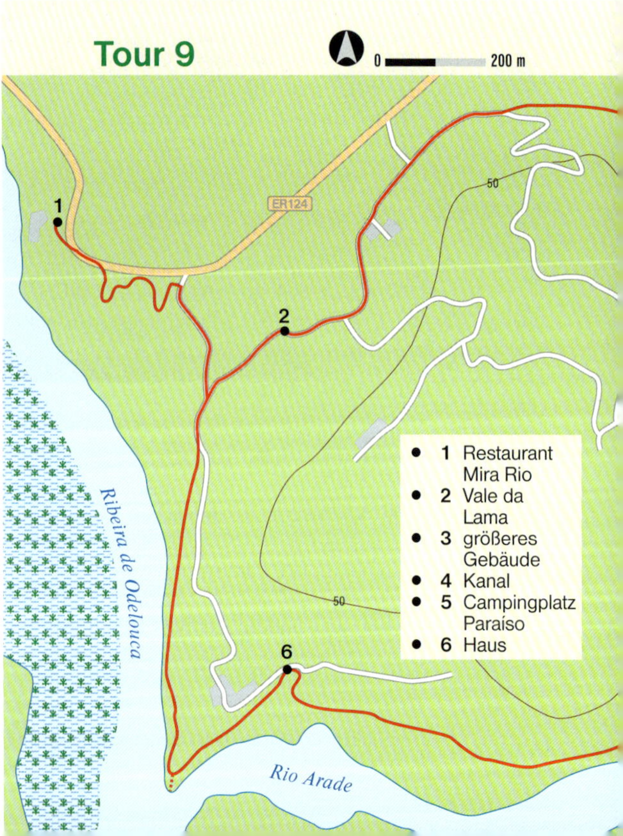

straße, wir folgen dem unbefestigten Weg geradeaus. Eine Zufahrt nach links und gleich darauf nach rechts ignorieren wir. In einem **größeren Gebäude (3)** rechts befand sich früher ein Zentrum für drogenabhängige Jugendliche, kurz danach taucht links ein Bach auf, über den eine Brücke führt. Wir wandern geradeaus (Ww. 1 km Campsite), später mäandert der Bach links vom Weg und dann überquert ein **Wasserkanal auf Stelzen** den Weg **(4).** Wir folgen dem breiten Weg geradeaus und ignorieren alle Abzweigung nach links und rechts. Der Weg steigt etwas an. Kurz nach einem Haus links überquert er einen von rechts kommenden **Bewässerungskanal.**

Der Weg führt auf den **Campingplatz Paraíso (5,** evtl. Bar geöffnet, Kanuverleih, Wassertaxi). Wir gehen vor dem Campingplatz nach rechts zu einem blau-weißen Haus und folgen dem Bewässerungskanal, der auf einer **Terrasse** oberhalb des Campingplatzes verläuft. Falls wir eine Pause in der Bar des Campingplatzes einlegen wollen, können wir dann direkt bei der Bar einige Meter hoch zur erwähnten Terrasse steigen.

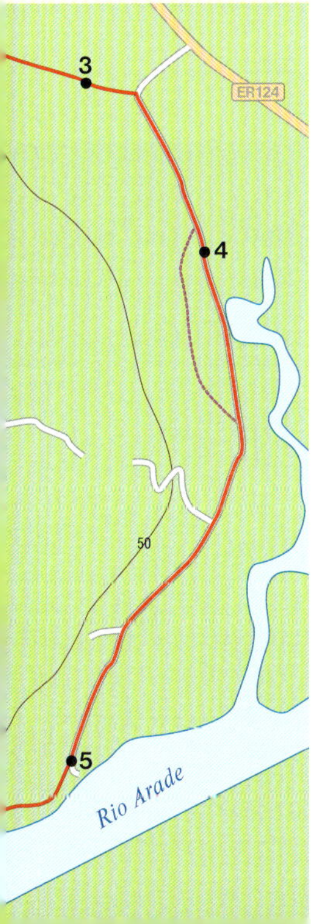

Der Pfad führt mit schönen Blick ins Arade-Tal bis nach Silves am Kanal entlang. Nach knapp 20 Min. kommen wir an einem **Haus (6)** vorbei und bleiben am Kanal. Beim Zusammenfluss vom Rio Arade und der Ribeira de Odelouca können wir einen kurzen **Abstecher** nach links zur Spitze der Halbinsel machen und den Blick über die seeähnliche Wasserfläche genießen.

Auf der Westseite der Halbinsel im **Odelouca-Tal** wandern wir auf dem Weg neben dem Kanal weiter, bis die vom Hinweg bekannte befestigte Straße den Kanal kreuzt. Auf ihr gehen wir nach links und kurz vor der Landstraße am bekannten Kanal nach links zum Ausgangsort.

Tour 10
Die Mühle von Silves

1.50 Std.
9,2 km
leicht

Silves liegt abseits der Küste und touristisch im Windschatten. Die Stadt konnte so wenigstens teilweise ihr früheres Erscheinungsbild bewahren. Aber wie in vielen portugiesischen Städten entstanden auch hier auf der grünen Wiese um das alte Zentrum große Neubaugebiete und Supermärkte. So wurde dem Stadtzentrum Bevölkerung und Kaufkraft entzogen. Die Strategie, alte Häuser durch übergroße 08/15-Stahlbetongebäude zu ersetzen, mag zwar dem örtlichen Bauunternehmen genutzt haben, nicht aber dem Stadtbild.

Diese Wanderung führt zuerst durch die Stadt zur Burg in Silves und dann zu einer alten Windmühle. Über Hügel und ausgewaschene Täler geht es zurück zum Ausgangspunkt.

Aufstieg zur Mühle

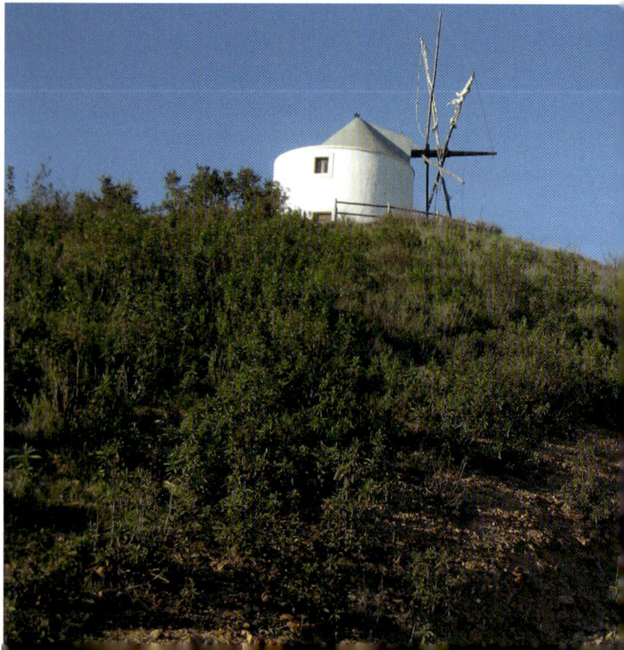

Rundwanderung bei der alten Hauptstadt des Algarve

Ausgangsort: Silves
Ausgangspunkt: Großer Parkplatz beim Parque Ribeirinho de Silves (Hallenbad, Tourismo, Burger Ranch) an der N 124 zwischen Rio Arade und der Stadt (N37°11.093′ W08°26.513′; Navi-Adresse ungefähr Rua Cruz de Palmeira). Dort befindet sich auch der „Busbahnhof" von Silves.
Höhenunterschied: 220 m
Gesamtzeit: 2.35 Std.
Länge: 9,2 km
Schwierigkeit: leicht
Karte: Karte 595
Anforderungen: Wanderung auf deutl. Wegen ohne Markierung
Einkehr: In Silves

074al cf

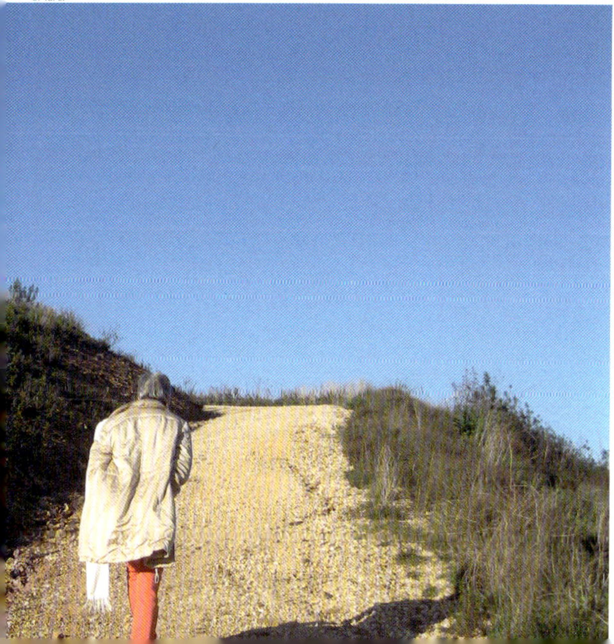

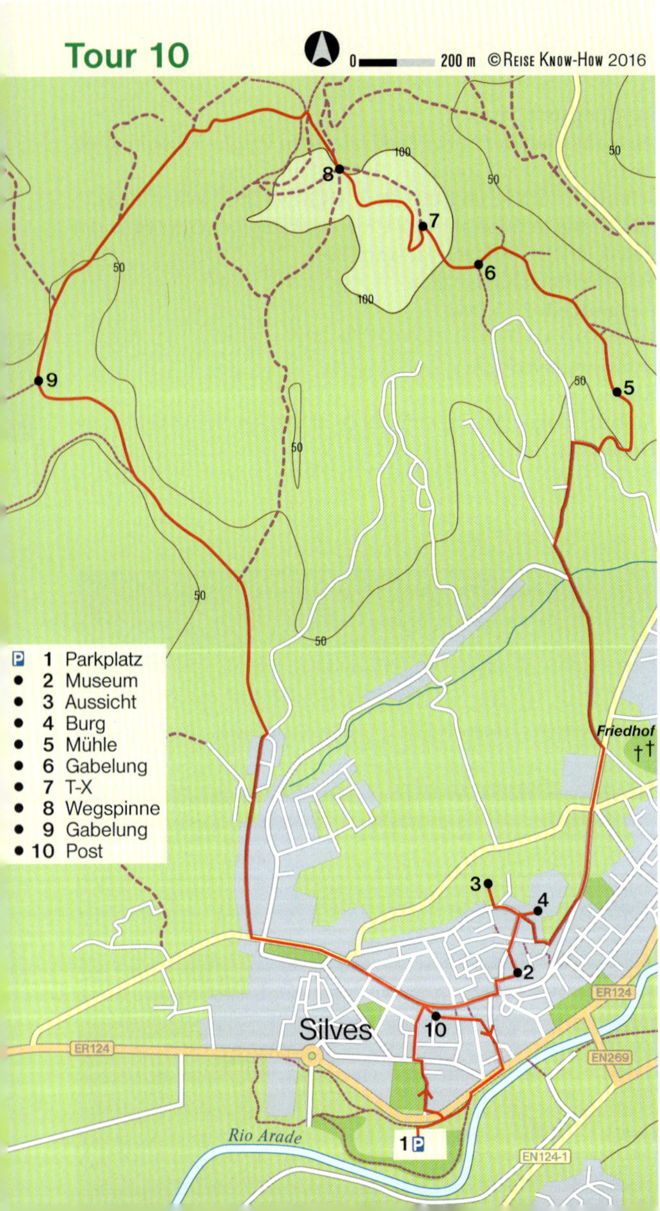
Tour 10
0 200 m
©Reise Know-How 2016
1 Parkplatz
2 Museum
3 Aussicht
4 Burg
5 Mühle
6 Gabelung
7 T-X
8 Wegspinne
9 Gabelung
10 Post
Friedhof
Silves
Rio Arade
ER124
EN269
EN124-1

Wegbeschreibung

Vom **Parkplatz (1)** aus überqueren wir den Kreisverkehr an einer geeigneten Stelle und folgen der Straße rechts neben dem ummauerten Fußballstadion Estádio Dr. Francisco Vieira, gehen an ihrem Ende nach links und gleich wieder nach rechts in die Rua Dr. Nobre de Oliveira. An deren Ende biegen wir in die zweite Straße rechts, die ansteigende Rua de 25 Abril. An der Stirnseite des Platzes vor dem Landratsamt (Câmara municipal) steht ein Turm der Stadtmauer, der Weg führt im Turm nach links und nach dem Ausgang nach rechts. Wir sind jetzt in der Altstadt mit kleinen Häusern und verwinkelten Gassen. Nach dem sehenswerten **archäologischen Museum (2)** folgen wir der ansteigenden Travessa das Portas de Loulé nach links. Wir gehen an der **Sé** vorbei, der alten Kirche von Silves, die immer noch Kathedrale genannt wird, obwohl der Bischof schon im 16. Jh. nach Faro umgezogen ist (Eingang an der rechten Seite). Links oberhalb befindet sich ein **Parkplatz (3) mit Blick** auf die Mühle und die Hügel, über die unsere Wanderung führen wird. Nach Besichtigung der **Burg (4)** führt der Weg zwischen ihr und der Sé abwärts, dann nach links und in der Rua do Castelo am Fuße der Burg entlang. Wir gehen immer geradeaus, bis wir beim **Friedhof** (rechts) und Wohnmobilparkplatz (links) nach links abbiegen. Vor uns sehen wir schon eine **Brücke des Bewässerungskanals,** der das Wasser vom Arade-Stausee in die fruchtbare Landschaft um Silves bringt. Unter der Brücke gabelt sich die Straße, wir gehen hier nach rechts und nach ca. 100 m nochmals. Bei der nächsten Gelegenheit (Quinta do Caniné am Fuße des Mühlbergs) biegen wir in eine Straße nach rechts und nach 100 m, vor einem großen Anwesen, nach links in einen unbefestigten, ansteigenden Weg, der uns zur **Mühle (5)** bringt.

Danach fällt der Weg stark ab, um gleich darauf steil anzusteigen. Der Weg führt in einem leichten Linksbogen auf dem Hügelkamm entlang. Alle Abzweigungen und Schneisen nach rechts ignorieren wir. Bei einer **Gabelung (6)** führt der Weg links nach Silves zurück. Wir gehen rechts und bleiben auf dem Kamm bis zu einer **T-Kreuzung (7),** dort halten wir uns links und nach wenigen Metern wieder rechts. Der Weg führt bald leicht abwärts, bei einer etwas unübersichtlichen **Wegspinne (8)** gehen wir geradeaus. Im Folgenden halten wir uns links und wandern dann abwärts in einen Einschnitt und darin weiter nach links.

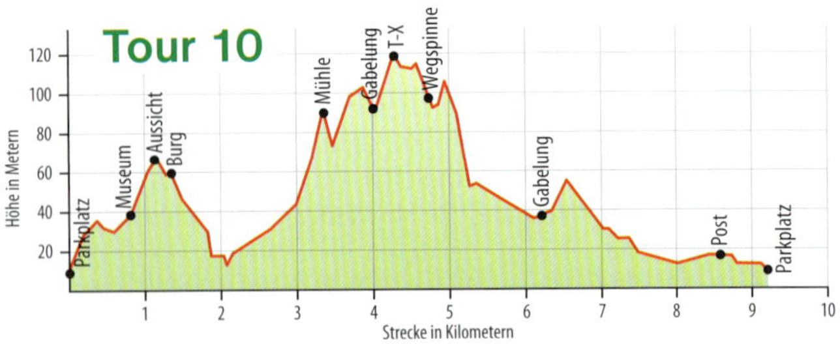

Bei der ersten Möglichkeit biegen wir bei einer **Gabelung (9)** nach links und folgen dem Weg geradeaus bis nach Silves. Bei der **Schule** biegen wir nach links. Am Ende des Platzes Largo da República gehen wir rechts an der **Kirche** Nossa Senhora dos Mártires vorbei. Die Rua Miguel Bombarda bringt uns zur **Post (10)**, dort oder später halten wir uns rechts und gehen dann am **Rio Arade** nach rechts zum Ausgangspunkt.

075al cf

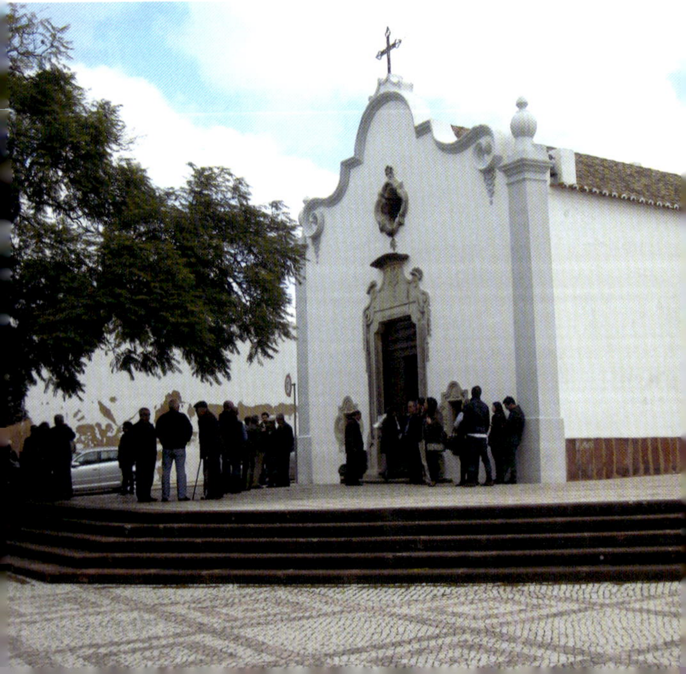

Tour 11
Von Carvoeiro nach Armação de Pêra

3.20 Std.
12,3 km
leicht

Die felsige Küste ist durchwachsen mit Höhlen und Grotten, das Wasser hat mehrere senkrechte Karsttrichter ausgewaschen, die bis zum Meer reichen. Kaps und vorgelagerte Felsen mit teilweise bizarren Formen tragen zu der spektakulären Küstenlandschaft bei. Dazwischen laden kleine sandige Buchten zum Baden und Schwimmen ein und Pinienhaine spenden Schatten.

Eine spektakuläre Küstenwanderung

Ausgangsort: Lagoa
Ausgangspunkt: Überall zwischen der Praia Vale Centeanes östlich von Carvoeiro und dem Ortsanfang von Armação de Pêra. Die Wanderung verläuft entlang der Küste zwischen diesen beiden Endpunkten. Am Sinnvollsten erscheint es, beim Taxistand am Anfang der Avenida Beira Mar (vor Restaurant Raj rechts) in Armação de Pêra (N37°05.546′ W08°27.129′) mit einem Taxi zum gewünschten Ausgangspunkt (z.B. Benagil, ca. 11 Euro) zu fahren und dann zurückzuwandern.
Höhenunterschied: 260 m
Gesamtzeit: 3.20 Std.
Länge: 12,3 km
Schwierigkeit: leicht
Karte: Karte 604
Anforderungen: Wanderung auf deutlichen Wegen mit gelb-roter Markierung
Einkehr: Mehrere Möglichkeiten unterwegs

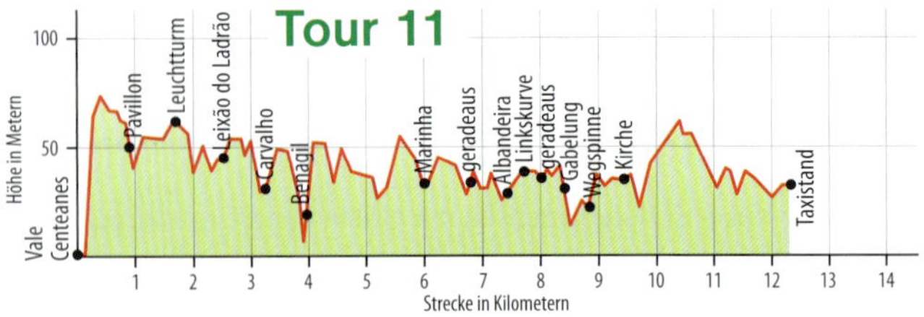

Wegbeschreibung

Vale Centeanes (1) ist ein Einschnitt in der Felsküste mit einer sandigen Bucht. Wir gehen abwärts zum Strand, vor dem Restaurant/Bar „O Stop" steigen wir links eine lange **Treppe** hoch (Ww. PR 1). Der markierte Pfad führt direkt an der Steilküste entlang, oft befinden sich links vom Weg Hotelanlagen oder Feri-

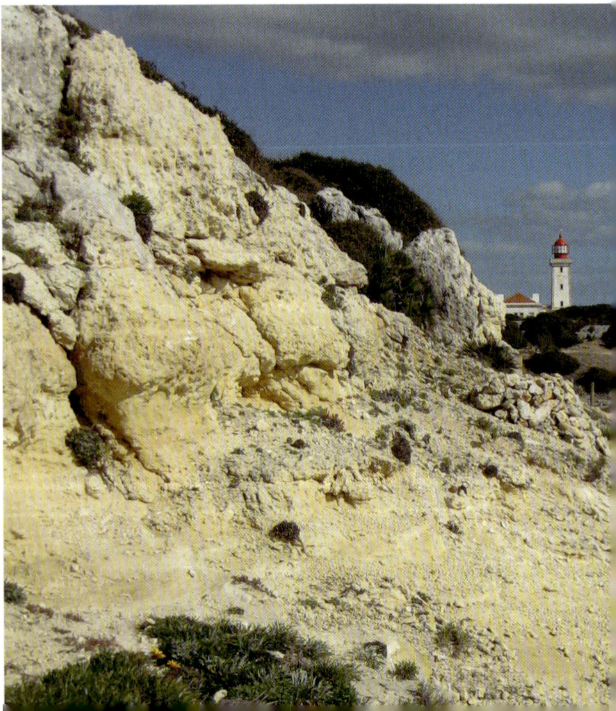

enhäuser, die aber relativ dezent in die Landschaft eingepasst sind. Gelegentlich gibt es mehrere Wegangebote. Nach 20 Min. erreichen wir einen **Holzpavillon (2),** Gelegenheit auszuruhen, aufs Meer zu schauen und zu träumen. Danach müssen wir eine kleine Bucht umwandern.

Immer wieder treffen wir auf **Dolinen** (Trichter im Kalkstein), an deren Grund das Meer rauscht. Bei derjenigen in Sichtweite des **Leuchtturms (3)** von Alfanzina am Cabo Carvoeiro wandern wir geradeaus. Dieser Leuchtturm, der 1920 den Betrieb aufnahm, hatte die Aufgabe, an der dunklen Küste zwischen den Leuchttürmen am Cabo São Vicente (ganz im Westen) und am Cabo de Santa Maria bei Olhão Orientierung zu geben. Schaut man heute auf die be- und zersiedelte Küste, staunt man schon sehr, auf der Informationstafel zu lesen, dass die Lage als sehr

Vor uns liegt der Leuchtturm von Alfanzina

076al cf

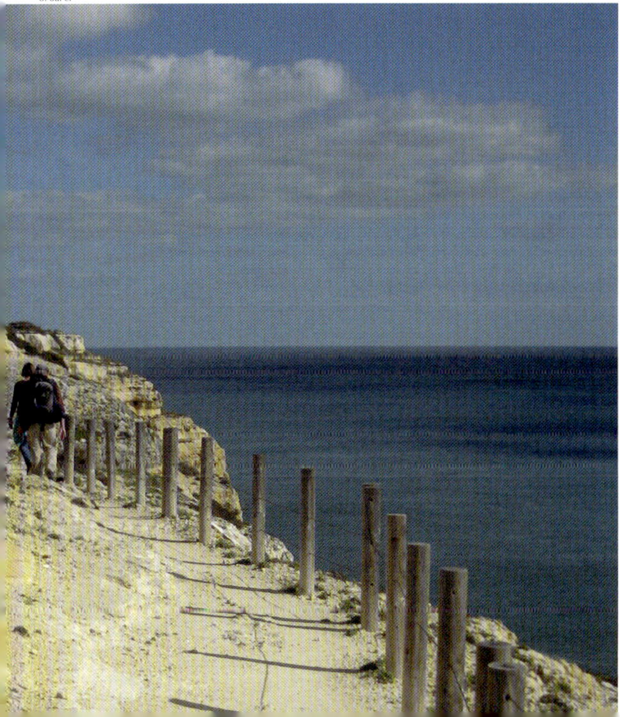

Tour 11

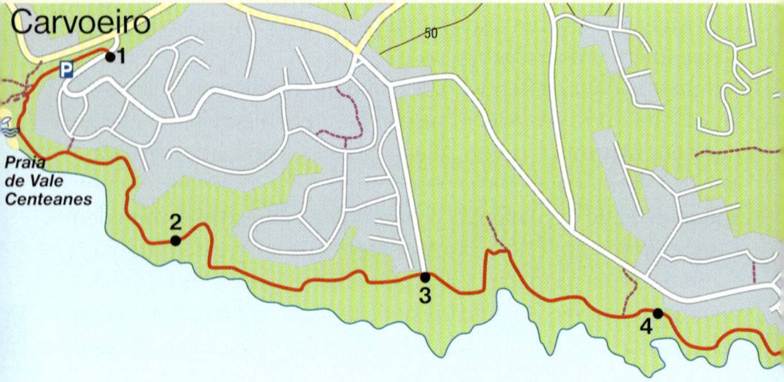
Carvoeiro
1
2
3
4
50
Praia de Vale Centeanes

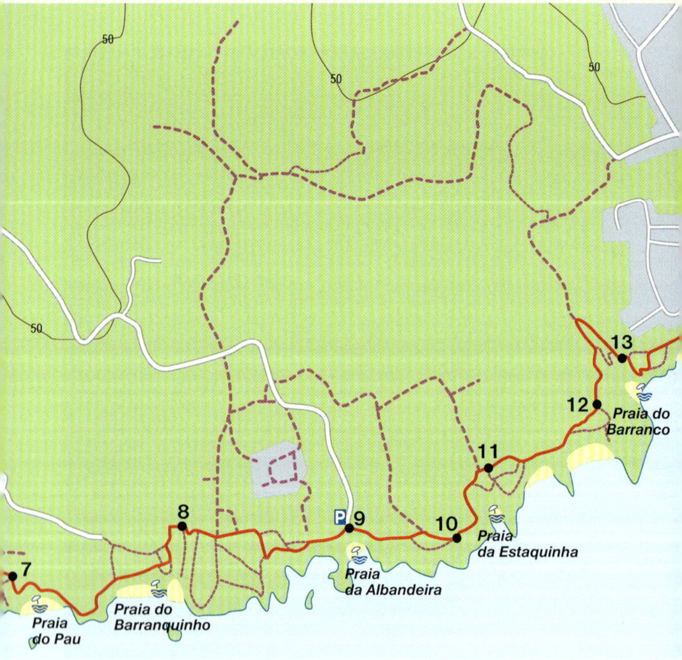
50
50
50
50
7
8
9
10
11
12
13
Praia do Pau
Praia do Barranquinho
Praia da Albandeira
Praia da Estaquinha
Praia do Barranco

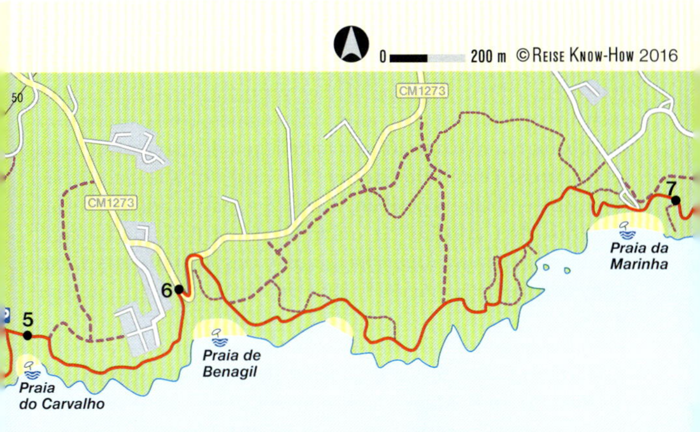

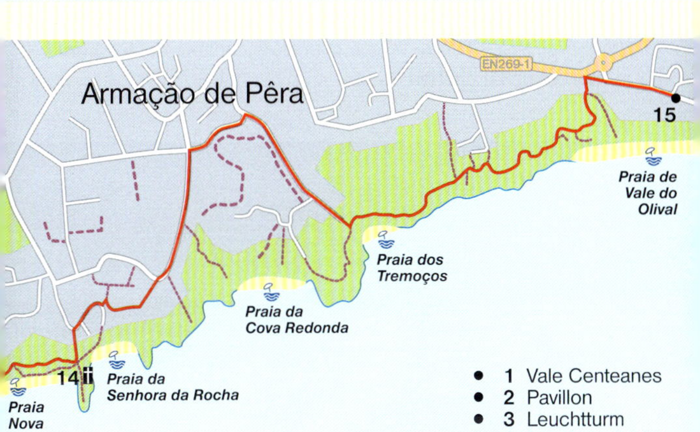

- 1 Vale Centeanes
- 2 Pavillon
- 3 Leuchtturm
- 4 Leixão do Ladrao
- 5 Carvalho
- 6 Benagil
- 7 Marinha
- 8 geradeaus
- 9 Albandeira
- 10 Linkskurve
- 11 geradeaus
- 12 Gabelung
- 13 Wegspinne
- 14 Kirche
- 15 Taxistand

einsam galt und der Leuchtturm erst 1980 ans Straßennetz angeschlossen wurde.

Nach dem Leuchtturm umlaufen wir in einem Pinienhain eine Bucht und achten dann darauf, dass wir nicht den falschen, den nach links zur Straße führenden Pfad nehmen. Eine Gruppe von Karstlöchern und eingestürzten natürlichen Brücken formen die kleine **Bucht Leixão do Ladrão (4).** Viele der Kalk-Sandstein-Schichten enthalten **Fossilien,** achten Sie mal darauf. Vorbei an der **Praia do Carvalho (5)** kommen wir zur **Praia de Benagil (6).** Dort gehen wir über die Terrasse des **Restaurants Casa Lamy** und steigen dann die Treppe hinunter zur Straße und zum Strand.

Auf der anderen Seite des Einschnitts wandern wir die Straße aufwärts. In der Rechtskurve am Ende des Anstiegs befindet sich das **Restaurant O Algar.** Direkt dahinter steigen wir unmittelbar am Zaun eine Treppe hinauf, gehen auf dem Pfad geradeaus zur Steilküste und dort nach links. Wieder treffen wir auf Dolinen und oft gibt es mehrere Wegangebote, wir achten darauf, immer in Küstennähe zu bleiben.

077al cf

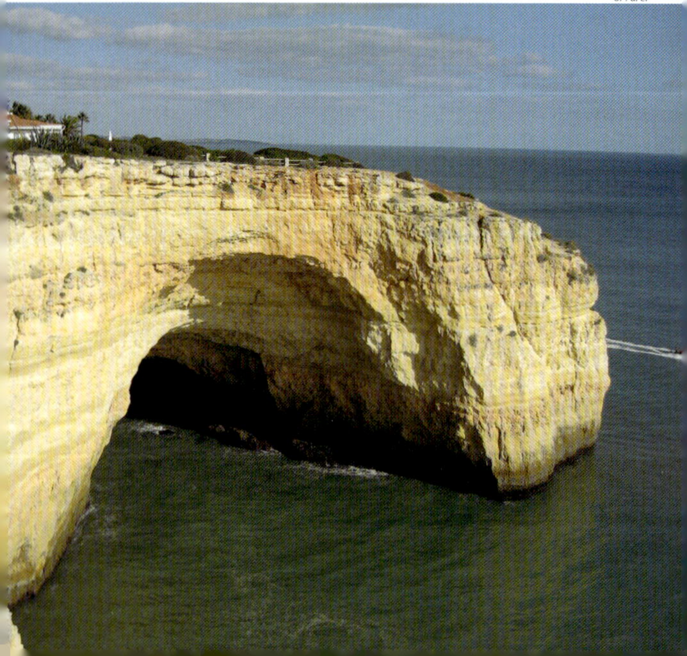

Bei der **Praia da Marinha (7)** und später bei der Praia da Albandeira läuft der Weg über die Parkplätze weiter an Küste entlang. Nach der zwischen den beiden Stränden liegenden **Praia do Barranquinho** leitet der Pfad um einen namenlosen, längeren Einschnitt und mündet an seinem Ende in einen breiteren Weg. Dort gehen wir **geradeaus (8).** Gut 5 Min. nach der **Praia da Albandeira (9)** biegen wir vor der schmalen **Praia da Estaquinha** mit dem jetzt breiten Weg nach **links (10),** die Wegspuren geradeaus ignorieren wir. Am Ende des Einschnitts wandern wir **geradeaus (11),** der Weg nach links führt ins Landesinnere, die Pfade nach rechts sind seit 2015 gesperrt. An zwei weiteren Sandbuchten wandern wir vorbei, danach müssen wir in einen Einschnitt, der an der kleinen **Praia do Barranco** endet, absteigen. In Steinwurfweite davor gehen wir bei einer **Gabelung (12)** links. Von dem sanft fallenden Weg, der parallel zum Einschnitt ins Landesinnere führt, biegt ein Pfad ab, der steil nach unten zur Zufahrtsstraße leitet. Wenn wir sie erreichen, wandern wir auf ihr nach links bevor wir in einen breiten Weg nach rechts biegen. Bei einer **Wegspinne (13)** unterhalb einer **kaputten Rohrleitung** gehen wir aufwärts und dann weiter an der Felsküste entlang. Bald liegt rechts unter uns die Praia Nova, links der Maschendrahtzaun einer Ferienhausanlage und vor uns auf einer ins Meer ragenden Felsspitze die kleine **Kirche Senhora da Rocha (14)** im Ort **Porches.** Auf der kurzen Zufahrtsstraße zur Kirche gehen wir nach links und gleich darauf nach rechts zur **Praia da Senhora da Rocha** (Restaurant Vilarinha).

Wenn wir vom Strand zurückkommen, biegen wir bei der ersten Möglichkeit in einen gepflasterten Treppenweg nach rechts, an seinem Ende nochmals und erreichen nach wenigen Metern eine Straße, die am Hotel Pestana Viking vorbei vom Meer weg leitet. Vorbei an mehreren Abzweigungen links und rechts biegen wir bei der ersten Kreuzung nach rechts (Ww. geradeaus: Vila de Italia) und bei der folgenden T-Kreuzung nochmals. Die Straße führt am **Luxushotel** Vila Vita Parc entlang zu einer Wendeplatte. Hier steigen wir auf einem Weg abwärts, dann nach links an der Küste entlang. Am Ortsanfang von **Armação de Pêra** leitet die erste Straße nach rechts zum **Taxistand (15).**

Felsentor bei Carvoeiro

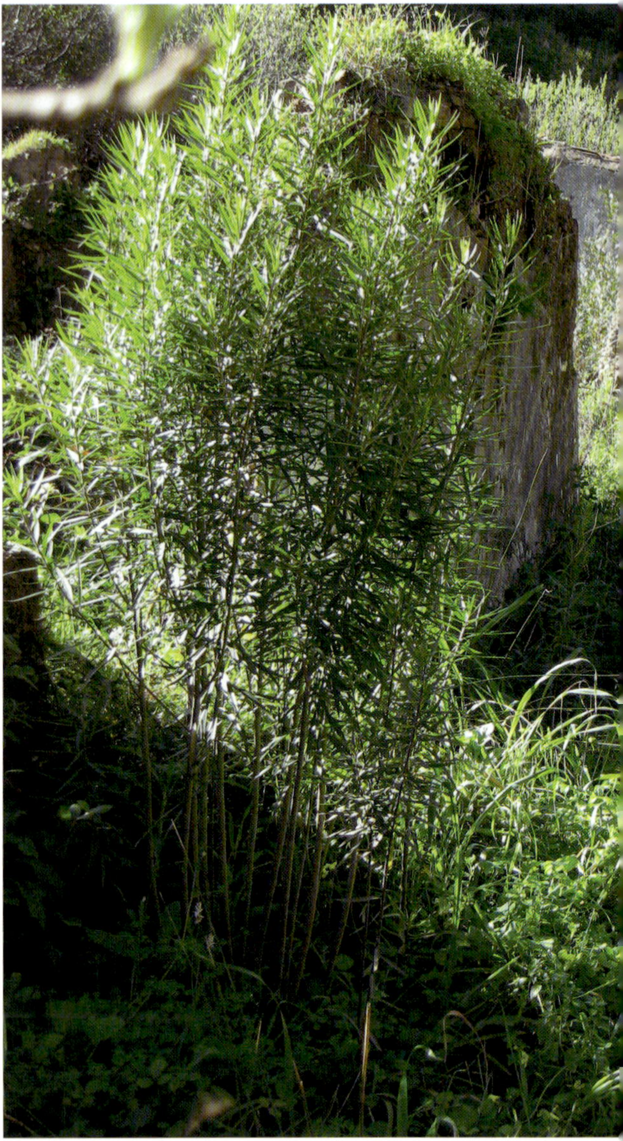

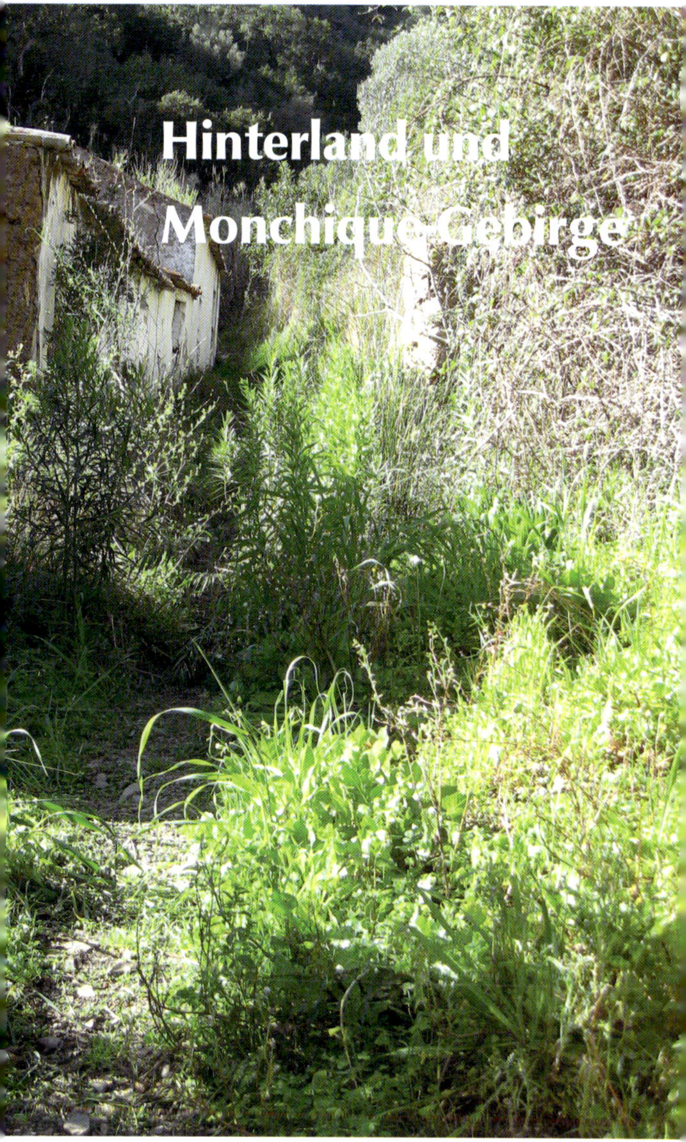

Hinterland und Monchique-Gebirge

Tour 12
Der Stausee von Bravura

3.05 Std.
12,3 km
leicht

Wer Alternativen zu Menschenmengen und Meerwasser sucht, freut sich vielleicht über ein Bad im klaren Wasser eines ruhigen Stausees. Auch Wanderern bietet eine Albufeira da Barragem viele Möglichkeiten. Wenig bekannt ist der Stausee von Bravura im westlichen Algarve, der Grund ist aber nicht, dass er auch Stausee von Odiáxere genannt wird. Er wurde unter Salazar 1958 fertig gestellt und dient neben der Bewässerung auch der Stromerzeugung, allerdings hat das Kraftwerk nur eine geringe Leistung. Eine 36 m hohe Staumauer aus Beton staut den Fluss Odiáxere in seinem Tal zu einem 2,85 km² großen See. Er hat unzählige Arme, die wiederum Arme haben; dazwischen erheben sich Hügel mit Eukalyptus- und Pinienwäldern, die sich in der Ferne endlos fortzusetzen scheinen.

Zwei Namen – ein See

Ausgangsort: Lagos
Ausgangspunkt: Abzweigung nach Vagarosa (N37°14.876′ W08°42.437′).

Es gibt zwei Möglichkeiten, zum Ausgangspunkt zu gelangen: Von Odiáxere (östlich von Lagos) führt eine Straße zum Stausee

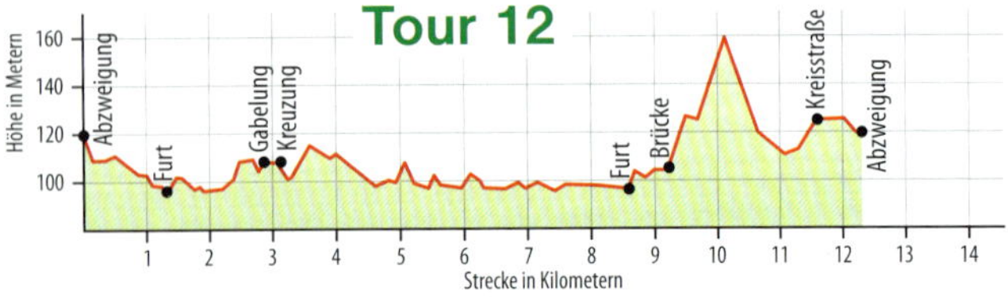

Bald taucht rechts der erste Arm des Bravura-Stausees auf

Kapitelstartseite: Fonte Santa (Tour 18)

von Bravura (Ww. Barragem da Bravura im Ortszentrum). Nach etwa 5,3 km nicht nach rechts zur Staumauer abbiegen, sondern westlich am Stausee vorbei fahren (Richtung Marmelete). Nach weiteren etwa 8,2 km, am nördlichen Ende des Stausees, macht die Straße eine scharfe Rechtskurve, links mündet eine von Westen kommende Straße (s.u.). Jetzt sind es noch etwa 2,9 km bis rechts ein Weg in ein kleines Tal führt (Ww. Vagarosa, rot-weiße Markierungen der Via Algarviana). Im Tal sieht man ein einzelnes Silo. Dort parken.

Von Bensafrim kommend eine nach 8,5 km von der Nationalstraße N 120 (Bensafrim – Aljezur) links nach Monte Ruivo abzweigende Straße ignorieren, nach weiteren 2,6 km nach rechts in eine Straße einbiegen (kein Ww., Stop-Schild und Briefkästen an der Abbiegung). Bei einer T-Kreuzung bald nach der Abbiegung rechts halten, später verliert die Straße ihren Belag und stößt 8,5 km nach der Abbiegung auf die von Odiáxere kommende Straße (s.o.).

Höhenunterschied: 140 m
Gesamtzeit: 3.05 Std.
Länge: 12,3 km

080al cf

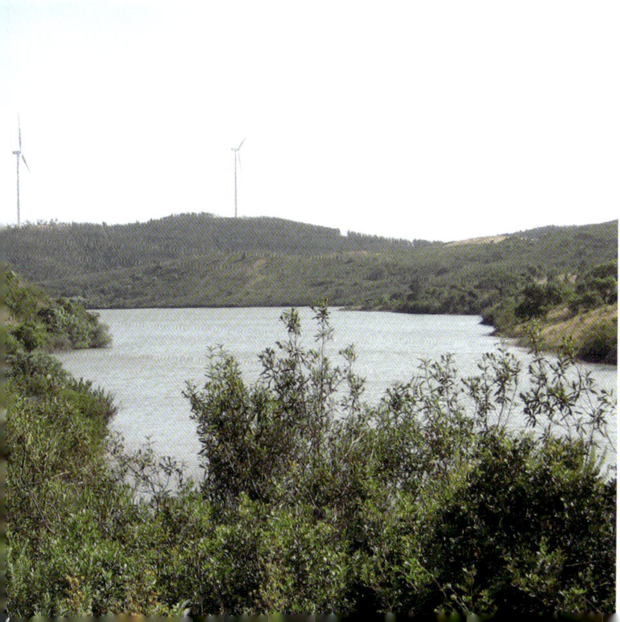

Schwierigkeit: leicht
Karte: Karte 584/593
Anforderungen: Wanderung auf deutlichen Wegen ohne Markierung
Einkehr: Keine

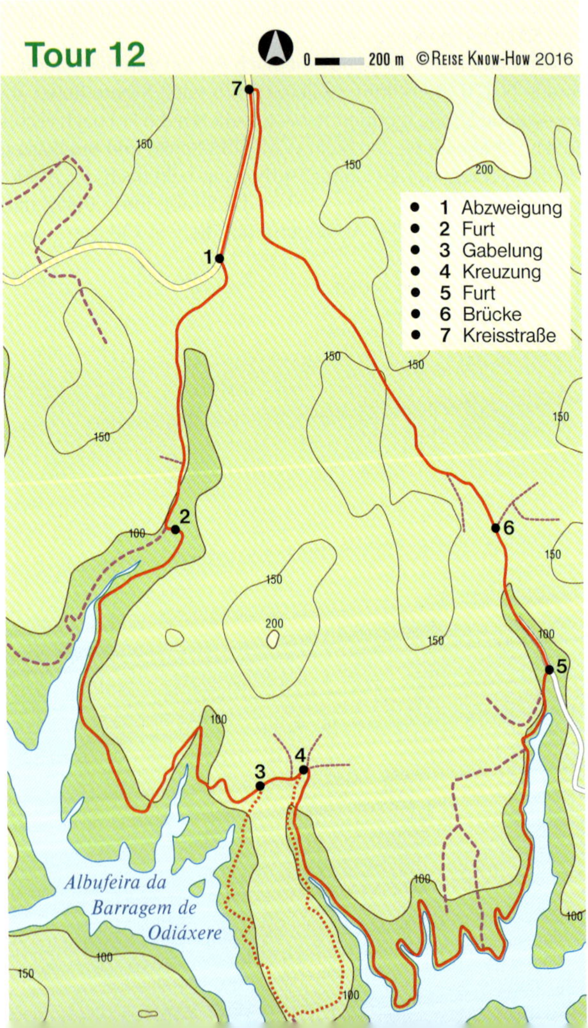

Wegbeschreibung

Ab der **Abzweigung (1)** folgen wie der Straße, vorbei an dem **Bauernhof rechts,** den rot-weißen Markierungen der Via Algarviana in das kleine Tal. Nach 20 Min. zweigt links ein breiter Weg ab, führt sofort durch eine **Furt (2),** die wir auf Trittsteinen überqueren, und biegt nach rechts. Wir bleiben im Folgenden immer auf dem deutlichen und breiten Weg und ignorieren die wenigen Abzweigungen. Bald taucht rechts von uns der erste Arm des Bravura-Stausees auf. Etwa 20 Min. nach der Furt entfernt sich der Weg vom Wasser, biegt nach links und schneidet eine Landzunge ab.

Immer häufiger können wir jetzt den Blick auf den Stausee genießen, er hat etwas fjordartiges an sich, man würde die Landschaft nicht im Algarve vermuten. Der Weg führt weiter durch Pinienwälder und **gabelt sich (3)** eine ¾ Std. später.

Rechts (auf der nebenstehenden Karte gestrichelt dargestellt) führt er uns in etwa 40 Min. (34 m zusätzlicher An-/Abstieg) um eine kleine Halbinsel. An der Spitze der Halbinsel kommen wir zu einer kleinen Freifläche: links führt ein Weg, eher eine Brandschneise, steil aufwärts, rechts leitet ein Pfad leicht steigend auf einen Hügel. Wir wandern auf dem Weg in der Mitte, der leicht abfällt, weiter. Erst dann entdecken wir, dass er sich schon am Anfang gabelt – wir halten uns links und gehen jetzt parallel zur Brandschneise, aber nicht steigend. Der Weg bringt uns zu einer **Kreuzung (4)** am Ende eines Stauseearms, die ganz in der Nähe der **Gabelung (3)** liegt. Dort biegen wir nach rechts und bei der folgenden Kreuzung nach wenigen Metern nochmals.

Links erreichen wir nach etwa 100 m eine **Kreuzung (4)** gehen geradeaus und nach wenigen Metern rechts.

Der Weg führt jetzt links von dem Stauseearm nach Süden, rechts von ihm liegt die optionale Halbinsel. An der **Spitze der Landzunge** biegen wir nach Norden, umwandern dann aber – immer mit schönem Blick – noch vier weitere Buchten bevor wir am Ufer eines größeren Stauseearms endgültig nach Norden gehen. Am Ende dieses Stauseearms kommt ein Weg von links, wir gehen nach rechts, dann durch eine **Furt (5)** und bei der T-Kreuzung dahinter nach links. Der breite Weg führt in einem Tal mit lockerer Eukalyptusbewaldung leicht aufwärts, am linken Hang etwas weiter oben liegt ein **Gehöft.** Am Ende dieses Abschnitts wandern wir nach links, auf einer **Brücke (6)** über einen

Bach und dann aufwärts in den Eukalyptuswald. Der Weg führt durch hügeliges Gelände in 35 Min. zu der **Fahrstraße nach Marmelete (7),** wo unserer Auto parkt. Da er zum Schluss fast 700 m parallel zur Straße verläuft (Ww. Ribeira Santa Maria an der Abzweigung), müssen wir der Straße etwa genauso weit nach links zum Ausgangspunkt folgen.

079al cf

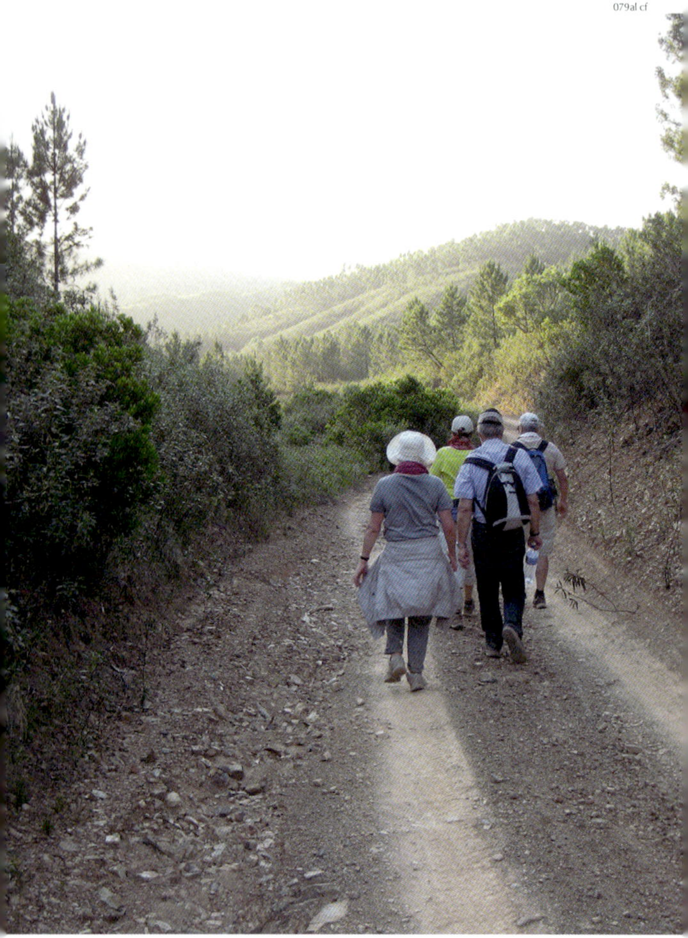

Tour 13
In der Mata Nacional von Barão de São João

3.20 Std.
12,2 km
mittelschwer

Im Hinterland von Lagos, nordwestlich des noch sehr ursprünglichen Dorfes Barão de São João, erstreckt sich ein ca. 5000 Hektar großes Waldgebiet, die Mata Nacional de Barão de São João. Im 15. Jh. war es als Holzlieferant für den Bau der Karavellen, den Schiffen der portugiesischen Entdecker, von Bedeutung. Zwischen Akazien, Eukalyptusbäumen und Pinien finden sich dort breite, sehr gut begehbare und gekennzeichnete Wanderwege.

Eine längere und eine kürzere Variante in der folgenden Beschreibung ermöglichen eine Wahl.

Der Wald der Karavellen

Ausgangsort: Lagos
Ausgangspunkt: Parkplatz oberhalb von Barão de São João (N37°08.387′ W08°46.755′). Am südlichen Ortsrand von Bensafrim (Autobahnabfahrt) führt die Kreisstraße M 535 vorbei am Zoo von Lagos zum etwa 5 km westlich gelegenen Ort Barão de São João und dann weiter nach Barão de São Miguel. Bei einem großen Gebäude (Altersheim) am Ortsende nach rechts in die Estrada da Mata biegen, zuerst halblinks dann rechts bis zu einem großen, etwas höher gelegenen Parkplatz am Ortsende fahren.
Höhenunterschied: Hauptweg 254 m, Variante 121 m
Gesamtzeit: Hauptweg 3.20 Std., Variante 1.40 Std.
Länge: Hauptweg 12,2 km, Variante 6 km
Schwierigkeit: mittelschwer
Karte: Karte 593/602
Anforderungen: Wanderung auf deutlichen Wegen ohne Markierung
Einkehr: Keine

Der Weg führt durch hügeliges Gelände zur Fahrstraße

Wegbeschreibung

Vom **Parkplatz oberhalb von Barão de São João (1)** folgen wir der **Forststraße** in Fortsetzung der Estrada da Mata. Dieser gelb-rot markierte Weg Percorso Pedestre „Pedra do Galo" beginnt dort zwischen **zwei mannshohen Steinen** mit der Gravur eines Bauern und einer Bäuerin und führt ansteigend geradeaus. Zwei nahe beieinanderliegende Abzweigungen nach links ignorieren wir, die dritte führt zu einem verlassenen **Forsthaus (16)** und in die vierte **Abzweigung (2)** biegen wir ein (Ww. Vinha Velha). Nach 150 m gehen wir bei einer T-Kreuzung links und kommen nach weiteren 50 m zu einer **Gabelung (3).**

Hauptweg (länger)
Höhenunterschied: 254 m
Gesamtzeit: 3.20 Std.
Länge: 12,2 km

Wir wandern mit den rot-weißen Markierungen der Via Algarviana nach rechts abwärts. Nach knapp 10 Min. folgen wir bei einer **Auffächerung (4)** dem mittleren Weg weiter abwärts. Immer geradeaus gehend erreichen wir 10 Min. später den Weiler **Vinha Velha** mit der anthroposophischen **Schule Primavera (5).** Danach biegt die Via Algarvina nach rechts, wir aber wandern in dem Tal mit dem lockeren Baumbestand weiter geradeaus.

½ Std. später kommen wir zu einer Kreuzung, rechts stehen **zwei Be-**

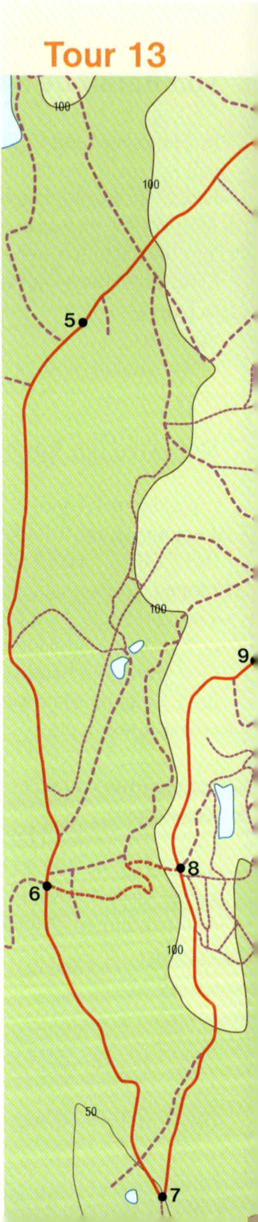

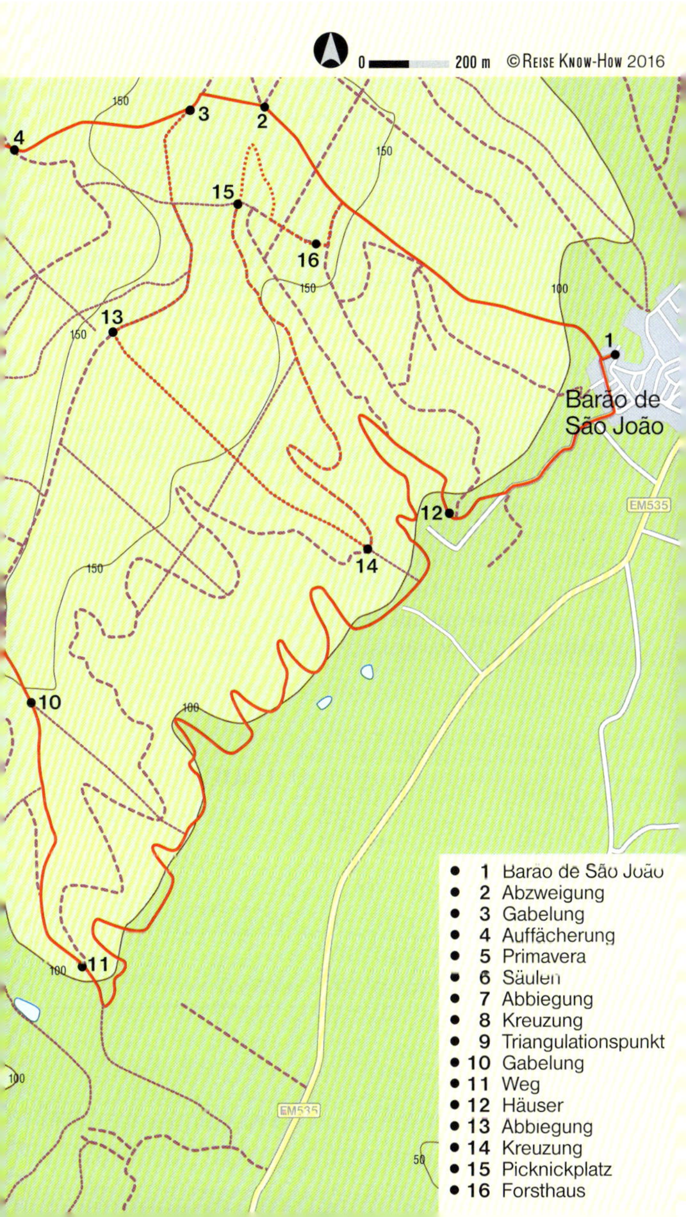
0 200 m
© Reise Know-How 2016
150
150
150
150
150
100
100
100
100
50
EM535
EM535
Barão de São João
1
2
3
4
10
11
12
13
14
15
16
1 Barão de São João
2 Abzweigung
3 Gabelung
4 Auffächerung
5 Primavera
6 Säulen
7 Abbiegung
8 Kreuzung
9 Triangulationspunkt
10 Gabelung
11 Weg
12 Häuser
13 Abbiegung
14 Kreuzung
15 Picknickplatz
16 Forsthaus

tonsäulen (6). Die Wege nach rechts und links sind als „privat" beschildert – glücklicherweise, denn der linke würde die Tour um ca. 20 Min. verkürzen. Wir gehen neben dem kanalisierten Bach geradeaus, zuerst an Gewächshäusern und später an Wiesen entlang. Nach knapp 20 Min. liegen auf einer Anhöhe vor uns **Ruinen.** Hier **biegen wir nach links (7)** in einen spitzwinklig mündenden, ansteigenden Weg. Nach ¼ Std. erreichen wir eine **Kreuzung (8)** – von links kommt der Privatweg, der die Wanderung verkürzt hätte – und gehen weiter geradeaus.

Der Weg fällt im Anschluss etwas, steigt aber dann wieder an. Am ersten einer Kette von **Windrädern** wandern wir noch vorbei, biegen aber knapp 20 Min. nach der Kreuzung scharf nach rechts. Vor der Abbiegung steht ein **Zylinder mit aufgesetztem Kegelstumpf (9), ein Triangulationspunkt** der Landesvermessung. Nach 150 m gehen wir bei einer **Gabelung (10)** rechts und bleiben auf dem Hauptweg. Knapp ¼ Std. später mündet links ein **Weg (11),** hier gehen geradeaus, aber 3 Min. später in den nächsten Pfad nach links. Mit schöner Sicht schlängelt er sich kurvenreich in leichtem Auf und Ab am Hang des Bergrückens entlang, wir folgen immer dem Hauptweg. Nachdem der Weg, schon in Sichtweite von Barão de São João, um den letzten, besonders langen Einschnitt herumgeführt hat, taucht links eine **Häusergruppe (12)** auf. Danach biegen wir nach links und dann im Ort nochmals.

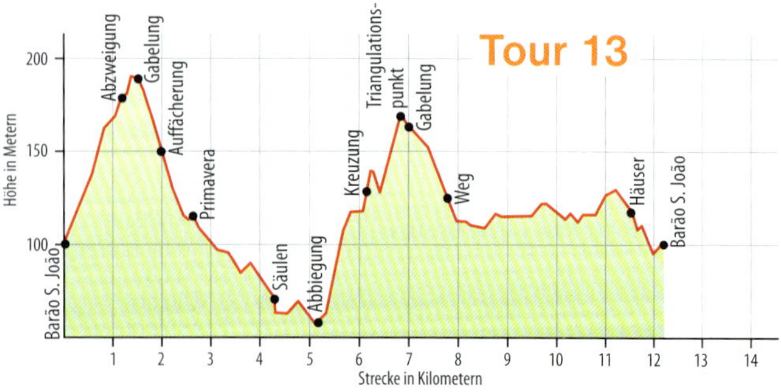

Der Weg führt nach Vinha Velha

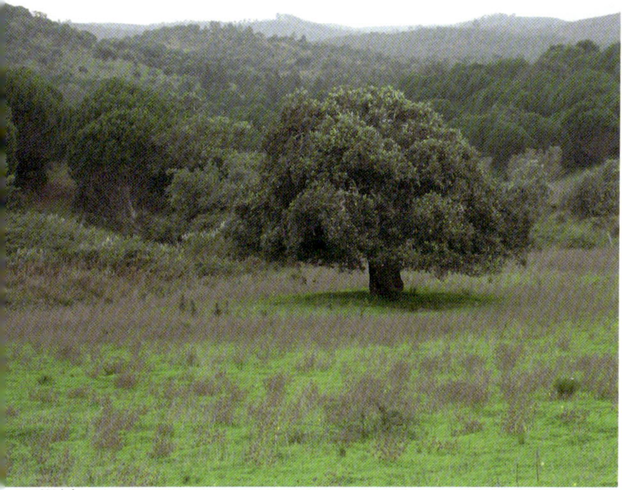

081al cf

Variante (kürzer)
Höhenunterschied: 121 m
Gesamtzeit: 1.40 Std.
Länge: 6 km

Wir folgen den gelb-roten Markierungen nach links, wandern an **zwei Windrädern** vorbei und **biegen 50 m danach nach links (13) ein.** Auf dem geraden Weg passieren wir drei Kreuzungen, an denen sich die Wege senkrecht treffen. Bei der vierten **Kreuzung (14)** nach knapp 15 Min. ist das nicht der Fall, hier biegen wir nach links. In einem Einschnitt schlängelt sich der Weg aufwärts, bis wir nach ca. 20 Min. einen **Picknickplatz (15)** mit Brunnen erreichen. Wir wandern daran vorbei und dann in einer Rechtskurve aufwärts, erreichen bald ein verlassenes **Forsthaus (16),** halten uns links und biegen kurz darauf in den breiten Forstweg nach rechts wieder zurück in Richtung Barão de São João ein.

Tour 14
Marmelete – Picos

2.45 Std.
8,9 km
mittelschwer

Picos heißt ein wenig bekannter Vorgipfel in der Serra de Monchique. Der Weg dorthin führt zuerst durch Eukalyptus- und Korkeichenwälder. Steigt man weiter an, blickt man im Norden auf den Fóia, den an seinen Antennen gut identifizierbaren höchsten Berg des Monchique-Gebirges, und im Süden und Südwesten auf die Hügellandschaft des Barrocal und die Küste.

Im Vorgebirge

Ausgangsort: Monchique
Ausgangspunkt: Am Ortsausgang von Marmelete Richtung Aljezur parken (N 37°18.692′ W08°39.990′) (Tankstelle rechts, modernes Casa do Povo de Marmelete links)
Höhenunterschied: 315 m
Gesamtzeit: 2.45 Std.
Länge: 8,9 km
Schwierigkeit: mittelschwer
Karte: Karte 585
Anforderungen: Wanderung auf meist deutlichen Wegen mit gelb-roter Markierung
Einkehr: Mehrere Lokale in Marmelete, weithin bekannt ist Tasca do Petrol in Corgo Do Vale (von Marmelete ca. 5 km Richtung Monchique), Tel. +351 282 955 117.

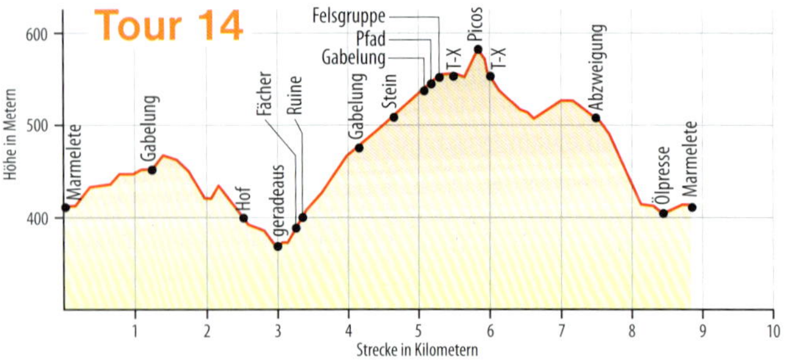

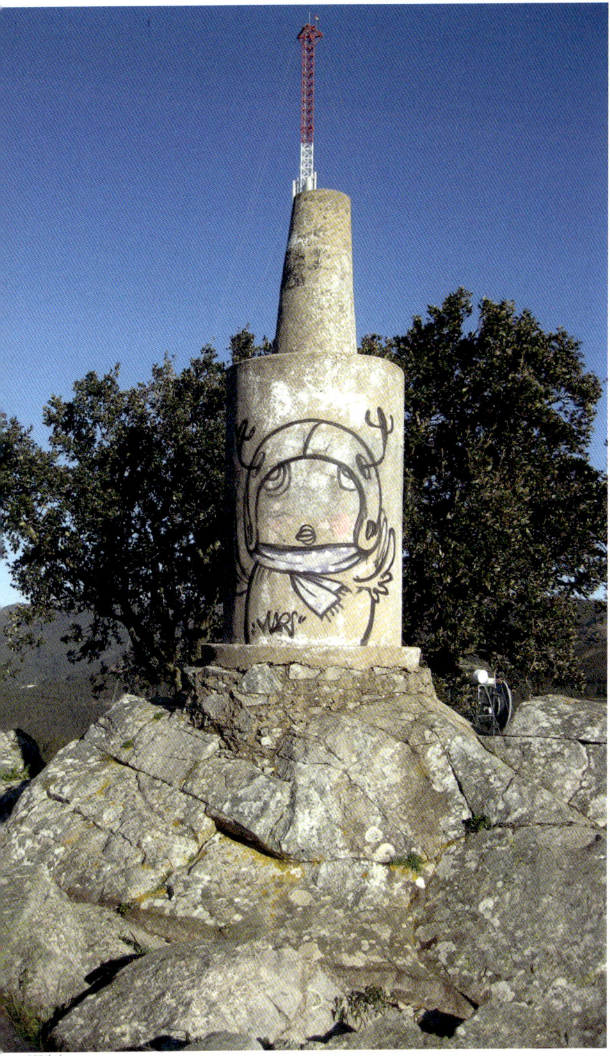

082al cf

Kunst auf dem Gipfel

Wegbeschreibung

Nach der Fußgängerampel am Ortsausgang von **Marmelete (1)** beim **Casa do Povo** geht vor den Leitplanken rechts ein gelb-rot markierter Pflasterweg ab, er verläuft zuerst parallel zur Landstraße, biegt dann nach rechts und mündet in eine asphaltierte Straße. Wir halten uns rechts, biegen aber nach 150 m, vor einer **Kapelle,** in einen unbefestigten Weg nach links.

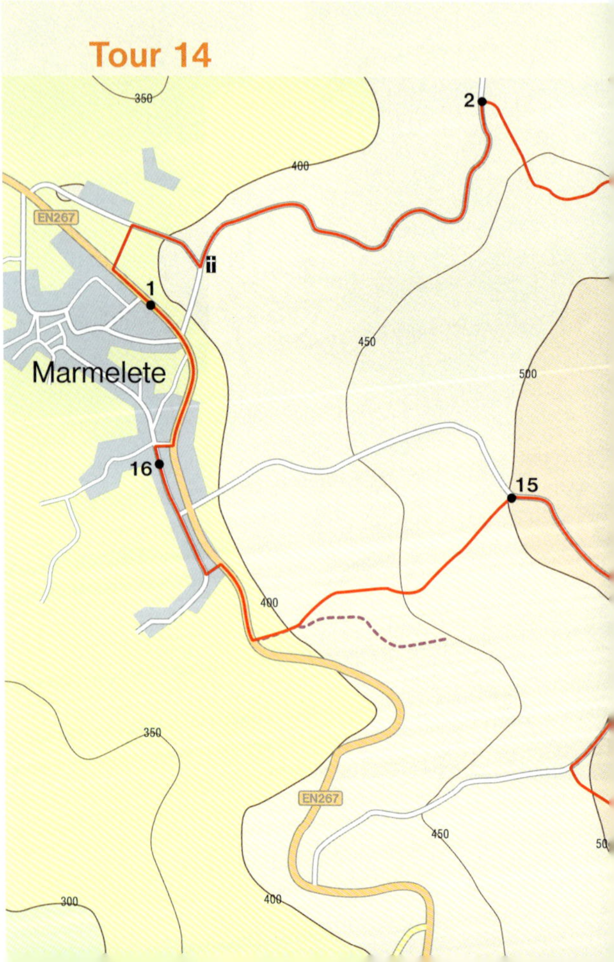

Bei einer **Gabelung (2)** gut 10 Min. später verlassen wir vorübergehend die gelb-roten Markierungen und folgen dem Ww. Cavão nach rechts. Auf einer Forststraße wandern wir später nach links (in der Kurve geht rechts ein Weg ab) und biegen nach einer **Fallstrecke** vor einem **Schuppen aus roten Ziegeln** nach rechts. Zuerst steigt die Forststraße an, später fällt sie und führt in Kurven durch einen **verlassenen Hof (3).** Kurz bevor schöne Korkeichen den Weg säumen, führt links eine Zufahrt zu

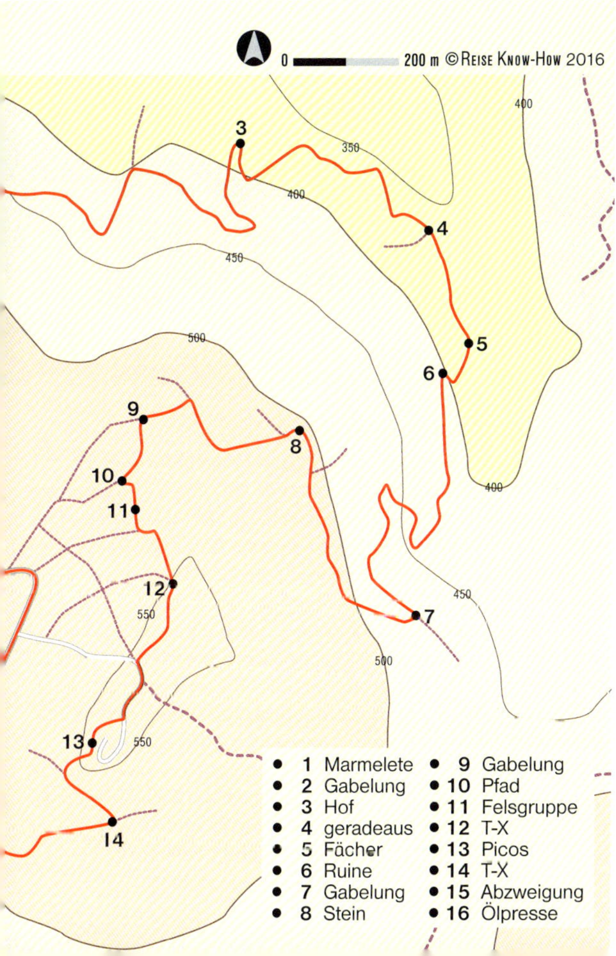

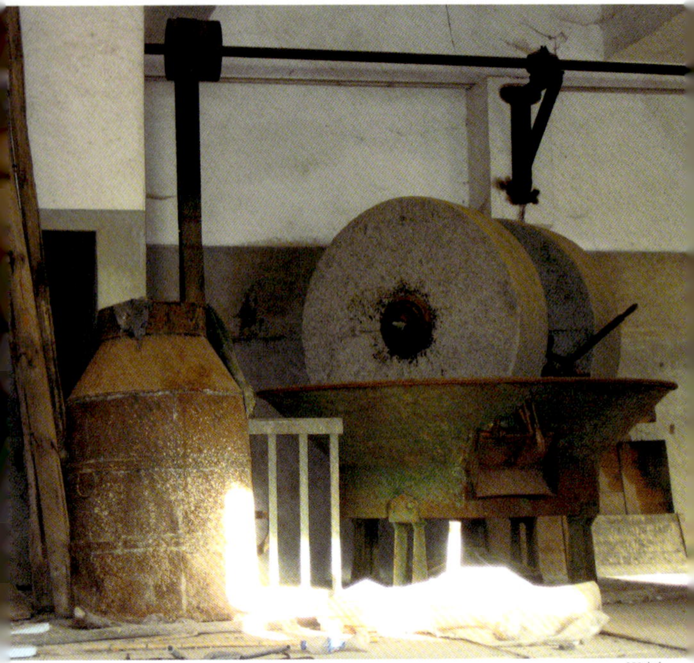

083al cf

einem bewohnten Hof. Bei einer Gabelung gehen wir rechts geradeaus, der linke Weg fällt. Kurz darauf macht der Forstweg eine scharfe Rechtskurve, wir wandern auf einem schlechteren Weg **geradeaus** (**4,** evtl. Bienenstöcke an der Abbiegung). Der Pfad wird schmaler, wir müssen bald eine Böschung knapp 2 m hinauf klettern, die zur Erleichterung des Aufstiegs vorgesehene Holzkonstruktion liegt defekt am Boden.

Der Pfad mündet dann wieder in einen breiteren Weg, wir gehen links. Nach wenigen Metern **fächert der breitere Weg in drei Wege auf (5),** wir wandern auf dem ganz rechten weiter aufwärts, vorbei an **Terrassenfeldern,** dann nach rechts und gleich darauf vor einer **Ruine (6)** scharf nach links.

Der immer ansteigende Weg verläuft zuerst gerade, dann in Kurven am Hang aufwärts. Ca. ¼ Std. nach der Ruine biegen wir bei einer **Gabelung (7)** scharf nach rechts und steigen weiter an. Der Weg läuft auf einen **mannshohen Felsen (8)** in einer

Linkskurve zu. Gleich danach gehen wir bei einer Gabelung nach links und dann geradeaus, bis wir nach ca. 5 Min. links abbiegen (davor ignorieren wir zwei Wege nach links) und nach weiteren 3 Min. an der **Gabelung nochmals (9).** Der ursprünglich breite Weg ist auf den nächsten 100 m schlecht, teilweise zugewachsen.

Wenn der Weg besser wird, biegen wir bald nach links in einen **schmalen Pfad (10),** kommen an einer **Felsgruppe (11)** vorbei und biegen wenige Meter danach nach links. Der Weg macht eine Rechtskurve, bei einer **T-Kreuzung (12)** gehen wir links und kommen an einer zweiten Felsgruppe vorbei. Danach mündet der Weg in eine asphaltierte Straße. Hier treffen wir auch auf die Via Algarviana. Wir folgen ihr nach links (Ww. PR 6, Miradouro dos Picos). Nach wenigen Metern leitet uns der Ww. Miradouro nach rechts. Wir sehen dann schon die große **Antenne** auf dem Picos.

Die Anlage ist von einem Maschendrahtzaun umgeben. Am Zaun entlang gehen wir nach rechts auf den **Gipfel des Picos (13).** Dort finden wir einen Tisch mit Bänken.

Der Weg führt weiter am Zaun entlang abwärts, dann schräg nach rechts und schließlich über einen wackligen Steg, dessen Ende fehlt – es geht auch so. Am Ende des Stegs leicht nach links und weiter abwärts zu einem früher breiten Weg, dort nach links. Bald halten wir uns bei einer **T-Kreuzung (14)** rechts. Kurz nach einer Rechtskurve gehen wir bei der folgenden T-Kreuzung auf einer asphaltierten Straße nach rechts. Später ignorieren wir eine Abzweigung nach rechts (Ww. Miradouro) und bleiben auf der asphaltierten Straße, die bald eine Linkskurve macht. Ungefähr 5 Min. später verlassen wir die asphaltierte Straße (sie führt auch zur Landstraße). Die weiß/rot/gelben Markierungen leiten uns an der **Abzweigung links (15)** abwärts zur Landstraße, der Weg ist steil und geröllig. Dort gehen wir nach rechts, am Ortsanfang von **Marmelete** wandern wir nach links und parallel zur Landstraße zur nächsten Querstraße. Nicht versäumen sollte man auf dem Weg dorthin den Blick in eine **alte Ölpresse (16)** im Erdgeschoss eines großen leerstehenden Hauses auf der rechten Straßenseite. In der Querstraße gehen wir nach rechts und auf der Landstraße nach links zum Ausgangspunkt zurück.

Blick in die Ölpresse

Tour 15
Fóia

2.25 Std.
7 km
mittelschwer

Die Serra de Monchique liegt im Nordwesten des Algarve und erreicht mit 902 Metern auf dem Fóia ihren höchsten Punkt. Aufgrund ihrer unmittelbaren Nähe zum Atlantik und der Wärme der südlichen Sonne, hat sie ein subtropisches maritimes Höhenklima. Diese Bedingungen haben die Serra in einen botanischen Garten mit über tausend verschiedenen Pflanzenarten verwandelt.

Geologisch ist die Serra de Monchique vulkanischen Ursprungs und besteht aus zwei verschiedenen Formationen: zum Einen aus Schiefer bis auf 300–400 m und zum Anderen darüber aus Foiait, ein Granit mit spezifischen Eigenschaften, der auch abgebaut wird.

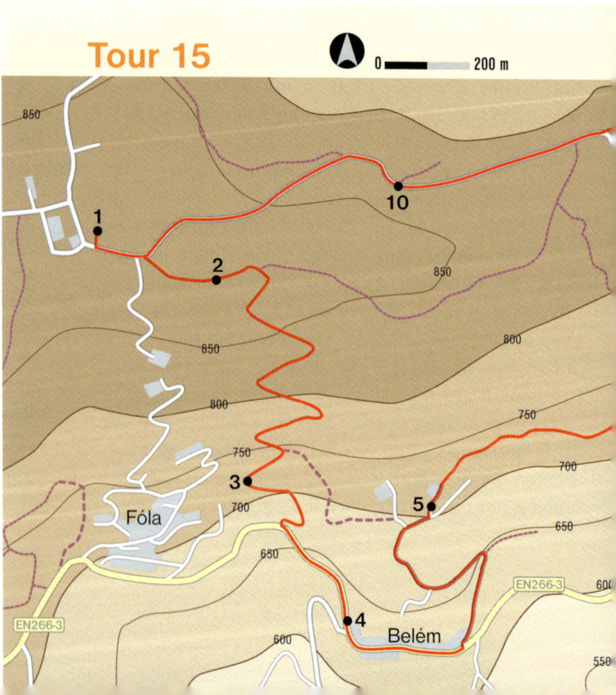

Der höchste Gipfel der Serra de Monchique

Ausgangsort: Monchique
Ausgangspunkt: Parkplatz auf dem Gipfel Fóia (N37°18.966′ W08°35.523′). In Monchique dem Ww. Fóia folgen. Die Straße endet an zwei Gebäuden, in einem befindet sich ein Restaurant, im anderen ein Kunstgewerbeverkauf. Daneben gibt es viele Parkplätze.
Höhenunterschied: 315 m
Gesamtzeit: 2.25 Std.
Länge: 7 km
Schwierigkeit: mittelschwer
Karte: Karte 585
Anforderungen: Wanderung auf deutlichem Weg PR 3 mit gelb-roter Markierung
Einkehr: Bar/Restaurant am Ausgangspunkt und unterwegs Restaurants Paraíso da Montanha und A Rampa

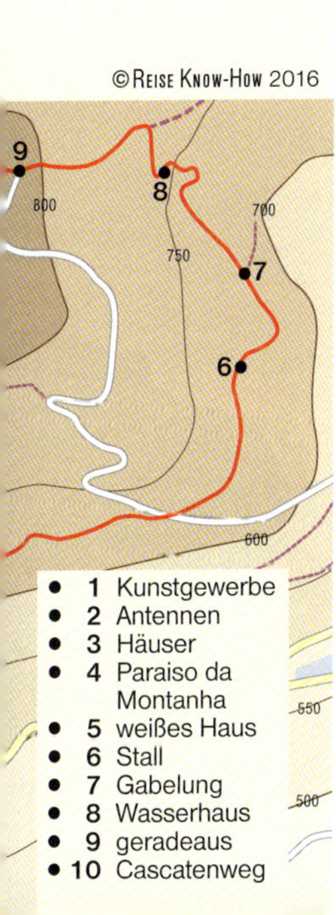

Wegbeschreibung

Gegenüber dem Eingang zum Gebäude mit dem **Kunstgewerbeverkauf (1)** beginnt ein Weg (Ww. PR 3 Trilho da Fóia, PR 5 Percurso das Cascatas, gelb-rot markiert). Bei einer Auffächerung nehmen wir den mittleren der drei Wege zu den **Antennen (2)** auf dem Nebengipfel (893 m) vor uns. Er führt zwischen **Zäunen** links und rechts aufwärts, verliert dann seinen Belag, wendet sich nach rechts und leitet in Serpentinen abwärts. Später dient der Weg als Zufahrtsstraße zu einigen **Häusern (3)** und bekommt dann einen Pflasterbelag. Der gepflasterte Weg mündet in die Fahrstraße auf den Fóia, wir folgen ihr abwärts nach links. Wir wandern an den beiden **Restaurants Paraíso da Montanha (4)** und A Rampa sowie einigen

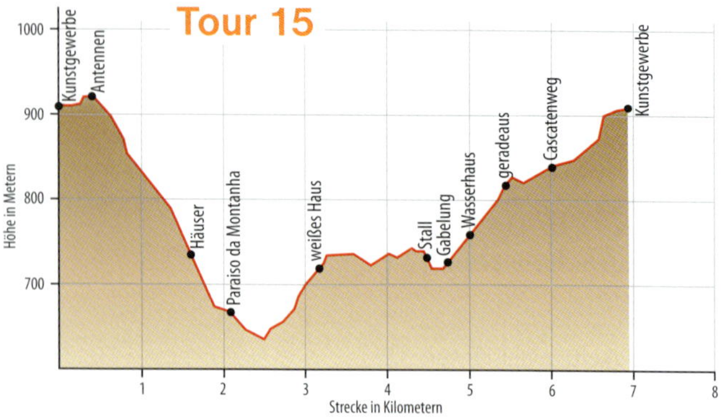

Häusern auf der linken Seite vorbei, bis zu einem Haus mit steingemauertem EG und braun/grün gefliestem OG. Gegenüber, am rechten Straßenrand, stehen **Müllcontainer** in einer Parkbucht. Hier biegen wir in breiten, unbefestigten, ansteigenden Weg nach links ein. Bei der folgenden T-Kreuzung bleiben wir auf dem deutlichen Weg und halten uns links.

Auf dem Fóia

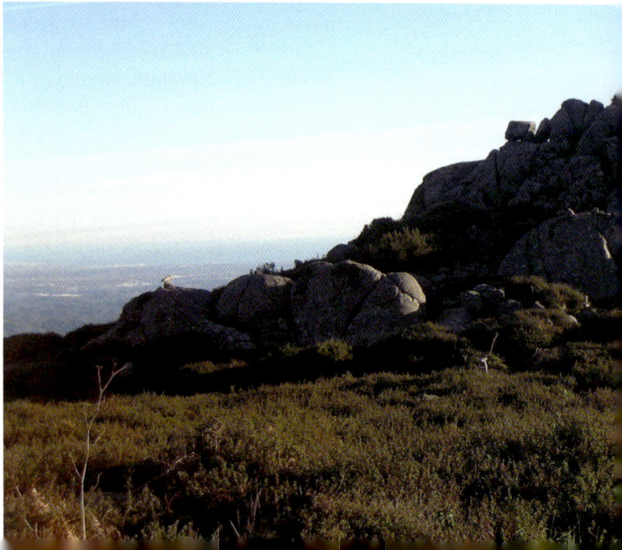

Vor einem **großen weißen Haus (5)** neueren Baudatums halten wir uns bei einer Gabelung rechts, bleiben dahinter auf dem Hauptweg und gehen geradeaus. Es folgt dann eine lange ebene Passage mit Blick auf die Küste, später kreuzt der Weg ein asphaltiertes Sträßchen. Danach steigen wir leicht an und genießen den Blick auf das im Tal liegende Monchique und den zweithöchsten Gipfel der Serra de Monchique, den Picota, auf der gegenüberliegenden Seite.

Bei **verfallenden Ställen** führt der Weg als Wiesenweg rechts abwärts **(6)** und dann in einer Linkskurve auf **bewohnte Häuser** zu, die auf Terrassen stehen. Bald folgen wir einem markierten Pfad, der früher einmal breiter war, an einer **Gabelung (7)** nach links.

Nach einer scharfen Linkskurve mündet unser Pfad bei einem **weißem Wasserhaus (8)** in einen besseren Weg, wir wandern nach rechts und bei der nächsten T-Kreuzung auf einer Forststraße ohne Ww. nach links (nach rechts V.A. GR 13, PR 3 in die Richtung, aus der wir kamen).

Bei einer **Gabelung (9)** folgen wir nicht den gelb-roten Markierungen nach links, sondern den rot-weißen nach **geradeaus.** Nach 10 Min. geht rechts der **Cascatenweg (10,** vgl. Tour 16) ab. Wir sehen schon die hohen Antennen auf dem Gipfel vor uns und halten auf sie zu.

084al cf

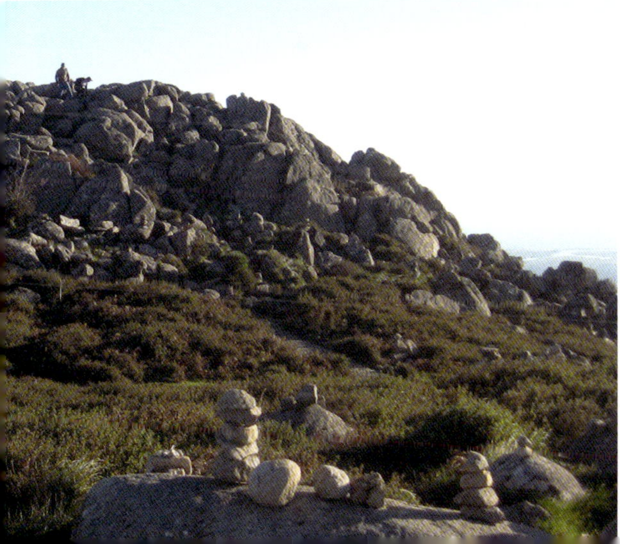

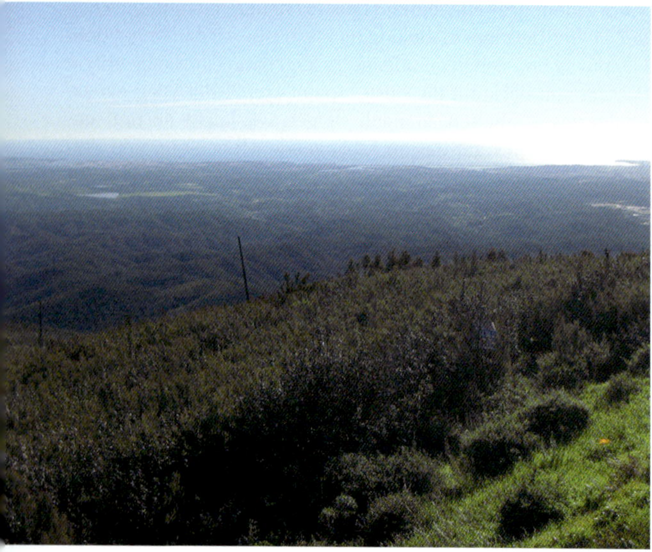

085al cf

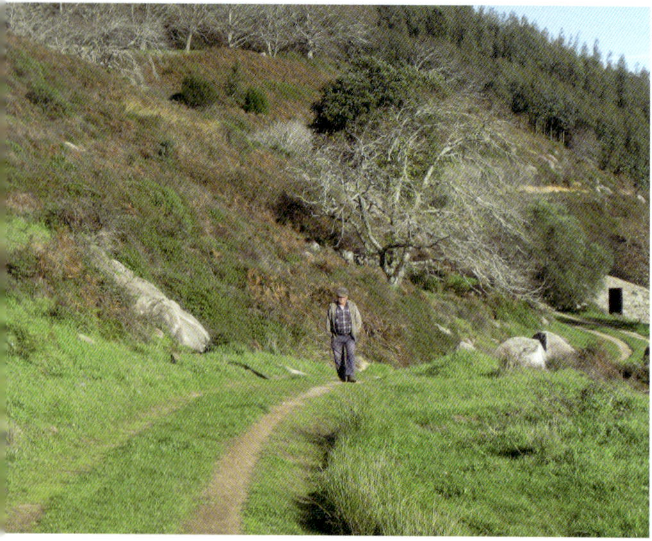

086al cf

Tour 16
Cascatenweg

2.25 Std.
7,6 km
mittelschwer

Eine Wanderung auf abwechslungsreichen und traumhaften Wegen mit vielen Ausblicken, über Terrassenfelder mit beeindruckenden Trockenmauern, die in Generationen angelegt wurden und seit einer Generation brachliegen. Man findet immer noch aus Lehm gebaute und von Korkeichen, Pinien, Eukalyptus- und Erdbeerbäumen umstandene Bauernhäuser. Die Düfte verschiedener Wildblumen und aromatischer Kräuter begleiten den Wanderer auf alten Eselpfaden. Vom Dach des Algarve genießt man bei guter Witterung den Blick auf das Südwestkap in 70 Kilometer Entfernung. Meer im Süden und Westen – der Atlantik, soweit das Auge reicht.

Wenig unterhalb von Monchique springen heiße Heilquellen aus dem Vulkangestein, die haben den Ort berühmt und wohlhabend gemacht. In den Caldas de Monchique badeten schon Kelten und Römer, Portugals Könige und Portugals Salazar.

Ja, wo fallen sie denn? Wo fallen sie denn hin?

Ausgangsort: Monchique
Ausgangspunkt: Parkplatz auf dem Gipfel Fóia (N37°18.966' W08°35.523'). In Monchique dem Ww. Fóia folgen. Die Straße endet an zwei Gebäuden, in einem befindet sich ein Restaurant, im anderen ein Kunstgewerbeverkauf. Daneben befinden sich viele Parkplätze.
Höhenunterschied: 280 m
Gesamtzeit: 2.25 Std.
Länge: 7,6 km
Schwierigkeit: mittelschwer
Karte: Karte 577/585
Anforderungen: Wanderung auf deutlichem Weg PR 5 mit guter gelb-roter Markierung
Einkehr: Bar/Restaurant am Ausgangspunkt

Blick vom Fóia auf Portimão (oben)
Ebene Passage nach dem weißen Haus (unten)

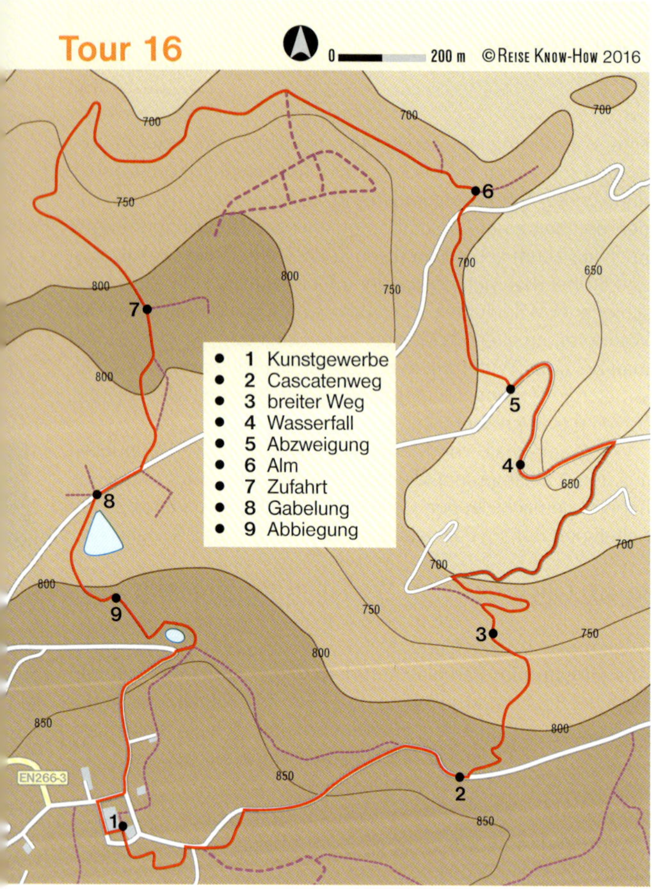

Wegbeschreibung

Gegenüber dem Eingang zum Gebäude mit dem **Kunstgewerbeverkauf (1)** beginnt ein gerader Fahrweg. Bei einer **Auffächerung** nehmen wir den linken der drei Wege (Ww. PR 5 Percurso das Cascatas, PR 3 Trilho da Fóia), der leicht fallend am Hang entlang führt. Nach knapp ¼ Std., kurz nachdem die Via Algar-

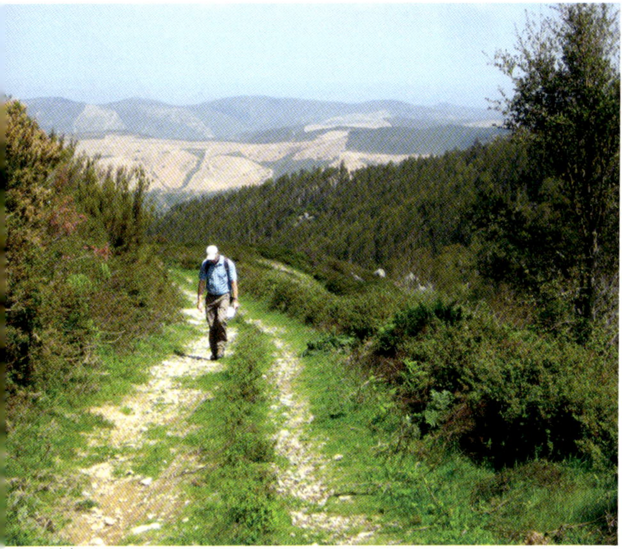
087al cf

viana von links kommt, verlassen wir den asphaltierten Weg und folgen einem abwärts führenden **unbefestigten Weg, dem Cascatenweg (2).** Bald nach einer Serpentine biegt er nach rechts, wird schmaler und verläuft über die **unterste Terrasse.** Auf einem schmalen Pfad wandern wir dann in einer großen Linkskurve steil abwärts durch mit Macchia bewachsenes Gelände. Der Pfad mündet in einen **breiten Weg (3),** wir halten uns rechts und verlassen ihn bei der **zweiten Abzweigung** nach rechts.

Der Weg verläuft dann nochmals über ein Terrassenfeld, an dessen Ende biegen wir nach links, nach wenigen Metern nochmals, wandern dann in Gegenrichtung an einem Stall entlang, umgehen eine Schranke und erreichen dann eine asphaltierte Straße. Auf ihr gehen wir nach rechts und leicht fallend am Hang entlang. Bei einer Gabelung und einer T-Kreuzung kurz darauf halten wir uns links. Die Straße macht dann eine scharfe Rechtskurve – hier können wir den einzigen **Wasserfall (4)** der Tour bewundern – sie steigt an und biegt scharf nach links. Etwa

Im Hintergrund ein Steinbruch

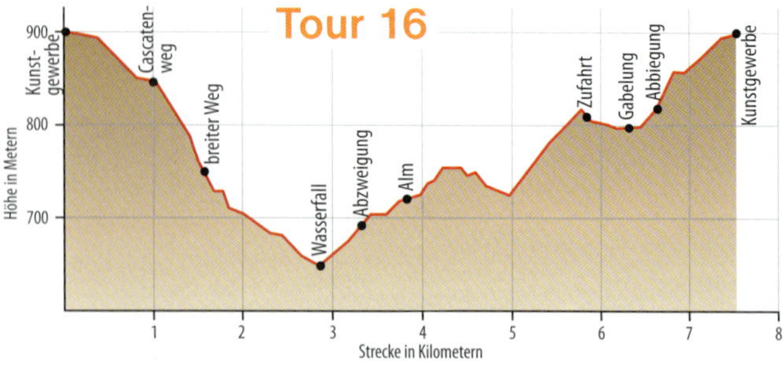

100 m nach der Linkskurve folgen wir einem **rechts abgehenden Weg (5),** der bald darauf an einem langen Stall vorbeiführt und später bei einer **Alm (6)** in einen breiten Weg mündet. Hier halten wir uns rechts und gleich darauf links. Der Blick ändert sich. Der Weg leitet zuerst ansteigend durch einen Eukalyptuswald, zwei Abzweigungen nach links ignorieren wir, später fällt er wieder und kommt danach bald aus dem Wald heraus.

Oberhalb von uns sehen wir einen **rot-weißen Sendemast,** der Weg führt in einer großen ansteigenden Linkskurve zuerst auf den Mast zu und dann in 200 m Entfernung rechts an ihm

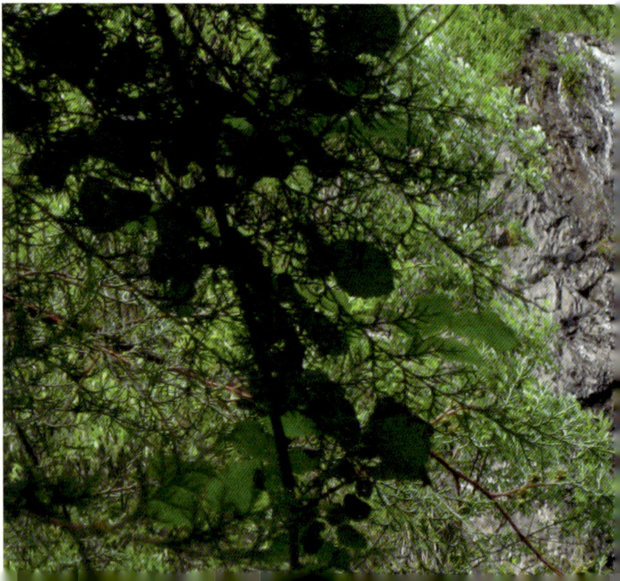

vorbei. Wenn wir die **Zufahrtsstraße (7)** zu dem Mast erreichen, gehen wir geradeaus weiter. Rechts vom Weg liegt der **Parque Aventura da Fóia,** ein Kletter- und Abenteuerpark (www.alternativtour.com). Beim Eingang zum Park folgen wir vorübergehend nicht den Markierungen, sondern wandern auf der Zufahrtsstraße weiter. Wenig später gehen wir bei einer T-Kreuzung auf der asphaltierten Straße nach rechts und kommen dann zu einer **Gabelung (8),** rechts von uns liegt ein kleiner **Stausee.** Die Via Algarviana und der Weg PR 5 führen nach rechts zu den Cascatas do Chilrão e Barbelote, beide aber auch nach links auf den Fóia. Wir gehen nach links durch ein **Hängetor** in das umzäunte Seegelände (Badeverbot), rechts am See vorbei und am See-Ende weiter geradeaus. Über dem See folgen wir einem quer laufenden Weg nach links, verlassen ihn aber schon nach wenigen Metern und **biegen rechts ab (9).** Am Hang steigen wir, vorbei an einem Wasserhaus, zu einem zweiten See hinauf, gehen zwischen See und einer Felskuppe links an ihm vorbei und verlassen dann durch ein zweites Hängetor das umzäunte Gelände. Auf der asphaltierten Straße wandern wir nach links zum Ausgangspunkt.

Der Wasserfall

088al cf

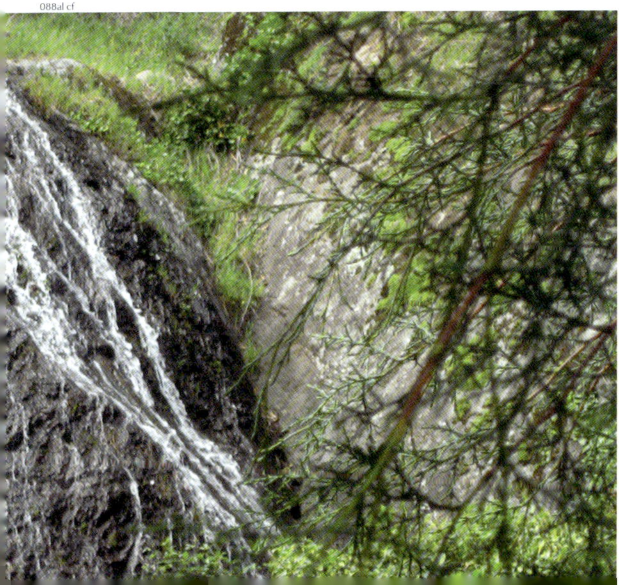

Tour 17
Picota

2.05 Std.
5,5 km
leicht

Der Picota ist mit 773 m der zweithöchste Gipfel der Serra de Monchique und wie es oft das Schicksal von Zweitplazierten ist, interessiert sich kaum jemand für ihn. Während auf dem Fóia immer Betrieb herrscht, trifft man auf dem Picota meist niemanden. Dabei ist der Blick ähnlich schön und oft ist er wolkenfrei, während der höheren Fóia sich in den Wolken versteckt.

Der zweithöchste Gipfel

Ausgangsort: Monchique
Ausgangspunkt: Parkplatz am Straßenrand vor einem Holzschild „Monchimóveis – Móveis Rusticos – Exposição" (N37°18.771′ W08°32.859′). Am Ortsanfang von Monchique beim Kreisverkehr nach rechts fahren (Ww. Alferce) und nach gut 400 m vor einer Linkskurve die N 267 verlassen und geradeaus abbiegen (Ww. Picota). Nach etwa 350 m vor einer unverputzten, grauen Ziegelmauer links parken. Dahinter, etwas tiefer als die Straße, befindet sich eine freie Hoffläche, rechts führt ein Weg zu einem etwas oberhalb gelegenen ochsenblutroten Haus.
Höhenunterschied: 315 m
Gesamtzeit: 2.05 Std.
Länge: 5,5 km
Schwierigkeit: leicht
Karte: Karte 585
Anforderungen: Wanderung auf deutlichen Wegen ohne Markierung
Einkehr: Keine

Feuerturm auf dem Picota

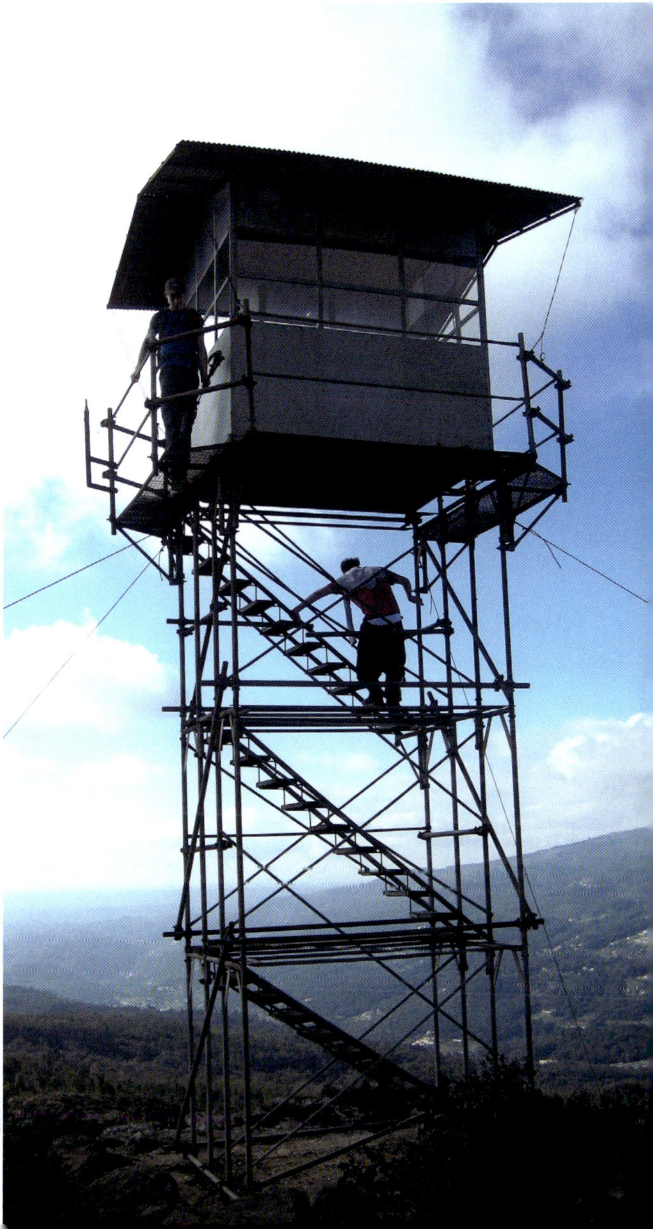

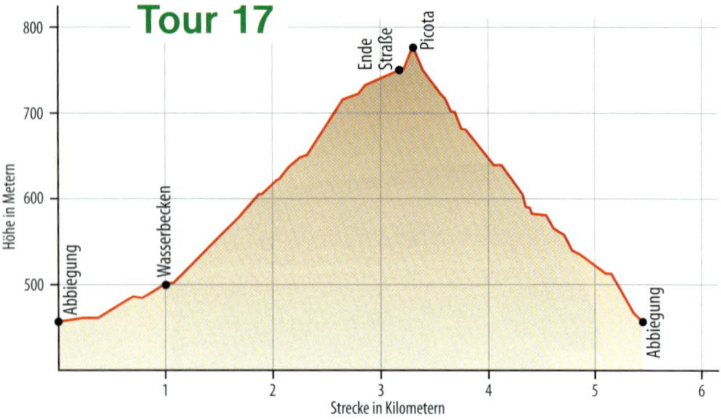
Tour 17
Höhe in Metern
800
700
600
500
Abbiegung
Wasserbecken
Ende Straße
Picota
Abbiegung
1
2
3
4
5
6
Strecke in Kilometern

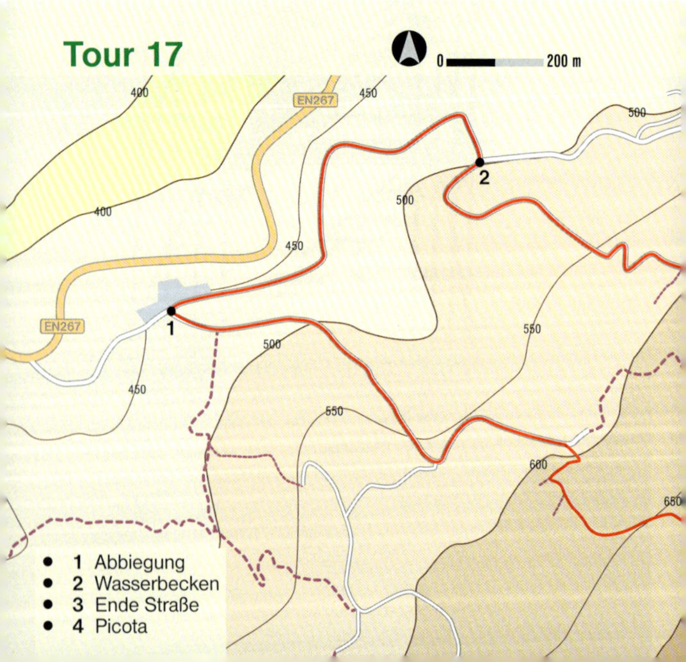
Tour 17
0
200 m
EN267
400
450
500
550
600
650
1
2
1 Abbiegung
2 Wasserbecken
3 Ende Straße
4 Picota

Wegbeschreibung

An der **Abbiegung (1)** zu dem **ochsenblutroten Haus** folgen wir dem Ww. Picota (schwarze Schrift auf weißem Grund) und wandern auf der asphaltierten Straße, die erst kurz vor dem Gipfel endet, ansteigend geradeaus. Links und rechts wachsen Korkeichen. Nach etwa 20 Min. halten wir uns bei einer T-Kreuzung rechts (Ww. Picota). Rechts vom Weg befindet sich ein großes **Wasserbecken (2).**

Danach ignorieren wir eine Sackgasse nach rechts und ¼ Std. später, vor einer hohen Mauer aus **großen Steinen** (Terrassenfelder), einen rechts abgehenden Privatweg ebenfalls. ¼ Std. später biegt die Straße nach rechts und führt auf dem Grat auf den Picota zu. Nach weiteren 10 Min. erreichen wir unterhalb des Gipfels mit dem **Feuerturm** das **Ende der asphaltierten Zufahrtsstraße (3).** Von dort steigen wir in wenigen Minuten auf dem Pfad zwischen großen Steinen zum Picota auf, vom **773 m hohen Gipfel (4)** sehen wir bei gutem Wetter Europas Südwestkap.

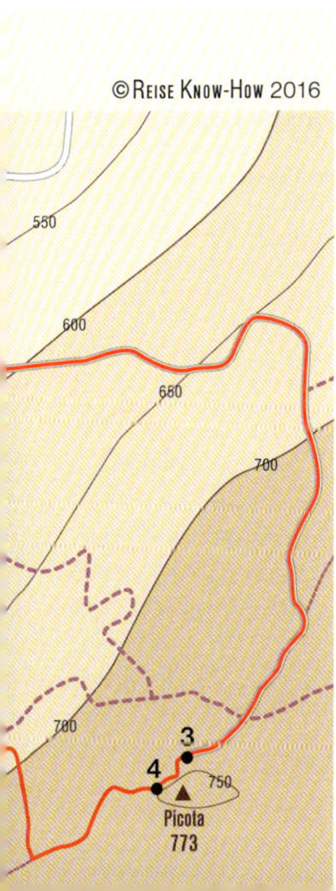

Vom Gipfel steigen wir Richtung Monchique über eine Felsnase ab (r/w-Markierungen der Via Algarviana), nach ca. 60 m biegt der Pfad mit dem Grat nach links. An der **Waldgrenze** folgen wir einem breiten Weg geradeaus und biegen etwa 50 m nach den ersten Bäumen in einen breiten Weg nach rechts, obwohl er r/w durchgestrichen ist. Der Weg führt anfangs steil abwärts, nach einer Linkskurve ignorieren wir eine Abbiegung nach rechts und später nach links. Bei einer T-Kreuzung kurz darauf folgen wir einem befestigten Weg nach links. Rechts oberhalb liegt ein **Gehöft.** Der Weg führt abwärts, bei einer Gabelung gehen wir rechts und kommen dann vorbei an dem ochsenblutroten Haus zu der T-Kreuzung am Ausgangspunkt.

Tour 18
Fonte Santa

2.30 Std.
7,7 km
mittelschwer

Diese Wanderung führt zur Fonte Santa da Fornalha in der Nähe des Flusses Odelouca. Die Badehäuser sind heute Ruinen, aber immer noch plätschert das 27 Grad warme Wasser der Heiligen Quelle in Badebecken. Penibel aufgereihte Stühle vor den Becken lassen vermuten, dass Einheimische noch hierher kommen, um Rheumatismus und Hautprobleme zu heilen. Es wird berichtet, dass schon im 13. und 14. Jh. portugiesische Könige in der Quelle badeten.

Die Heilige Quelle bei Fornalha

Ausgangsort: Monchique
Ausgangspunkt: Ca. 4 km südlich von Alferce (N37°18.140' W08°30.228'). Östlich von der Nationalstraße N 266, die von der Küste nach Monchique führt, verläuft parallel zu ihr eine Kreisstraße im Odelouca-Tal nach Alferce. Von Caldas de Monchique gibt es eine Verbindung zwischen diesen beiden Straßen. Wo diese Verbindungsstraße auf die Kreisstraße trifft, parken. (Ww. Caldas de Monchique, Fornalho an der Verbindungsstraße).

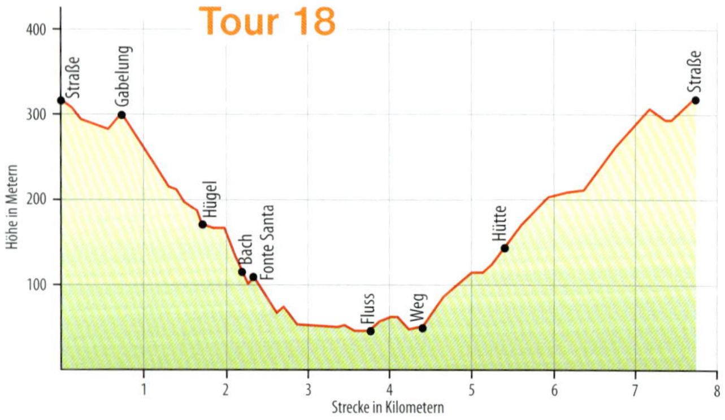

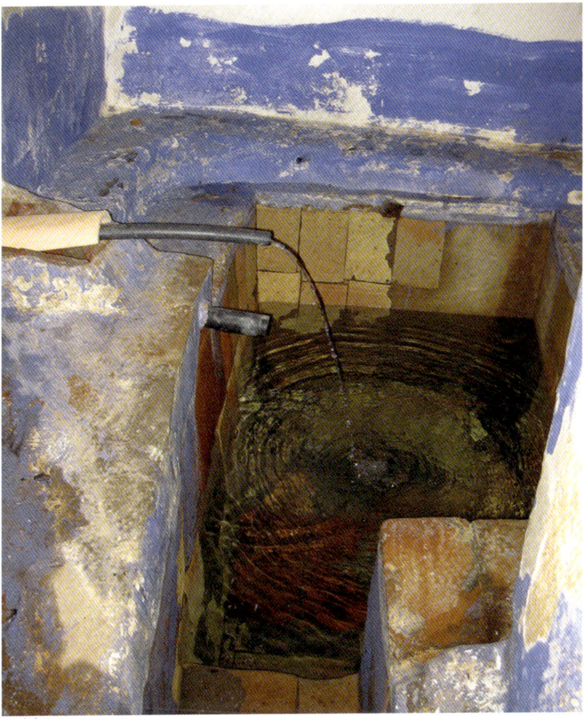

090al cf

Höhenunterschied: 290 m
Gesamtzeit: 2.30 Std.
Länge: 7,7 km
Schwierigkeit: mittelschwer
Karte: Karte 585/586
Anforderungen: Wanderung auf deutlichen Wegen teilweise mit rot-weißen Markierungen der Via Algarviana; drei Flussüberquerungen evtl. ohne Steg.
Einkehr: Keine

Badebecken

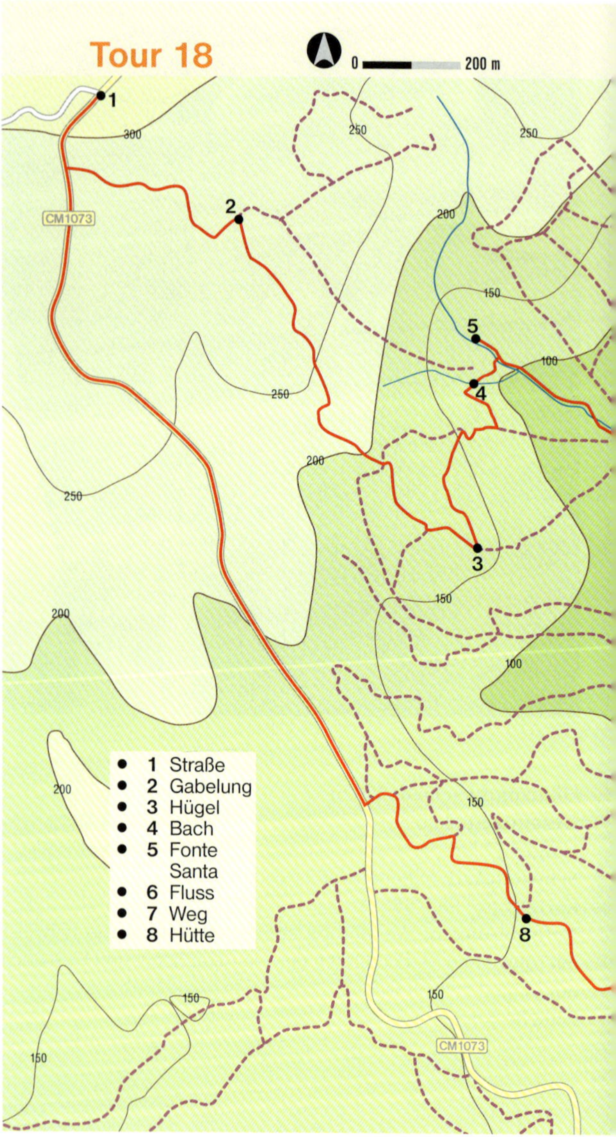
Tour 18
0 200 m
CM1073
1 Straße
2 Gabelung
3 Hügel
4 Bach
5 Fonte Santa
6 Fluss
7 Weg
8 Hütte

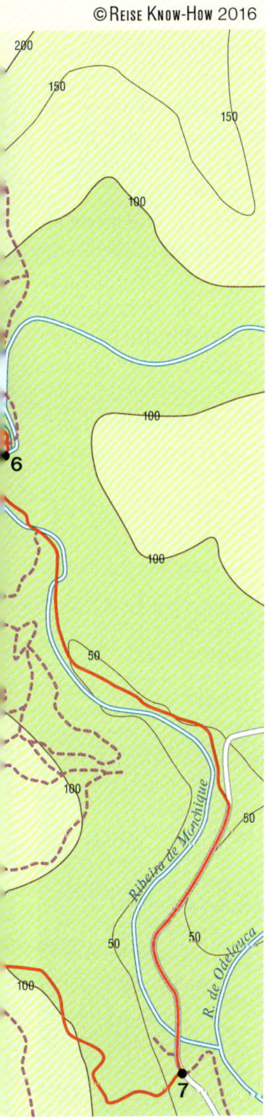

Wegbeschreibung

Von der **Straßengabelung (1)** gehen wir auf der Straße ca. 200 m abwärts bis links ein breiter Weg abgeht, etwa 80 m unterhalb dieses Wegs liegt links von der Straße eine einstöckige **Bauernkate.** Wir biegen in diesen Weg und folgen den rotweißen Markierungen der Via Algarviana. Der schöne Blick auf zahllose Hügel, zwischen denen der blaue **Odelouca-Stausee** liegt, begleitet uns beim Abstieg. Bei einer **Gabelung (2)** gehen wir nach rechts und dann ins Tal.

Vor einem **Hügel (3)** biegen wir scharf nach links, zwei Wege rechts davon ignorieren wir. Der jetzt oft schmale Pfad führt immer weiter abwärts, über einen schmalen **Bach (4),** der in wärmeren Zeiten sicher ausgetrocknet ist, bis zu einem zweiten Bach. Auf seiner anderen Seite stehen die verfallenden **Badehäuser der Fonte Santa (5).** Die Ruine am Weg diente einst den Eseln der Badegäste als Stall, links davon steht ein Backofen. Die Gebäude weiter oben im Tal waren einst die Unterkünfte der Badegäste, daran schließt das Badehaus an. In den beiden Räumen mit Badebecken stehen Stühle für Kurgäste.

Von der Fonte Santa wandern wir 10 Min. im Tal flussabwärts, zuerst links vom Bach, dann bis zu seiner **Mündung in die Ribeira de Monchique (6)** rechts davon. Diesen kleinen Fluss müssen wir überqueren, nach 200 m nochmals und nach weiteren 100 m zum dritten Mal. Die Stege, die die Gemeinde über den Fluss gebaut hat, wurden vielleicht vom Hochwasser weggeschwemmt, so kann es passieren, dass wir Schuhe und Strümpfe ausziehen und Hosenbeine hochkrempeln müssen, um durch das Wasser zu waten. Auf dem breiten Weg am Flussufer entlang erreichen wir die **Straße,** die zum Stausee von Odelouca führt, gehen dort nach rechts und überqueren nach knapp 10 Min. auf einer **Brücke** die Ribeira de Monchique, die kurz darauf in die Ribeira de Odelouca mündet.

Den **zweiten unbefestigten Weg,** der nach der Brücke rechts von der Straße abgeht **(7),** wandern wir ½ Std. aufwärts, rechts vorbei an einem verfallenden Gehöft, das zum Verkauf steht. Die erste Abbiegung nach links ignorieren wir, kurz danach steht rechts eine in die Jahre gekommene **Metallhütte (8).** Hier geht links ein Weg ab und gleich danach rechts. Beide ignorieren wir und wandern weiter geradeaus.

Der unbefestigte Weg mündet in die kaum befahrene Landstraße nach Alferce. Auf ihr wandern wir nach rechts und in ca. 20 Min. zurück zum Ausgangspunkt.

Abstieg ins Monchique-Tal, im Hintergrund der Stausee von Odelouca

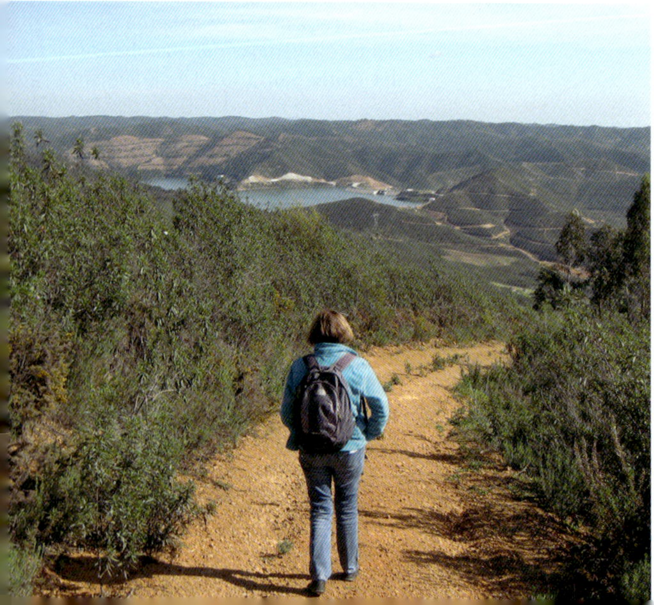

Tour 19
Wanderung um den Arade-Stausee

4.45 Std.
16,5 km
mittelschwer

Der rund 1,82 km² große Arade-Stausee (portugiesisch: Barragem do Arade) liegt am Fuße der Serra de Monchique und ist einer der ältesten Stauseen des Algarve. 1956 wurde die Staumauer mit einem Tonkern fertig gestellt und der Rio Arade etwa 8 km nordöstlich von Silves, der alten Hauptstadt des Algarve, gestaut. In dem zerklüfteten Karstgebiet hat der Stausee viele Seitenarme und erinnert an ein Loch in Schottland. Der Stausee dient heute ausschließlich als Wasserspeicher, Strom wird nicht mehr erzeugt. Flussaufwärts schließt der Funcho-Stausee direkt an.

In dieser einsamen Landschaft hat die portugiesische Regierung eine Aufzuchtstation für den Iberischen Luchs eingerichtet. Der Pardelluchs, wie er auch genannt wird, ist eine der seltensten Katzenarten der Welt, auf der Roten Liste der bedrohten Arten steht er ganz oben.

Der Weg des Iberischen Luchses

Ausgangsort: Silves
Ausgangspunkt: Großer Parkplatz am Fuße der Staumauer (N37°14.213′ W08°22.715′). Auf der Nationalstraße N 124 von Silves nach São Bartolomeu de Messines, etwa 5,3 km nach dem Ortsende von Silves links ab (brauner Ww. Barragem do Arade), nach nochmals 1 km bei einer Gabelung ohne Ww. nach links, nach weiteren 1,7 km links zum Parkplatz abbiegen.
Höhenunterschied: 445 m
Gesamtzeit: 4.45 Std.
Länge: 16,5 km
Schwierigkeit: mittelschwer
Karte: Karte 586
Anforderungen: Wanderung auf deutlichen Wegen ohne Markierung
Einkehr: Keine
Tipp: Badesachen nicht vergessen, an einigen wenigen Stellen ist der Zugang zum See möglich.

Wegbeschreibung

Links vom **Parkplatz (1)** führt eine Straße zur Staumauerkrone hinauf. Hier steht eine **Säule** mit einem Zitat des langjährigen portugiesischen Diktators Salazar über die Wichtigkeit der Bewässerung für den Staat. Wir wandern nach links, im Uhrzeigersinn um den Stausee herum. Links liegt ein großer Platz, ein be-

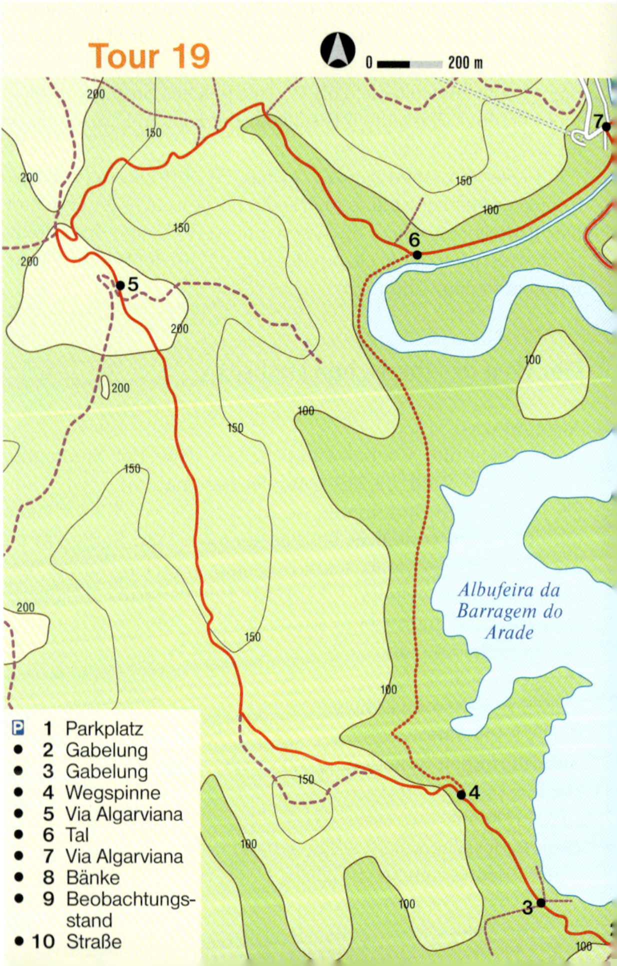

liebter Standplatz für Camper. Gleich danach führt der bessere Weg links aufwärts zu einer **Ruine,** dem „Casa do Engenheiro". In dem ursprünglich schönen Haus wohnte während der Bauarbeiten am Stausee der verantwortliche Ingenieur. Später wurde darin ein Restaurant eingerichtet, das sich nicht halten konnte. Bemühungen, das Gebäude in eine staatliche Herberge, eine Pousada, umzuwandeln, scheiterten.

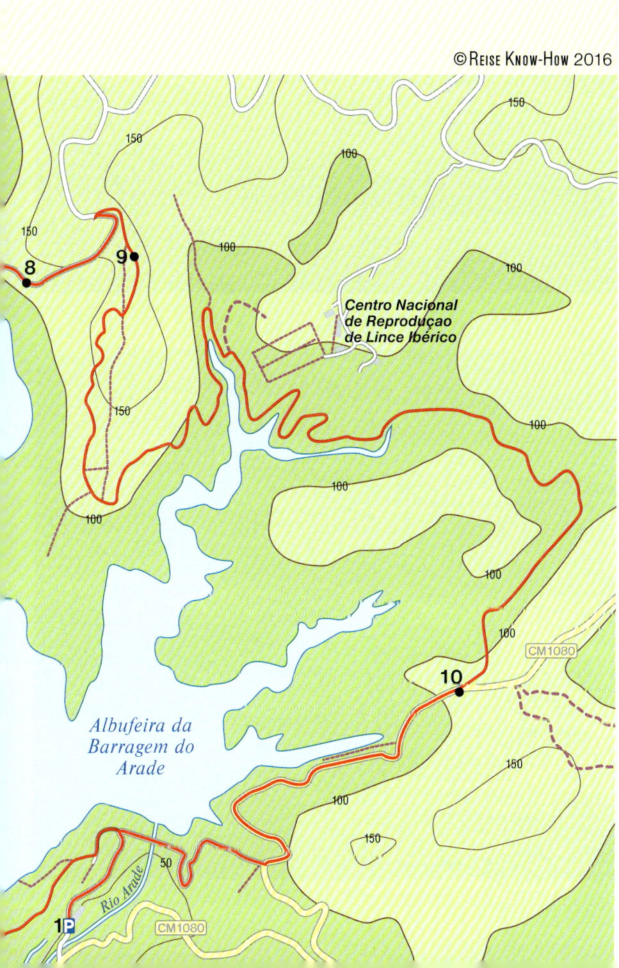

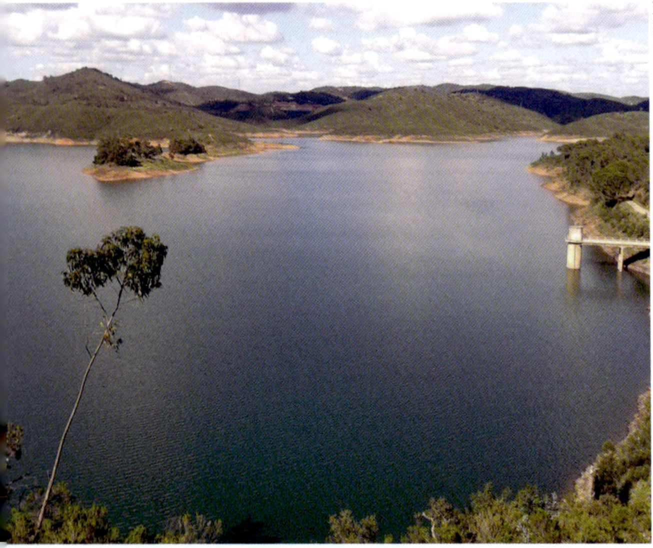

092al cf

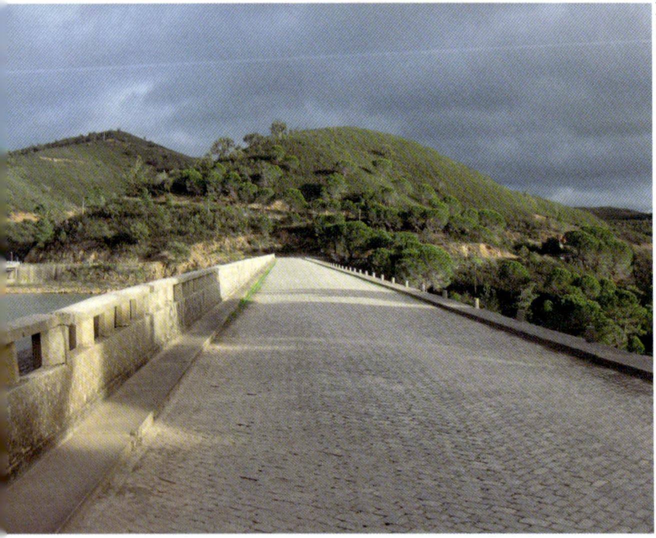

093al cf

Wir gehen hier rechts, halten uns nach wenigen Metern bei einer **Gabelung** links und dann bei den beiden folgenden **Gabelungen rechts (2 und 3).** In einer **Senke** ist der Zugang zum Ufer möglich. Wir gehen geradeaus, der Hauptweg ist eindeutig. Nach knapp 10 Min. führt bei einer **Wegspinne (4)** ein fallender Weg geradeaus zu bewirtschafteten Feldern und Gebäuden am Seeufer, hier gehen wir links und bleiben auf dem Hügelkamm. (Folgen wir dem eindeutigen Weg geradeaus, verkürzt sich die Wanderung um eine ¾ Std. und gut 80 Hm An-/Abstieg.)

Nach 40 Min. stößt der Weg auf die **Via Algarviana (5),** nach Silves geht es nach links, geradeaus nach São Bartolomeu de Messines. Wir wandern weiter geradeaus und folgen zeitweise den rot-weißen Markierungen dieses Fernwanderwegs. Nach gut 5 Min. leiten sie uns bei einer Kreuzung nach rechts auf einem schlechteren Weg relativ steil bergab ins **Arade-Tal (6).** Im Tal verläuft der Weg knapp einen Kilometer links neben dem Rio Arade auf die **Staumauer** der Barragem do Funcho zu. Dieser Stausee liegt flussaufwärts vom Arade-Stausee.

Kurz vor der Staumauer verlassen wir die **Via Algarviana (7),** überqueren den Rio Arade auf einer Brücke und wandern dann auf der anderen Flussseite entgegen der bisherigen Gehrichtung den Hang hinauf. Etwa 300 m nach einer scharfen Linkskurve laden **zwei Bänke (8)** zu einem Picknick ein.

Etwa 7 Min. später biegen wir scharf nach rechts, fast in Gegenrichtung, in einen schmaleren Weg ein. Eine große Tafel kündet ihn als „Weg des Iberischen Luchses" an, einige weitere Tafeln informieren über diese vom Aussterben bedrohte Tierart. Dann folgt ein pompös geratener **Beobachtungsstand (9),** von dem aus man eine tiefer liegende **Zuchtstation** beobachten kann ohne etwas zu sehen, hier werden Luchse für die Wiederaussetzung gezüchtet.

Wir gehen weiter geradeaus, ein besserer Weg verläuft rechts vom Beobachtungsstand, nach wenigen Metern treffen sich die beiden, hier folgen wir einem abfallenden Pfad nach rechts um die Hügelnase herum. Auf der anderen Seite des Hügels führt er

Der Weg führt um den Stausee (oben)
und dann über die Staumauer (unten) zurück

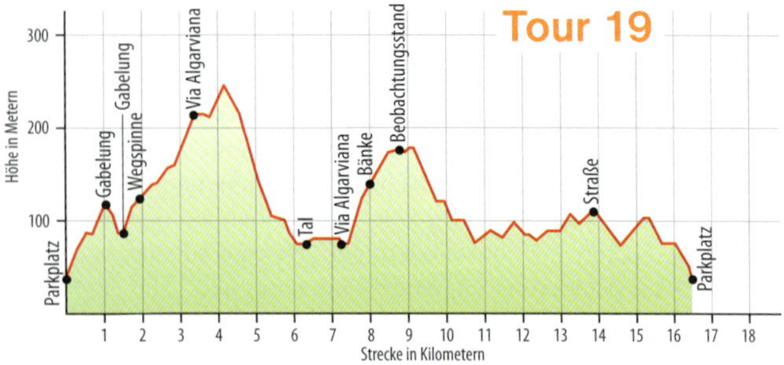

weiter abwärts bis zum Ufer eines Seitenarms des Arade-Stausees, biegt dort nach rechts und verläuft in Kurven am Ufer unterhalb der Zuchtstation entlang. Später verlässt er das Seeufer und leitet leicht ansteigend zu einer wenig befahrenen **Straße (10)**, die uns nach rechts zurück zur Staumauer bringt.

Die Zuchtstation

094al cf

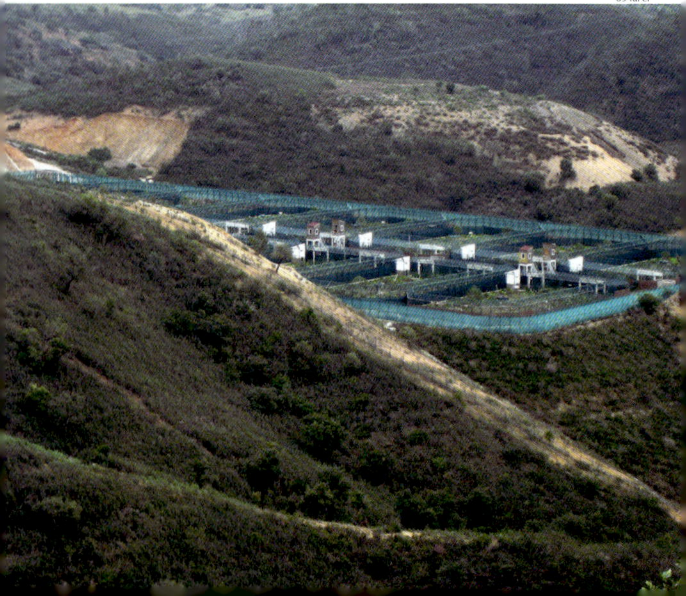

Tour 20
Lagoão

2.25 Std.
10 km
leicht

Die Wanderung beginnt am Rand von São Marcos da Serra, einem typischen Bergdorf mit terrassenförmig angeordneten Häusern und engen Straßen, die zur Kirche auf dem höchsten Punkt des Hügels führen. Im Odelouca-Tal führt die Wanderung östlich vom Flüsschen flussaufwärts, überquert die Odelouca, macht dann eine große Schleife und führt dann westlich zurück. Vor São Marcos da Serra weitet sich das Tal und wird dann Lagoão genant.

Die Landschaft ist hügelig und extensiv bewirtschaftet, nur das fruchtbare Flusstal nimmt sich davon aus.

An der Grenze zum Alentejo

Ausgangsort: São Bartolomeu de Messines
Ausgangspunkt: Parkplatz vor dem Gebäude von Cruz vermelha (Rotes Kreuz)/Feuerwehr nahe beim Fußballplatz in São Marcos da Serra (N37°21.684′ W08°22.212′).

Auf der IC 1 von Süden kommend, verlässt man die Straße bei der Ausfahrt São Marcos da Serra, überquert die IC 1 auf einer Brücke und biegt direkt hinter der Brücke nach rechts (Ww. Centro de dia, campo de futebol, Cruz vermelha), dann bei der ersten Gelegenheit nach links (dieselben Wegweiser), fährt an der Tagesstätte für alte Menschen vorbei und biegt bei einem Kreisverkehr nach rechts (Ww. campo de futebol, Cruz vermelha), nach links geht es in den Ort, nach weiteren 300 m erreicht man den Ausgangspunkt.

Auf der IC 1 von Norden kommend steht nördlich des Ortes unmittelbar nach einer leichten Linkskurve ein grün-blaues Schild „area de serviço". Unmittelbar dahinter biegt man in eine nicht gekennzeichnete Abfahrt rechts ein und ist dann fast beim Ausgangspunkt. Verpasst man diese Ausfahrt, nach ca. 1 km hinter der erwähnten Straßenbrücke über die IC 1 rechts abbiegen, nach wenigen Metern nochmals (Ww. Lisboa, Ourique, Corte Mourão) und dann vor der Straßenbrücke nach links (Ww. acesso local), dann weiter wie oben beschrieben.

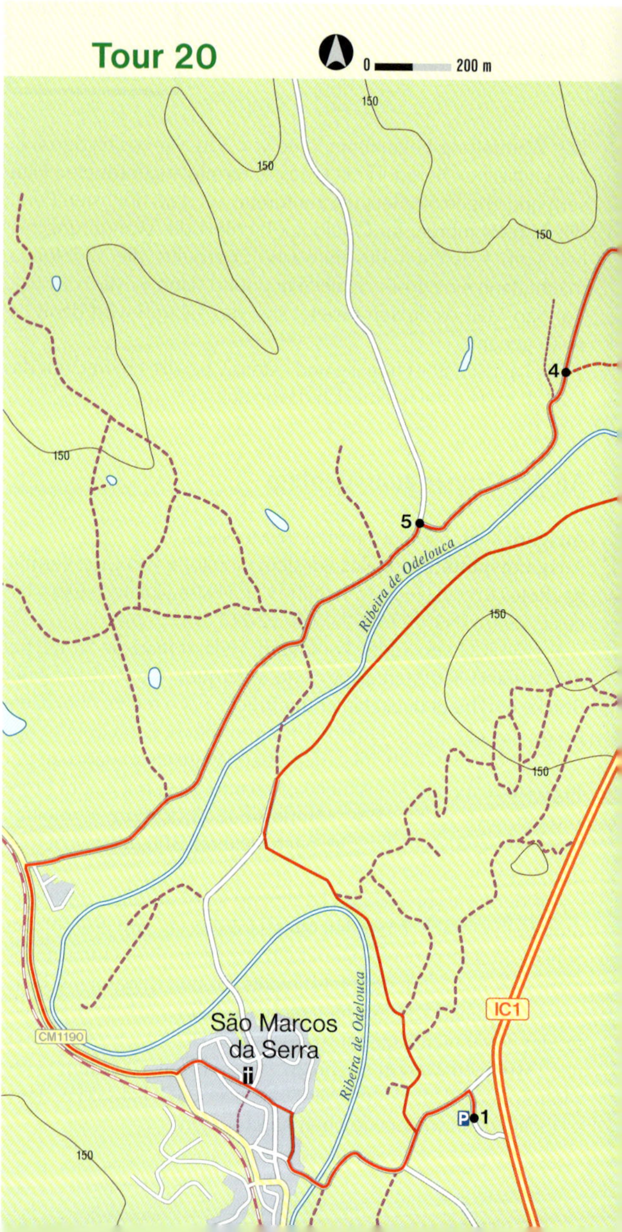
Tour 20
0
200 m
150
150
150
150
150
150
4
5
Ribeira de Odelouca
Ribeira de Odelouca
IC1
CM1190
São Marcos
da Serra
P
1

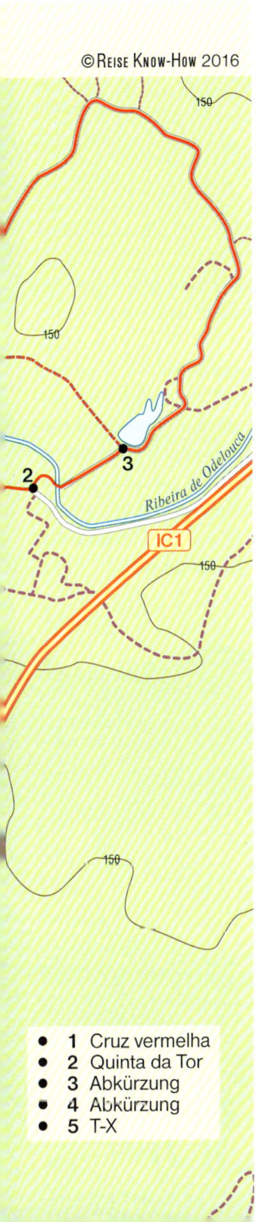

Höhenunterschied: 90 m
Gesamtzeit: 2.25 Std.
Länge: 10 km
Schwierigkeit: leicht
Karte: Karte 578
Anforderungen: Wanderung auf deutlichen Wegen ohne Markierung mit einer Flussdurchquerung
Einkehr: In São Marcos da Serra

Wegbeschreibung

Vom **Parkplatz von Cruz vermelha (1)** gehen wir zurück zur Zufahrtsstraße, dort nach links (rechts Übersichtstafel) abwärts und biegen nach ca. 100 m bei einem **blau-weißen Haus** nach rechts in den unbefestigten Weg ein. Der Weg führt am Fluss **Odelouca** entlang, schneidet eine Flussschleife ab (hier Straße von rechts) und verläuft dann wieder in seiner Nähe. 40 Min. nach dem blau-weißen Haus liegt rechts eine weiße Mauer mit einem Tor, die Einfahrt zur **Quinta da Tor (2).** Hier biegen wir nach links in einen unbefestigten Weg und überqueren dann den Fluss. Eventuell müssen wir dazu Schuhe und Strümpfe ausziehen.

Auf der anderen Seite führt der Weg zwischen Schuppen und Wohnhaus eines **Bauernhofes** hindurch und endet bei einer T-Kreuzung **(3)** an einem **kleinen See.** Nach links gehend, können wir die Wanderung **um ½ Std. abkürzen.**

Wir wandern nach rechts und in einer ¾ Std. in einem großen Links-

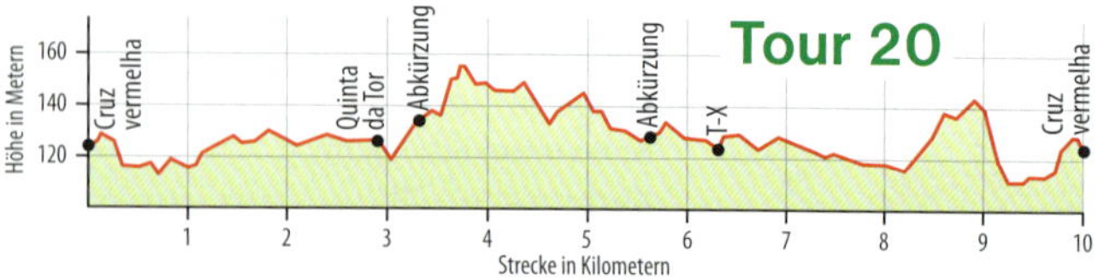

bogen zur **Einmündung der Abkürzung (4).** Bei allen Gabelungen gehen wir links.

10 Min. nach der Einmündung der Abkürzung gehen wir bei einer **T-Kreuzung (5)** links und kommen nach weiteren 25 Min. zur **Landstraße** (parallel laufende Eisenbahn). Ein kurzes Stück wandern wir auf der Landstraße nach links bis zum Ortsanfang von **São Marcos da Serra.** Die Straße leitet uns in den Ort, vorbei an der Kirche gehen wir immer geradeaus. Bei einer T-Kreuzung gehen wir nach rechts abwärts und dann nach links zur nahen **Brücke** über die Odelouca. Gleich danach nach links, dann mit der Straße nach rechts, bei einem Kreisel bald darauf wieder nach links und erreichen das blau-weiße Haus vom Anfang. Auf bekanntem Weg wandern wir zum Ausgangspunkt.

095al cf

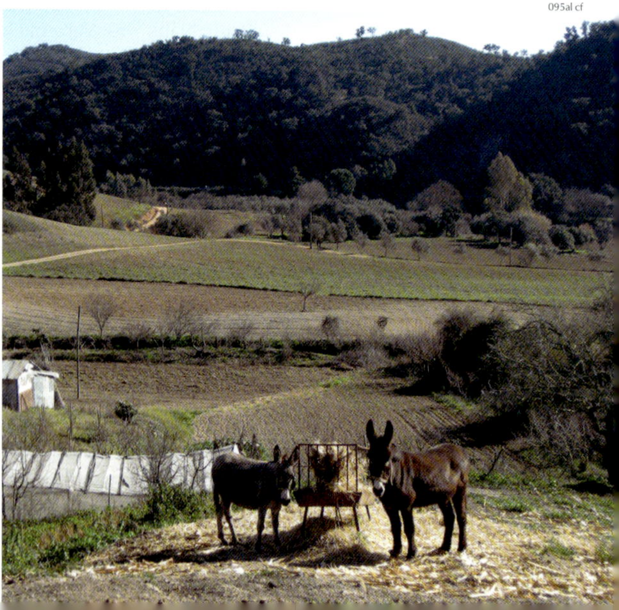

Tour 21
Pé do Coelho

3 Std.
9,8 km
leicht

Diese Wanderung verläuft im dünn besiedelten Hinterland des Algarve, im Übergangsgebiet zwischen Barrocal und Serra. Zuerst führt sie im Quelltal des Rio Arade entlang, dann aufwärts und mit schönem Blick auf einer Hügelkuppe zurück. Zum Schluss kann man noch einen Abstecher zum einzigen buddhistischen Zentrum Portugals machen.

Das buddhistische Zentrum Humkara Dzong

Ländliche Idylle nach dem See

097al cf

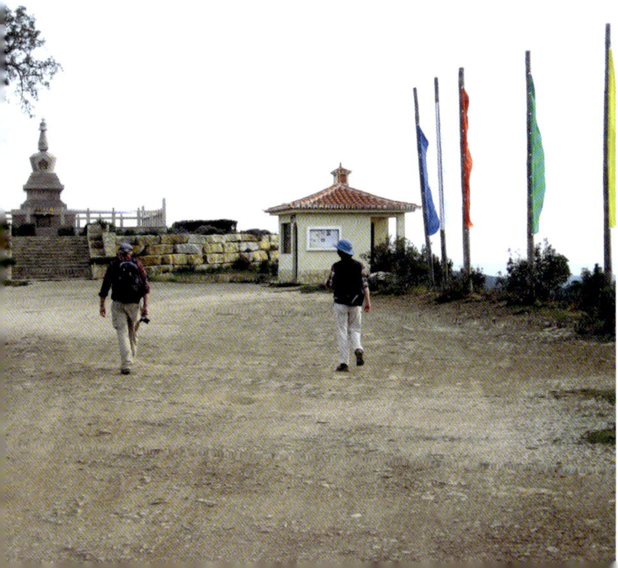

Auch was für Hasenfüße

Ausgangsort: São Bartolomeu de Messines
Ausgangspunkt: Pé de Coelho (N37°17.309′ W08°06.247′). Von der Nationalstraße N 124, die von São Bartolomeu de Messines nach Osten führt, geht nach ca. 20 km, kurz vor dem Dorf Salir, die Kreisstraße M 503 nach Norden ab (Ww. Almodôvar), bei einer Gabelung nach ca. 6 km halten wir uns rechts und folgen jetzt der Kreisstraße M 1239 weiter nach Almodôvar. Die Straße verläuft in einem Tal, bis sie 1,2 km nördlich der Gabe-

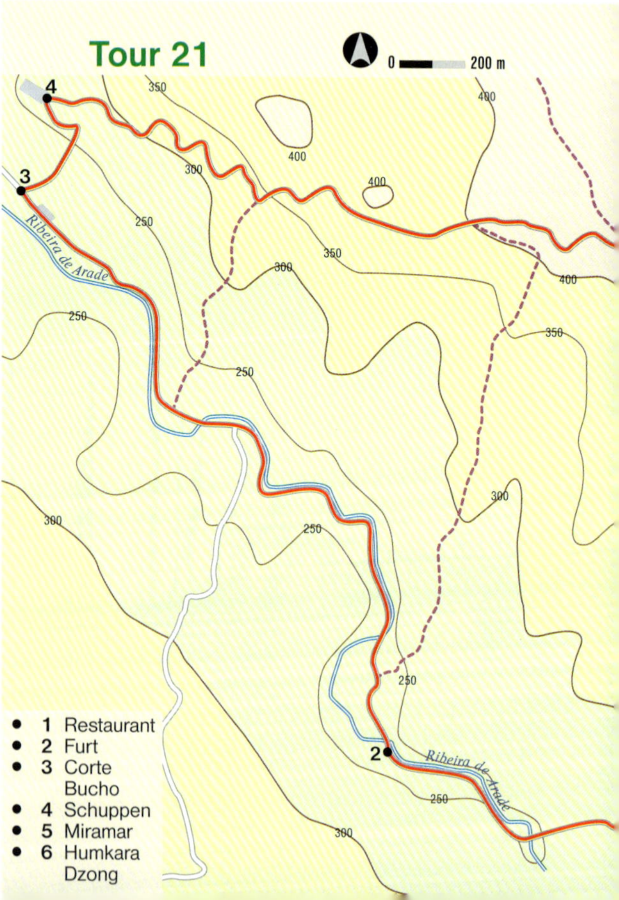

lung, lange vor Almodôvar, nach einer scharfen Rechtskurve stark zu steigen beginnt. Hier zweigt links die Zufahrtsstraße in den Weiler Pé de Coelho ab. An der Abzweigung parken.
Höhenunterschied: 310 m
Gesamtzeit: 3 Std.
Länge: 9,8 km
Schwierigkeit: leicht
Karte: Karte 588
Anforderungen: Wanderung auf deutlichen Wegen mit gelb-roter Markierung
Einkehr: Bar Miramar

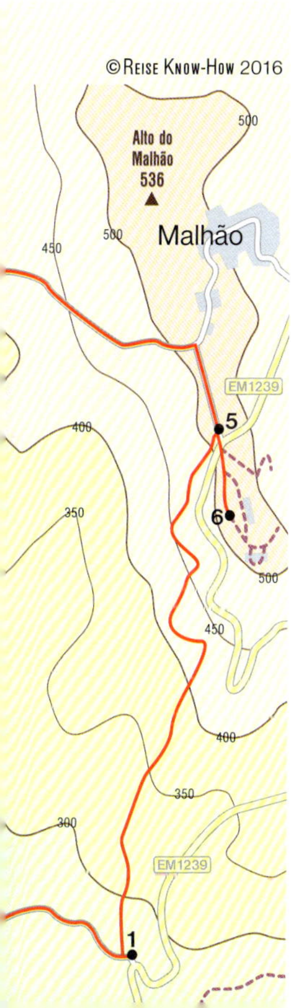

Wegbeschreibung

Wir wandern auf dem anfangs noch befestigten Weg zwischen dem ehemaligen **Restaurant (1)** links und dem Schuppen rechts nach Pé de Coelho. Nach dem Weiler führt der unbefestigte Weg ins **Arade-Tal,** zweimal kreuzt der hier noch schmale Rio Arade den Weg. Einige Johannisbrotbäume wurden zwar neu gepflanzt, aber auch dieses Tal wird landwirtschaftlich nur noch extensiv genutzt. Blühende Zistrosenbüsche an den Talhängen verscheuchen bald solche Gedanken. Wir bleiben im Tal und gehen immer geradeaus, bis wir ca. 40 Min. nachdem der Arade das zweite Mal **in einer Furt über den Weg geflossen ist (2),** den **Weiler Corte Bucho (3)** erreichen.

Nach dem ersten Haus folgen wir dem asphaltierten Weg rechts aufwärts. Vorbei an einem Teich und Orangenhainen wandern wir aufwärts bis zu einem Haus. Der Be-

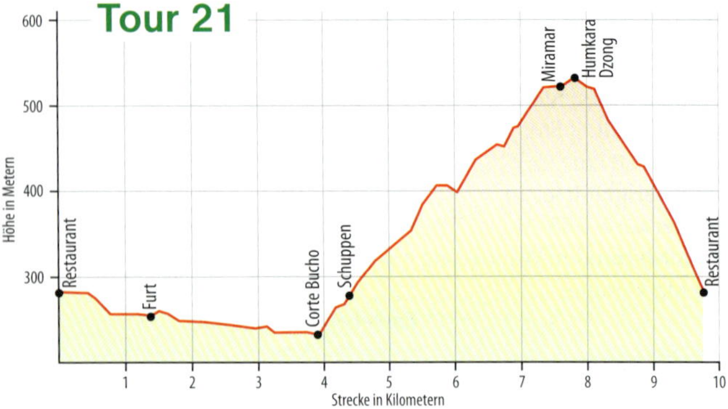
Tour 21
600
500
400
300
Höhe in Metern
Restaurant
Furt
Corte Bucho
Schuppen
Miramar
Humkara Dzong
Restaurant
1
2
3
4
5
6
7
8
9
10
Strecke in Kilometern

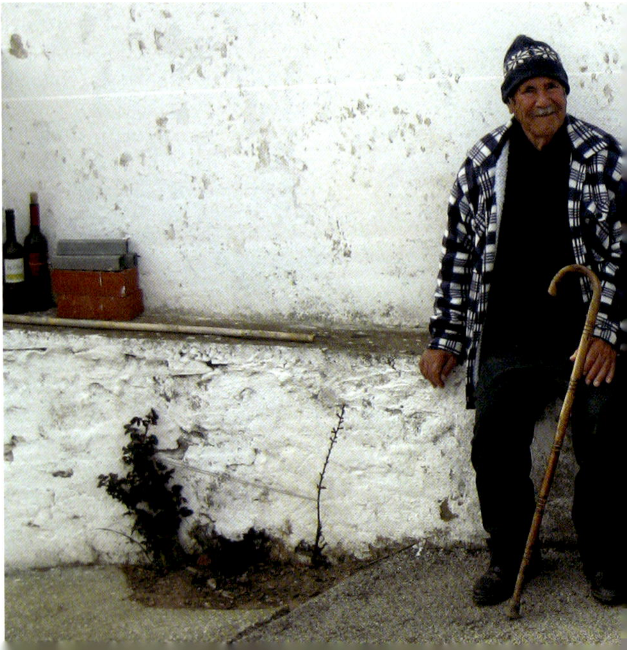

lag endet hier und der Weg macht eine scharfe Rechtskurve, am Rand steht ein **weißer Schuppen (4)** mit sechs „olympischen Ringen".

Der kurvige Weg führt ansteigend auf einen Sattel, dann weiter ansteigend auf den folgenden und nach dem nächsten Anstieg zu einer Wegspinne. Links führt eine asphaltierte Zufahrtsstraße zu einem sechseckigen ockerfarbigen Haus auf einer Hügelkuppe, das wir schon seit längerem sehen. Daneben stehen zwei **Sendemasten.**

Wir gehen auf dem asphaltierten Weg nach rechts und kommen nach 5 Min. wieder zu einer Kreuzung, links liegt die **Bar Miramar (5),** rechts ein Picknickplatz. Geradeaus führt der Weg zum **tibetanisch-buddhistischen Zentrum Humkara Dzong (6).** Die bunten Fahnen flattern unverkennbar im Wind.

Zwischen Picknickplatz und Querstraße leitet ein unbefestigter Weg ins Tal. Am Hang entlang führt er teilweise steil abwärts zum Ausgangspunkt.

Nach getaner Arbeit

096al cf

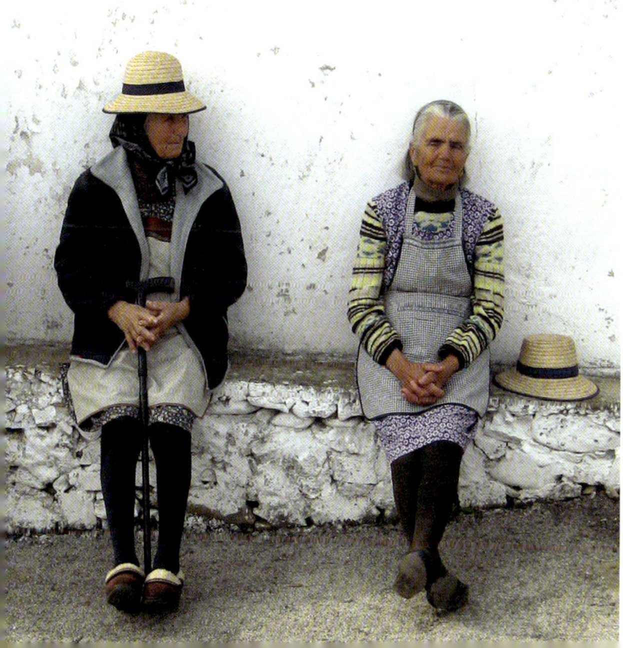

Tour 22
Rocha da Pena

2.10 Std.
6,7 km
leicht

Der Algarve war schon in prähistorischer Zeit besiedelt. Überall stößt man auf Zeugnisse uralter Kulturen, z.B. die Hünengräber Curral da Castelhana oder Pedra do Alagar in Ameixial bei Loulé; die Menhire von Lavajo, von Aspradantes in Vila do Bispo oder von Gregórios in Silves; die prähistorischen Zeichen von Alcalar bei Portimão.

Rocha da Pena ist ein etwa 50 m hoher und 2 km langer singulärer Kalksteinklotz mit meist schroffen Felswänden. Schon in der Eisenzeit wurde erkannt, dass er eine natürliche Festung darstellt. Mit einem heute noch sichtbaren, mehrere 100 m langen Steinwall wurde sie verstärkt. Jahrhunderte später, nachdem ihre Burgen in die Hände der Portugiesen gefallen waren, bezogen hier die maurischen Krieger ihre letzte Bastion – erfolglos.

Eine Burg aus der Eisenzeit

Ausgangsort: São Bartolomeu de Messines

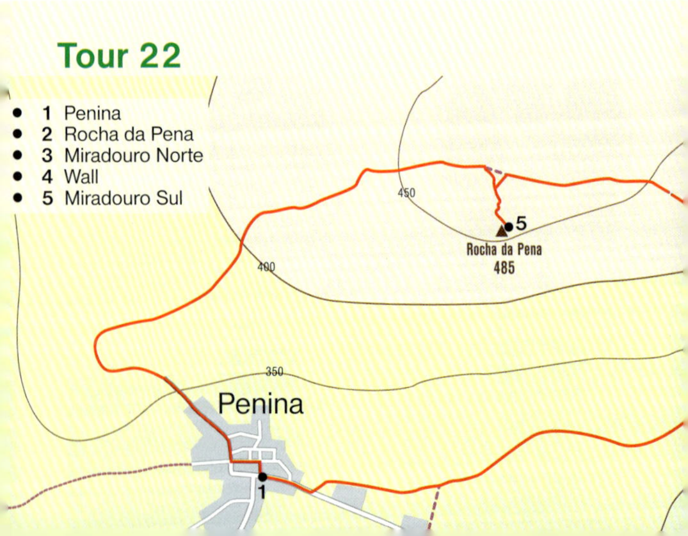

Ausgangspunkt: 8100 Penina, Largo Dr. Mendes Bota (N37°14.988′ W08°06.873′). Von der Nationalstraße N 124, die von São Bartolomeu de Messines nach Osten führt, geht in Benafim Grande, etwa auf halbem Weg zwischen Alte und Salir, die Kreisstraße M 1089 nach nach Norden ab und führt zum Weiler Penina. Nach den ersten Häusern biegt die Fahrstraße scharf nach rechts. Davor parken.
Höhenunterschied: 233 m
Gesamtzeit: 2.10 Std.
Länge: 6,7 km
Schwierigkeit: leicht
Karte: Karte 588
Anforderungen: Wanderung auf deutlichen Wegen mit gelb-roter Markierung
Einkehr: Am Parkplatz in Rocha da Pena
Tipp: Im nahen Alte, das häufig als das typischste Dorf des Algarve bezeichnet wird, stürzt unterhalb des Friedhofs ein hübscher Wasserfall in das kristallklare Wasser eines kleinen Sees. Der Friedhof liegt am westlichen Ortsausgang von Alte (Richtung São Bartolomeu de Messines), von dem großen Kreisel dort fährt man an der Seite des Cemitérios abwärts und parkt dann. An der Rückseite des Friedhofs lässt ein Metalltor nur

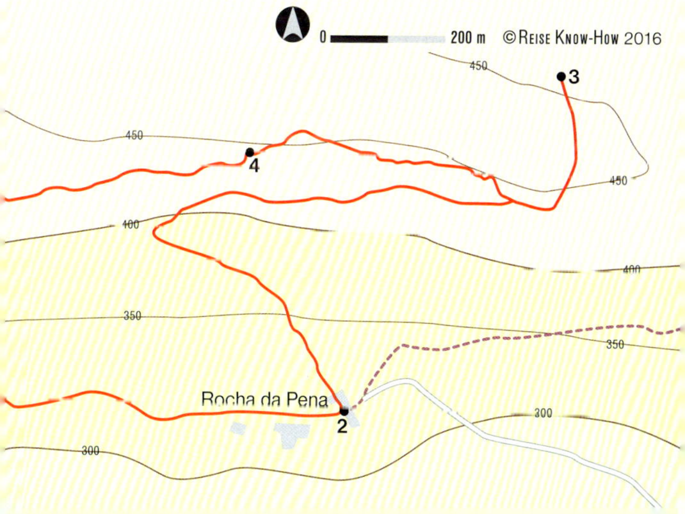

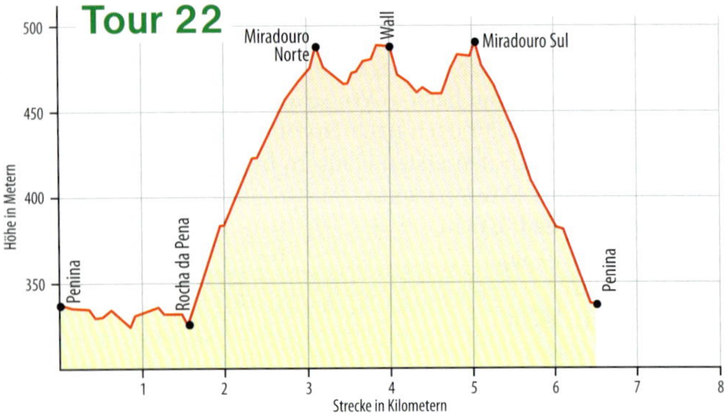

Fußgänger passieren. Die sehr steile Straße führt abwärts und dann an der versteckten Ribeira de Alte entlang zu einer Wiese. Rechts liegen See und Wasserfall.

Wegbeschreibung

Wir folgen **Peninas Dorfstraße Rua da Palmeira (1)** und den gelb-roten Markierungen knapp 150 m nach rechts, dann leiten uns die Markierungen nach links auf einen Pfad, der nach 5 Min. in einen breiten, unbefestigten Weg mündet. Wir wandern geradeaus und erreichen gut ¼ Std. später, direkt nach dem **Ortsschild Rocha da Pena (2),** einen großen **Parkplatz** links am Weg. Nach dem Parkplatz biegen wir nach links (rechts vom Weg liegt eine Bar) und beginnen den gleichmäßigen Aufstieg zum 180 m höheren **Plateau.**

Auf der Hochfläche verzweigt sich der Weg, wir gehen zuerst geradeaus und dann in einer Linkskurve zum **Miradouro Norte (3).** Hier genießen wir den schönen Ausblick über die Serra do Caldeirão. Zurück bei der Verzweigung halten wir uns jetzt halb rechts (Ww. Planalto) und kommen in ¼ Std. zu dem **Steinwall (4)** aus der Eisenzeit, der zu Zeiten der portugiesischen Eroberung auch den Mauren Schutz bot.

Beim Steinwall halten wir uns links und folgen dann dem Pfad über die Steine und nahe am Steilabfall geradeaus. Später wird

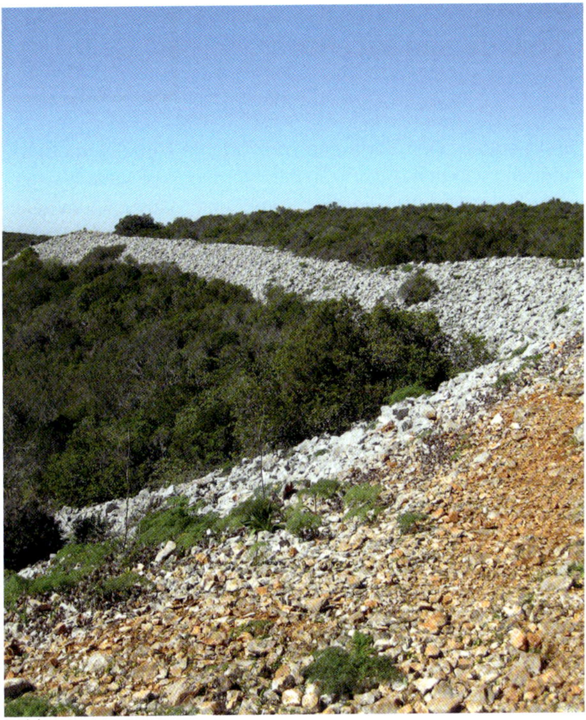

098al cf

der Weg breiter und verläuft etwas weiter entfernt vom Rand des Plateaus. Knapp 20 Min. nach dem eisenzeitlichen Wall bringt uns ein Abstecher zum mit 485 m höchsten Punkt des Plateaus, dem **Miradouro Sul (5)** mit seinem Trigonometrischem Punkt (oder *Talefe* auf Portugiesisch). Er bildet mit anderen Punkten ein Dreiecksnetz, das für die Landvermessung benötigt wird. Wir folgen dem Weg weiter geradeaus, passieren rechts noch einmal einen Steinwall und steigen langsam ab nach Penina, das nach einer scharfen Linkskurve wieder vor uns liegt.

Der Steinwall aus der Eisenzeit

Tour 23
Cerro de São Vicente

3.10 Std.
11,8 km
leicht

Direkt an der alten Burgruine von Paderne vorbei verläuft die Autobahn von dem Algarve in den Norden – die Verkehrswege haben sich seit den Zeiten der Römer und Mauren kaum geändert. In der roten Umrahmung des portugiesischen Staatswappens symbolisieren sieben Kastelle die Schlachten, die König Afonso III. bei der Eroberung des Algarve gewann. Ein Kastell steht für die Burg von Paderne.

Cerro de São Vicente heißt ein 175 m hoher Hügel mit schöner Aussicht westlich von Paderne, über den unsere Wanderung leitet. Der Weg führt zuerst durch Feigen-, Mandel- und Johannisbrothaine, später überwiegt eine Buschlandschaft mit typischer mediterraner Vegetation. Im schönen Tal der Ribeira de Algibre, die aus unerfindlichen Gründen ab Purgatório dann Ribeira de Quarteira heißt, geht die Wanderung zurück nach Paderne. Hier herrscht die typische Ufervegetation vor, man findet Olivenbäume und Rebflächen.

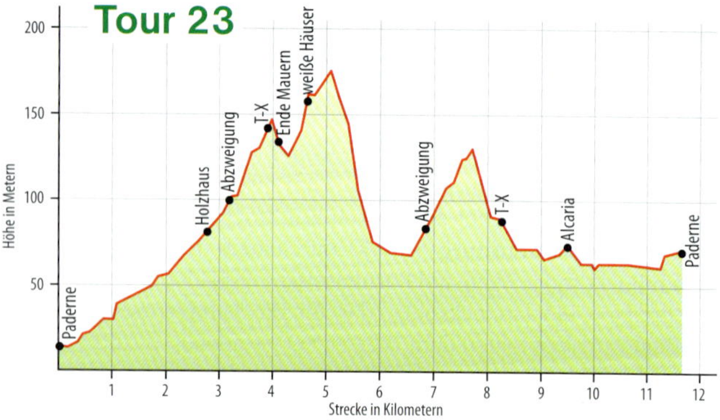

Olivenernte

Im Barrocal bei Paderne

Ausgangsort: Paderne
Ausgangspunkt: Parkplatz beim Friedhof (N37°10.540′ W08°12.246′)
Höhenunterschied: 230 m
Gesamtzeit: 3.10 Std.
Länge: 11,8 km
Schwierigkeit: leicht
Karte: Karte 596
Anforderungen: Wanderung auf deutlichen Wegen mit gelb-roter Markierung und Holzpfählen (grüner Kopf) mit PR 2, darunter laufende Nummer des Pfahls.
Einkehr: In Paderne und in Purgatório

Wegbeschreibung

Vom **Parkplatz (1)** gehen wir zur Ortsstraße, dort nach links (Ww. Messines) und auf der Brücke über die Ribeira de Quarteira nach **Purgatório.** Danach halten wir uns links, wandern an der Abzweigung nach Alda dos Matos vorbei und vor dem Ortsende von Purgatório nach rechts. Der asphaltierte Weg leitet immer geradeaus, dann unter der Autobahn hindurch. Der Belag endet, wenn der Weg **zwischen zwei Häusern verläuft (2),** wobei das linke ein **Holzhaus** ist (davor Ww. Casa Editha).

099al cf

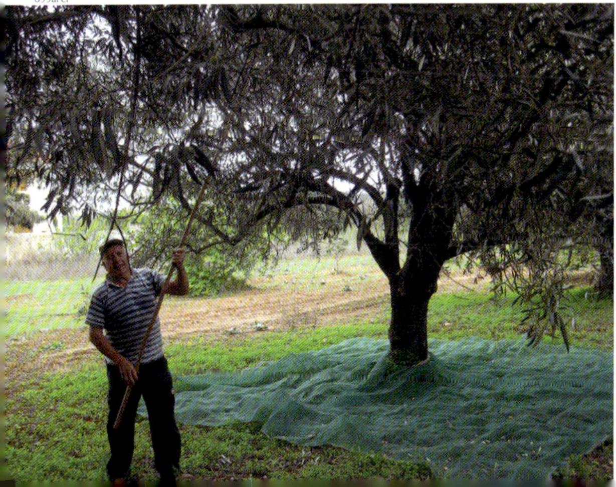

Bei der nächsten **Abzweigung (3)** gehen wir nach links (das erste Haus links heißt Casa Filipe), der Weg steigt an. Nach einem Haus mit Ställen und **Kapelle** halten wir uns bei einer **T-Kreuzung links, dann rechts (4)** und bei der nächsten Kreuzung gehen wir geradeaus. Wir folgen dem Weg zwischen **zwei Mauern** abwärts und **am Ende der Mauern (5)** einem Pfad

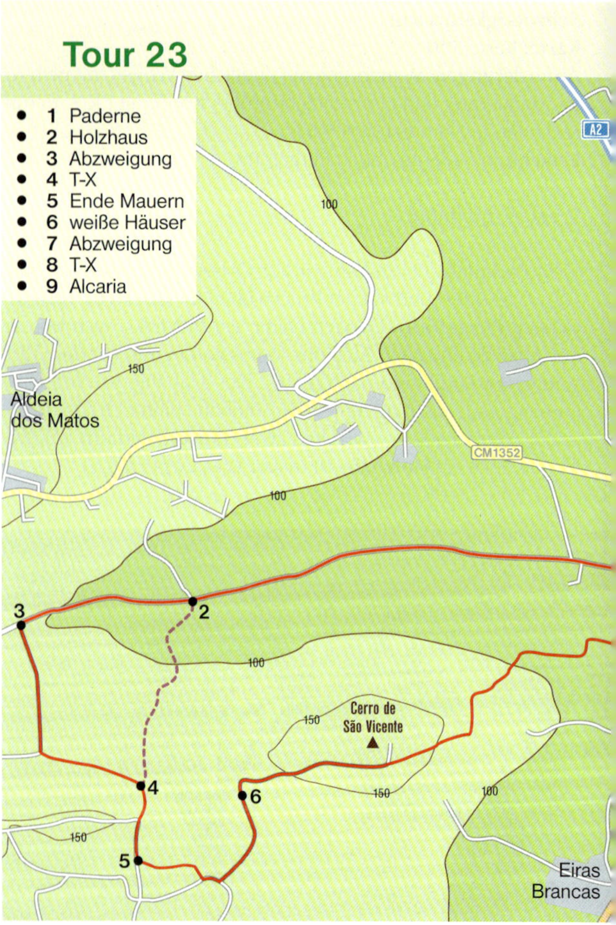

nach links. Er mündet in eine Hauszufahrt, dort gehen wir nach rechts und am Beginn der Zufahrt nach links.

Der ansteigende Weg macht eine große Linkskurve, führt zwischen **zwei weißen Häusern (6)** hindurch und dahinter nach rechts. Fast auf dem **Hügelkamm** wandern wir geradeaus, ignorieren eine Einfahrt links und bleiben auf dem fallenden Weg

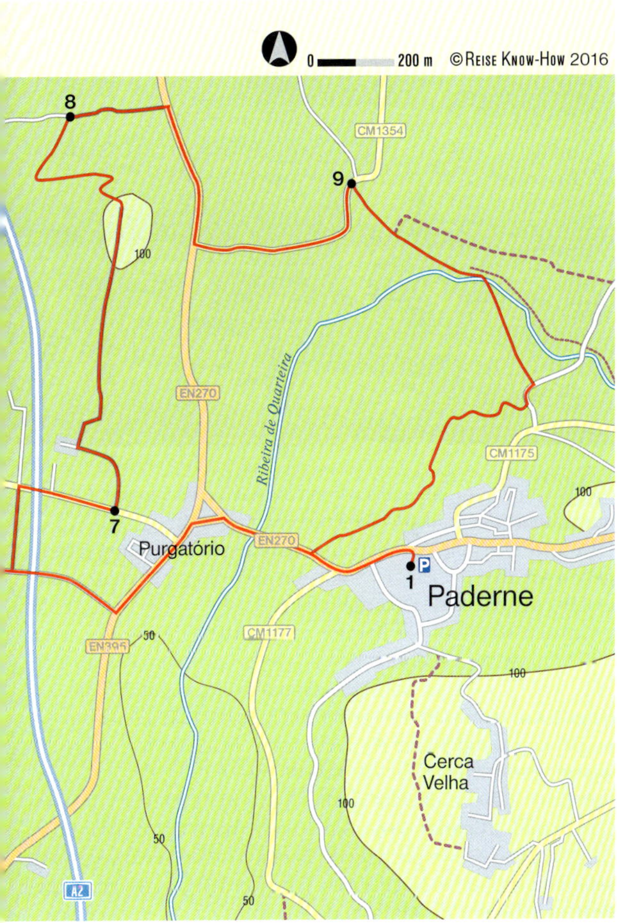

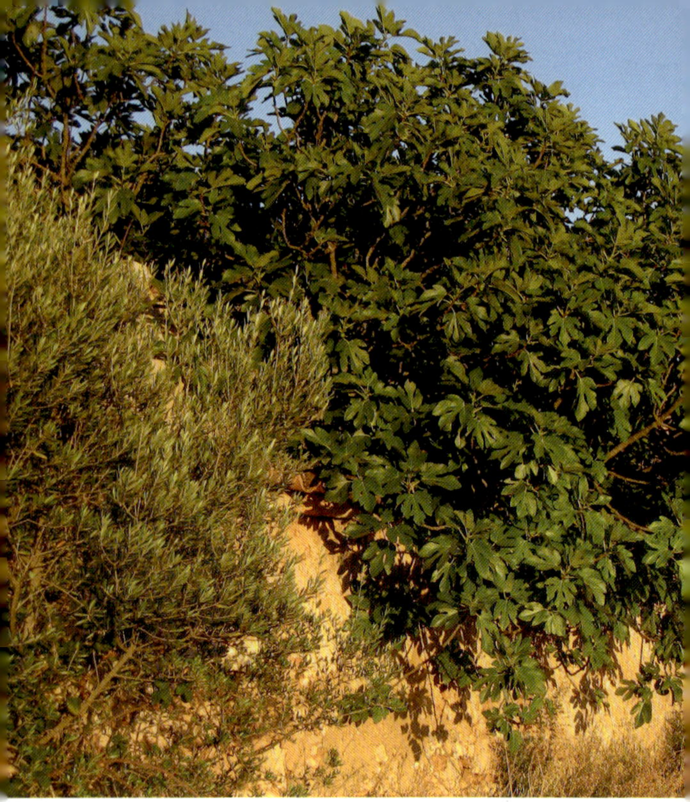

rechts von einer Mauer, bis wir mit ihr nach links biegen. Gleich darauf führt der Pfad am Hang halbrechts abwärts.

Unser Ziel ist die Autobahnunterführung links vor uns. Davor gehen wir aber parallel zur Autobahn nach links und kreuzen sie erst bei der nächsten Unterführung.

Danach wandern wir bei der ersten **Abzweigung (7)** etwa 200 m nach der Unterführung nach links (Ww. Monchina). Der Weg leitet uns zuerst aufwärts, dann abwärts in gut 20 Min. zu einer **T-Kreuzung (8).** Wir gehen nach rechts zur Nationalstraße N 270 und wandern auf ihr nach rechts. Nach 5 Min. verlassen wir sie wieder und folgen der Kreisstraße M 1354, die links über den Bach Ribeira de Alte nach Alcaria führt. Direkt vor dem **Ortsschild „Alcaria" (9),** etwa 10 Min. nach der Brücke über den Alte, biegen wir nach rechts in einen breiten Feldweg, bald säumen ihn Bäume. Nach 5 Min. führt der Weg in das **geröllige Bett der Ribeira de Algibre,** dort geht es ca. 40 m nach links

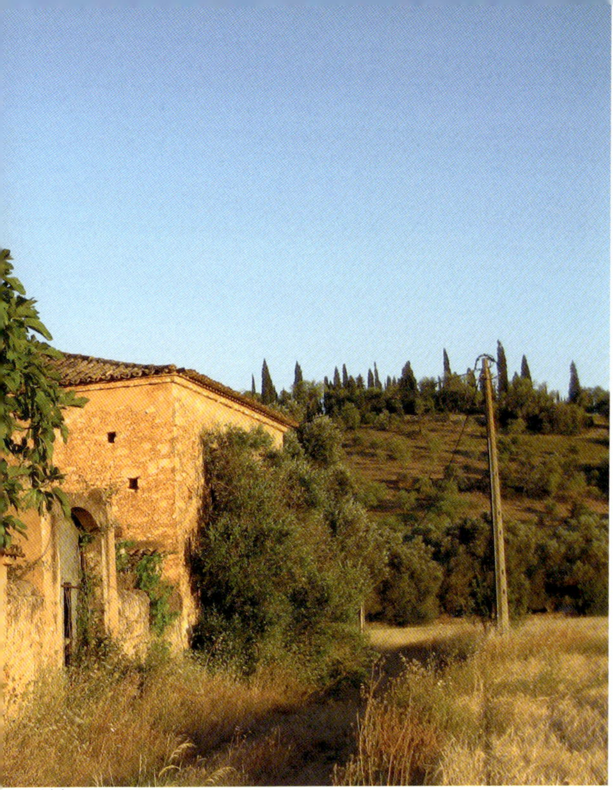

100al cf

und dann am gegenüberliegenden Ufer weiter. Den größten Teil vom Jahr dürfte das Flussbett trocken sein, sonst muss evtl. man Schule und Strümpfe ausziehen. Sollte auch das nicht genügen, hilft nur die Rückkehr zur N 270, um dann an ihr entlang in 8 Min. nach Purgatório zu laufen.

Nach der Furt wandern wir in gut 5 Min. zwischen Getreidefeldern rechts und einer Wiese mit **Ruine** und vielen Feigenbäumen links zu einem asphaltierten Weg und auf ihm nach rechts. Nach kaum 100 m biegt der Asphaltweg nach links und überquert einen Bach, wir folgen hier dem unbefestigten Weg geradeaus. 10 Min. später erreichen wir die N 270 am Ortsanfang von **Paderne** und gehen dort nach links zurück zum Parkplatz.

Ruine mit Feigenbäumen

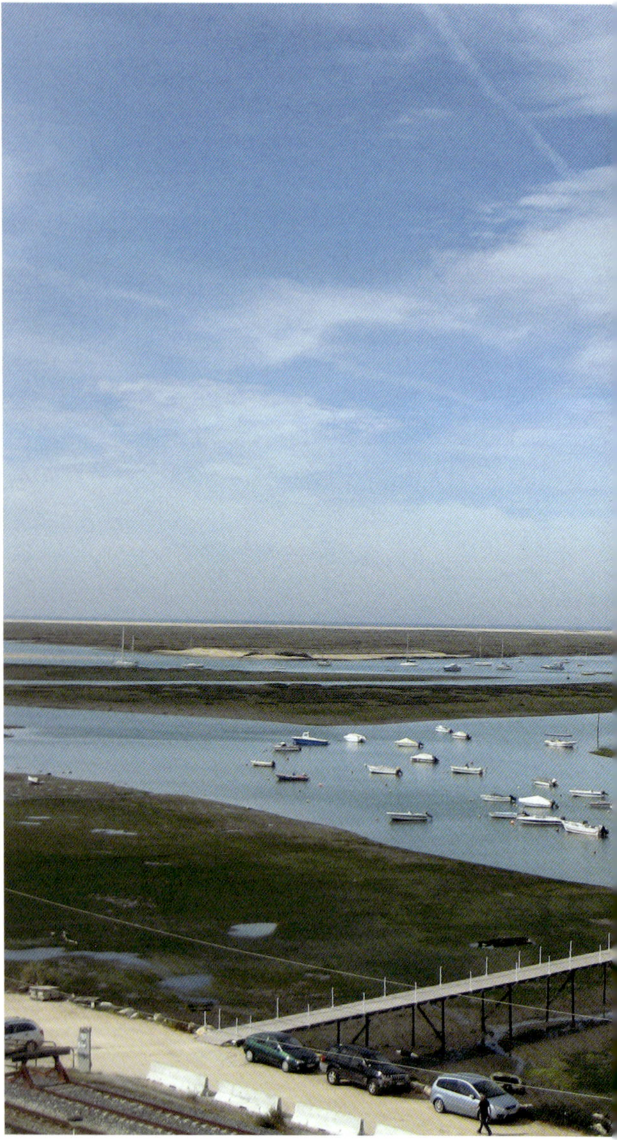
109al cf

Küstenwanderung und küstennahe Wanderungen – Ria Formosa und Sandalgarve

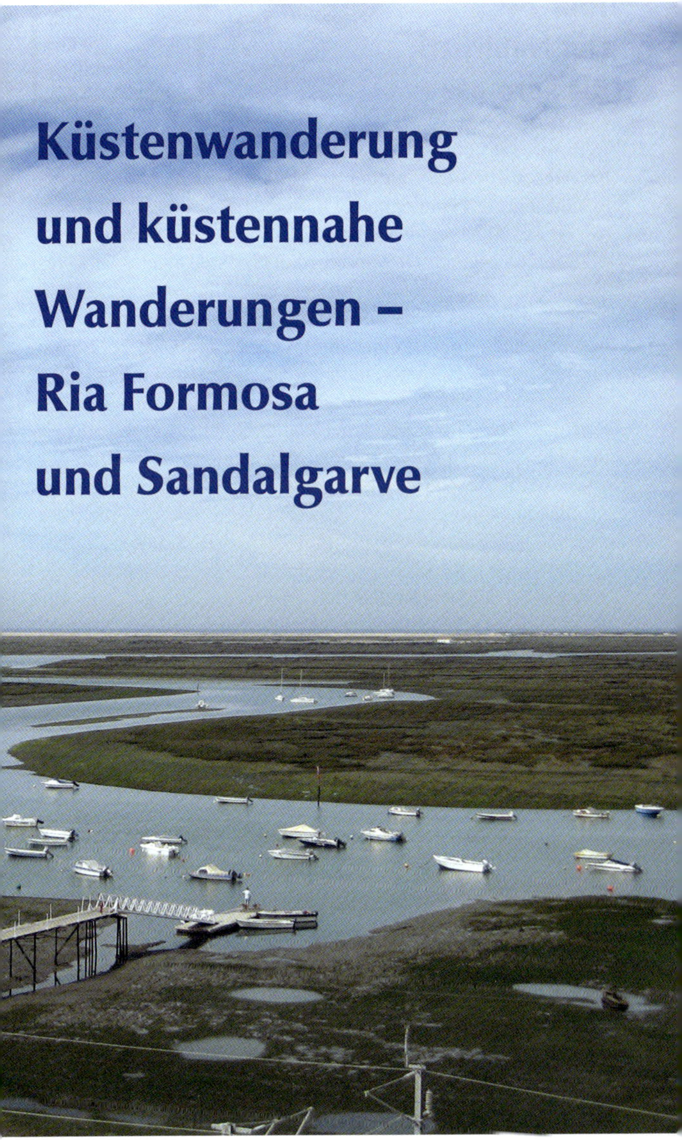

Tour 24
Der Naturpark Ria Formosa

1.50 Std.
7,9 km
leicht

Im Westen von Faro mündet der Fluss Ribeira de São Lourenço in eine Lagune. Hier liegt nicht nur eines der exklusivsten Ferienresorts des Algarve, die Quinta do Lago mit Golfplätzen und gepflegten Hotelanlagen, sondern auch das westliche Ende des Naturschutzgebietes Ria Formosa. Diese faszinierende Landschaft hat sich als Folge des Erd- und Seebebens im Jahre 1755 herausgebildet und ist eines der größten Lagunengebiete Europas mit vielen Sand- und Düneninseln, die zwischen den Hafenstädten Faro, Olhão und Tavira und dem offenen Meer liegen. Portugals ältester Naturpark mit Wattgebieten, Marschland, Salz- und Süßwasserlagunen, Dünen, Pinien und einer Vielzahl teilweise vom Aussterben bedrohter Vogelarten zählt zu den schönsten Naturreichtümern des Landes.

Kapitelstartseite: Vor dem alten Hafen von Faro
Diese Seite: Zwischen Salzfeldern führt der Weg geradeaus

102al cf

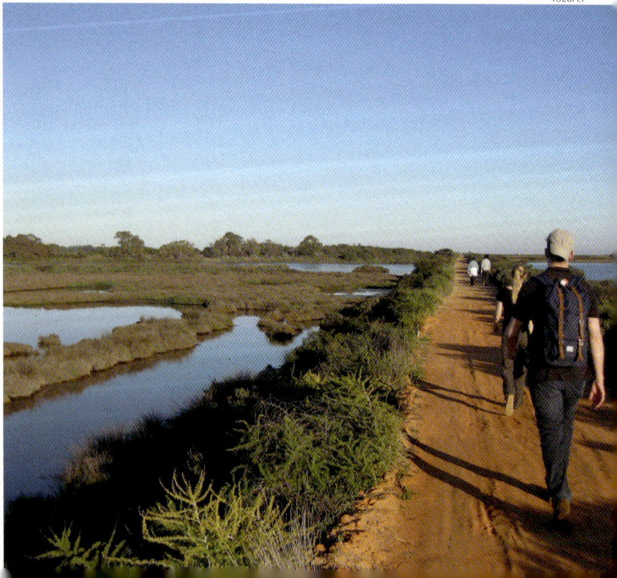

Lagunen und Salzgärten

Ausgangsort: Faro
Ausgangspunkt: Großer Parkplatz (in der Saison gebührenpflichtig) bei dem langen Holzsteg, der zum Strand von Quinta do Lago führt (N37°01.714' W08°01.260'). Der Parkplatz liegt am Ende der Avenida André Jordan in Almancil. Auf der Nationalstraße N 125 von Faro nach Albufeira fahren, an der ersten Ampel in Almancil links abbiegen und den Schildern Richtung Quinta do Lago folgen.
Höhenunterschied: 20 m
Gesamtzeit: 1.50 Std.
Länge: 7,9 km
Schwierigkeit: leicht
Karte: Karte 610
Anforderungen: Einfache Wanderung auf deutlichen Wegen ohne Markierung. Ein Teil der Wanderung ist als Route São Lourenço bekannt.
Einkehr: Keine

Wattgebiet

101al cf

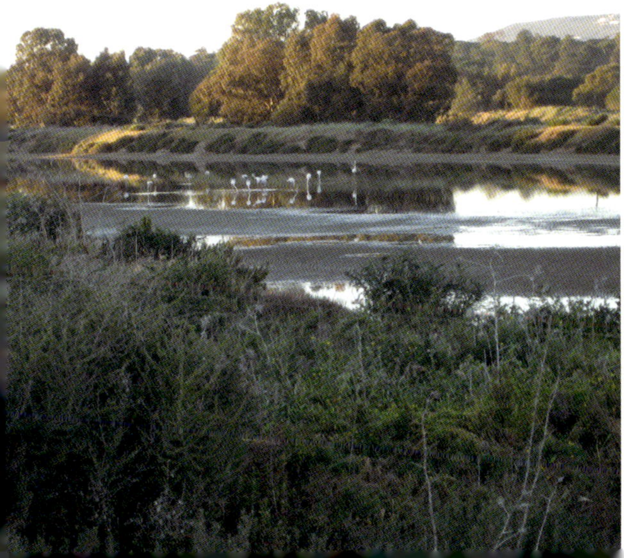

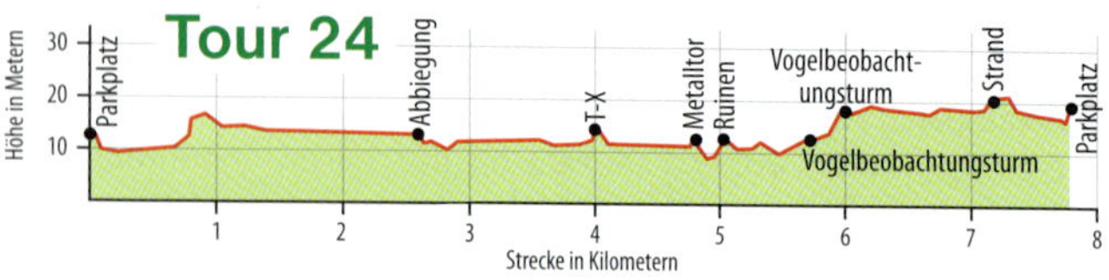

Tipp: Vom Ausgangspunkt nach Westen führt die nur 2,3 km lange und gelb ausgeschilderte Route Quinta do Lago. Sie ist eher für Besucher gedacht, die sich für die Flora interessieren. Der Weg verläuft zwischen Marschland und Pinienwald. Hier können Mittelmeer- und Seekiefer sowie Johannisbrotbaum und andere für den Mittelmeerraum typische Pflanzen wie Mastixstrauch, Zwergpalme, Stechginster, Zistrose und Schopflavendel entdeckt werden.

Wegbeschreibung

Vom **Parkplatz (1)** aus gehen wir vor dem langen **Steg,** der zur Praia da Quinta do Lago führt, nach links an der kleinen Lagune

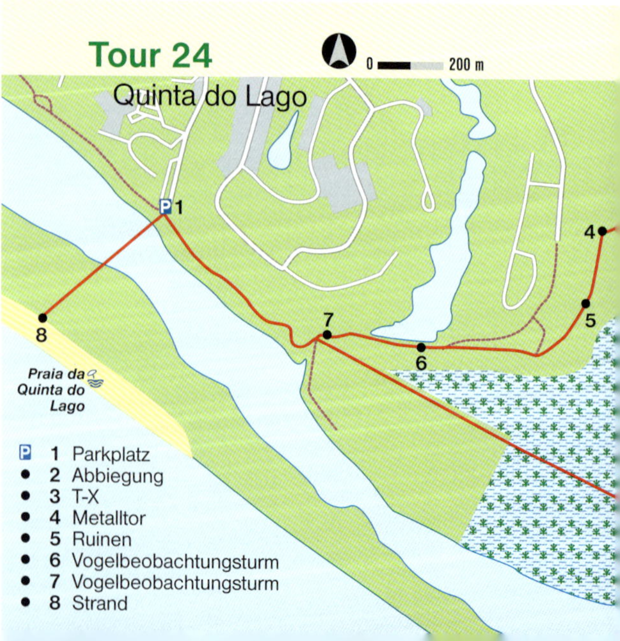

entlang. Nach 10 Min. zweigt links ein Weg zum Golfplatz ab; wir wandern weiter geradeaus durch das Wattgebiet. Nach 20 Min. **biegen wir bei der ersten Gelegenheit links ab (2).** Wieder wandern wir 20 Min. geradeaus, links und rechts liegen bald **Salzfelder.** Bei einer **T-Kreuzung (3)** vor einem Wohnhaus halten wir uns links. Die Zufahrtsstraße führt vorbei an Salzhügeln auf einen kleinen Nadelwald zu. An den Bäumen sind einige Nistkästen angebracht, die dazu dienen, die Anzahl der hier lebenden Kohlmeisen zu steigern. Da diese sich hauptsächlich von Insekten und Larven ernähren, helfen sie, die Bäume gesund zu halten. Neben den Kohlmeisen kann man mit einigem Glück noch Wiedehopf, Chamäleon und Igel entdecken.

Nach einem **Metalltor (4)** wandern wir nach links. Rechts vom Weg liegt die künstliche Welt von Quinta do Lago mit dem perfekten Rasen des San Lorenzo-Golfplatzes und den Prachtvillen mit ihren intensiv bewässerten, sattgrünen Gärten; links vom Weg die eher knapp ausfallende Vegetation des Wattgebiets, des Marschlands und der Dünen. Die Becken aus dem 2. Jh. neben den **römischen Ruinen (5),** an denen wir vorbeikommen, dienten der Salzlagerung von Fischen sowie der Herstellung von **Garum,** dem beliebtesten Gewürz der römischen Küche (siehe dazu Infokasten).

Kurz darauf kommt man zu einem künstlich angelegten Gewässer, an dem ein **Vogelbeobachtungsturm (6)** gebaut wurde. Aufgrund dieses vom Menschen gebauten, idyllischen Wasserreiches kann man hier eine vielfältige Tierwelt sehen. Amphibien, Reptilien, Insekten und Vögel fühlen sich hier gut aufgehoben und verweilen das ganze Jahr über. Zwischen den breitblättrigen Rohrkolben, dem Schilfrohr und den Binsen leben Teichrallen, Blässhühner, Stockenten, Zwergdommeln und auch Purpurhühner.

Später ermöglicht ein zweiter **Vogelbeobachtungsturm (7)** die Be-

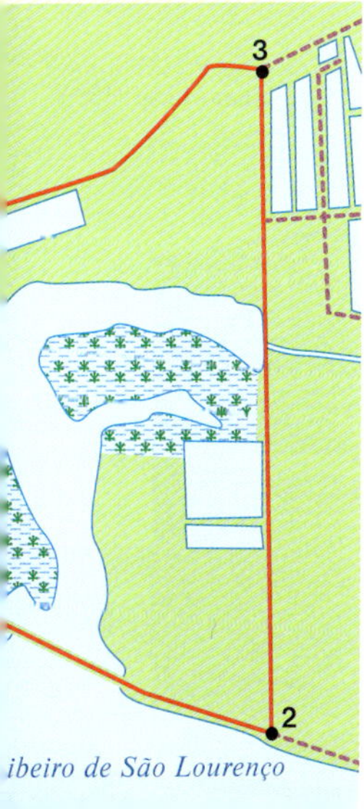

Garum

Garum war ein Gemisch aus Fisch einschließlich der Eingeweide, Gewürzpflanzen und einer Salzlake, das in offenen Becken teilweise monatelang der Sonne ausgesetzt wurde. Durch die in den Eingeweiden enthaltenen Enzyme wurde das Fischeiweiß abgebaut. Das Gemisch wurde dann ausgepresst und mehrfach gefiltert bis man eine klare, bernsteinfarbene Flüssigkeit erhielt. Während das Endprodukt einen feinen, charakteristischen Geruch hatte, war die Geruchsbelästigung während des Gärungsvorgangs so beträchtlich, dass die Produktionsstätten für Garum außerhalb der Ortschaften lagen.

obachtung von Uferschnepfen, Stelzenläufern, Steinwälzern und Seeregenpfeifern, während diese in den Schlammböden des Wattgebietes nach Weich- und Krebstieren suchen. 20 Min. nach den römischen Ruinen kommen wir wieder zur Lagune und gehen dort nach rechts zum Ausgangspunkt oder zum **Strand (8).**

Der zweite Vogelbeobachtungsturm

Die Fähre nähert sich dem Anleger Farol

103al cf

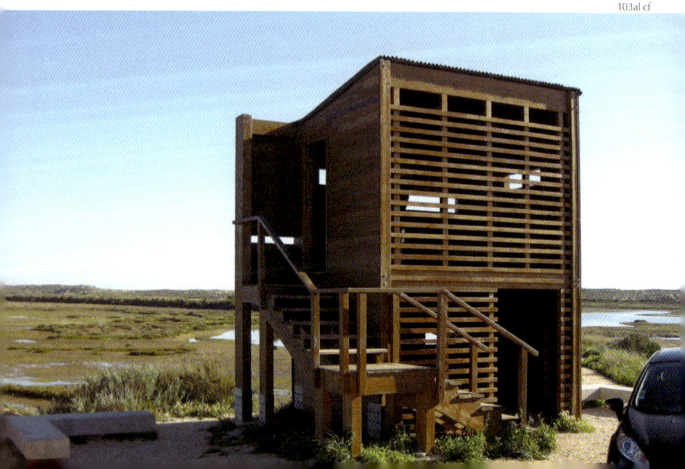

Karte Seite 202

Tour 25
Ilha da Culatra

1.05 Std.
4,8 km
leicht

Von Olhão aus fahren regelmäßig kleine Fährboote zur Ilha da Culatra und zur Ilha do Farol. Eigentlich ist die Ilha do Farol, die Leuchtturminsel, keine eigene Insel. Sie bildet den westlichen Teil der lang gezogenen Ilha da Culatra, einer der vielen vorgelagerten Sand- und Düneninseln des Naturschutzgebietes Ria Formosa. Zwischen den beiden Orten der Insel wurde 1918 mit dem Bau eines Stützpunktes für Marineflieger begonnen, der aber bis zum Kriegsende nicht fertiggestellt wurde (Hangares).

In dem Dorf Culatra gibt es auch Ferienhäuser und kleine Restaurants, aber die Fischerei (vielfach nach Muscheln und Krabben) bildet nach wie vor die wichtigste Lebensgrundlage. Bis vor wenigen Jahrzehnten gab es auf der Insel weder elektrisches Licht noch fließendes Wasser. Erst als die Bevölkerung aus Protest die Beteiligung an den Parlamentswahlen boykottierte, reagierten die Politiker. 1993 wurden Elektroleitungen installiert, 2006 folgte ein Gesundheitszentrum und seit 2009 ist auch die Wasserversorgung sichergestellt.

Etwa 1 km westlich von Olhão liegt das Zentrum für Naturerziehung Marim (GPS N37°02.041′ W07°49.160′). Das Wattgebiet ist ein ideales Gebiet zur Vogelbeobachtung. Dort sind zwischen Seen mit Süß- und Brackwasser und durch Kiefernwälder schöne Spaziergänge bis 1½ Std. möglich.

104al cf

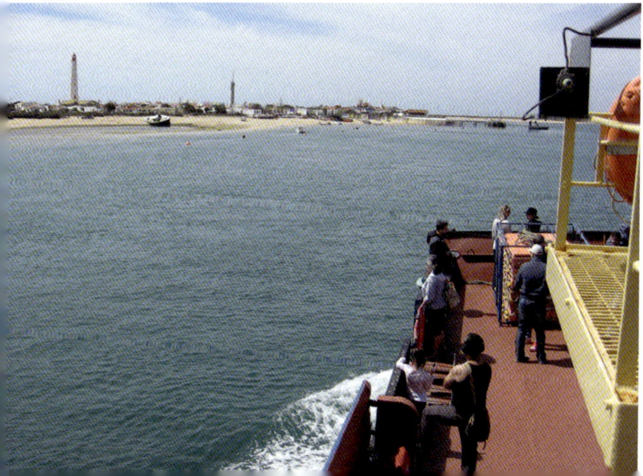

Die Leuchtturminsel

Ausgangsort: Olhão, im Sommer auch Faro
Ausgangspunkt: Av. 5 de Outubro 2 in Olhão (N36°58.683′ W07°51.988′). Die Straße führt an den Markthallen aus rotem Ziegeln vorbei am Hafen entlang. Am westlichen Ende, vor dem umzäunten Hafengebiet befindet sich der Anleger für die Fähren (mit Fahrkartenverkaufsstelle) zur Ilha da Culatra. Die Boote fahren nach Culatra (das ist ein Dorf auf der Landseite der Insel etwa in der Mitte) und Farol (das ist die zweite Siedlung auf der Insel beim Leuchtturm ganz im Osten). Man sollte den Fahrplan (Stand 2017) nicht überinterpretieren, die angegebenen Zeiten geben lediglich die Abfahrtszeiten der Fähren an.

Olhão: 21.9.–31.5. 7, 11, 15, 18:30 Uhr; 1.7.–31.8. 7, 9, 11, 13, 15, 17:15, 19:30 Uhr; sonst 7, 11, 15, 17:15, 19:30 Uhr.

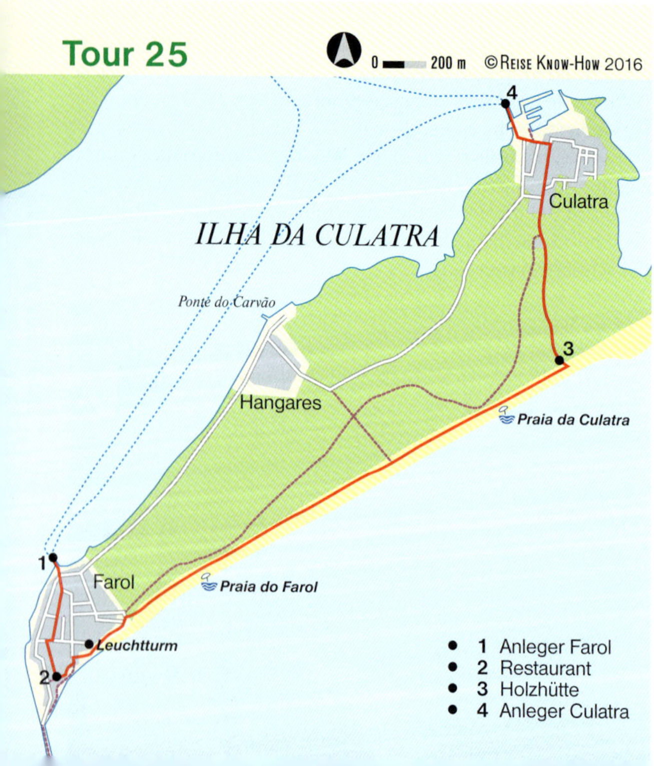

Culatra: 21.9.–31.5. 7:45, 13, 15:30, 19 Uhr; 1.7.–31.8. 7:45, 9:30, 11:30, 13:45, 15:30, 17:45, 20 Uhr; sonst 7:45, 13, 15:30, 17:45, 20 Uhr.

Farol: 21.9.–31.5., 7:30, 12:45, 16, 19:15 Uhr; 1.7.–31.8. 7:30, 10, 12, 13:30, 16, 18:15, 20:20 Uhr; sonst 7:30, 12:45, 16, 18:15, 20:20 Uhr.

Im Sommer fahren auch Fähren von Faro (Cais das Portas do Mar) zur Ilha da Culatra (Fahrzeit ca. 40 Min.). Information unter www.silnido.com.

Faro: 20.6.–6.9. 8:30, 10:35, 12:25, 14:45 und 18:45 Uhr; 7.9.–30.9. 10 und 17 Uhr.

Farol: 20.6.–6.9. 9:20, 11:20, 13:10, 18 und 19:30 Uhr; 7.9.–30.9. 14 und 18 Uhr.

Culatra: Nur im Juli und August, 9:35 und 17:30 Uhr.

Sollte die Fähre bei der Rückfahrt, z.B. abends, überfüllt sein, wird wahrscheinlich ein zusätzliches Boot eingesetzt. Es kann nicht vorausgesetzt werden, dass der/die Angestellte im Kartenhäuschen davon weiß. Man sollte auch überlegen, zusammen mit weiteren Wartenden ein Wassertaxi zu mieten. Ab fünf Passagieren kostet die Überfahrt ca. 5 Euro pro Person. Es hängt eine Tafel mit Telefonnummern aus, oft warten auch schon Taxis am Anlieger.

Höhenunterschied: 10 m
Gesamtzeit: 1.05 Std.
Länge: 4,8 km
Schwierigkeit: leicht
Karte: Karte 611
Anforderungen: Strandwanderung, am Besten barfuß, ohne Markierung
Einkehr: Viele Restaurants in Culatra und Farol, zu empfehlen ist das Restaurante A do João, Ilha do Farol.

Wegbeschreibung

Vom **Anleger Farol (1)** gehen wir geradeaus Richtung Siedlung bis zu einer T-Kreuzung, dann nach rechts und nach wenigen Metern nach links (Ww. Restaurant A do João). Beim **Restaurant (2)** wandern wir nach links zum nahen **Leuchtturm** do Cabo de Santa Maria, der 1851 erbaut wurde. Dort erreichen wir den kilometerlangen einsamen Sandstrand auf der Seeseite der Insel. Nach knapp 40 Min. sehen wir links eine **Holzhütte (3),**

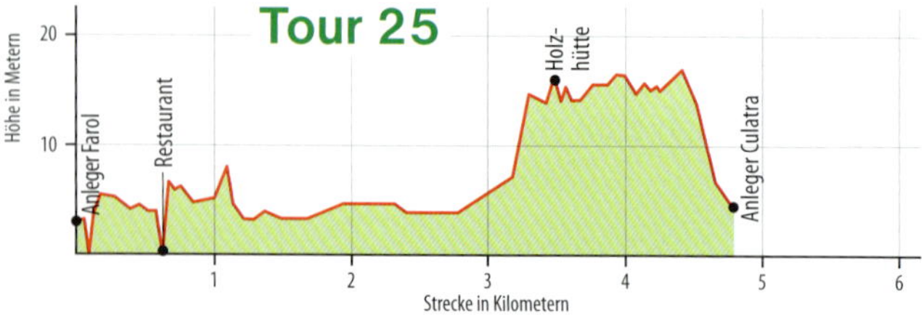

hier führt ein Bohlenweg nach Culatra. Wir gehen durch den Ort und dann nach links zum **Anleger Culatra (4).**

Natürlich können wir auch noch weitere 4 km Kilometer am Strand entlanglaufen.

Über den Steg führt der Weg zum Anleger Culatra

105al cf

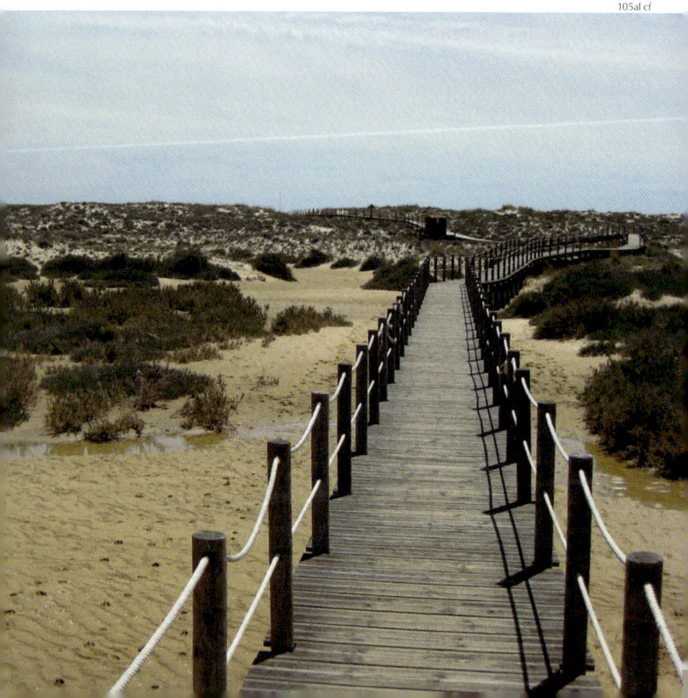

Tour 26
Ilha de Tavira

3.45 Std.
16,5 km
leicht

Obwohl Tavira eine uralte Handels- und Hafenstadt an der Ostgrenze der Ria Formosa ist, erscheint die Bezeichnung „Venedig des Algarve“ doch leicht übertrieben. Bis in die 1960er-Jahre des wurde das wirtschaftliche Leben der Stadt durch die Konservenindustrie und den Thunfischfang bestimmt. Eine Statistik aus dem Jahr 1881 verzeichnet 43.000 an der Küste des Algarve gefangene Thunfische; 80 Jahre später waren es jährlich nur noch etwa 500. Obwohl die Zahl seither wieder gestiegen ist, wird über den Rückgang der Thunfischschwärme viel spekuliert. Ist es der zunehmende Fischfang, die Salzgewinnung, die zunehmende Motorisierung oder die Verschmutzung durch die Minen von São Domingo, deren Abwasser über den Guadiana ins Meerwasser gelangt? Auch das Überfischen von Sardinen und Makrelen, wichtige Ernährungsgrundlage von Thunfischen, könnte dazu beigetragen haben. Von den vielen Konservenfabriken haben gerade mal zwei überlebt.

Die 11 km lange und bis zu 1 km breite Ilha de Tavira liegt zwischen der Stadt und dem offenen Meer, ihre Strände gehören zu den besten des Algarve.

Eine Inselwanderung

Ausgangsort: Tavira
Ausgangspunkt: Bahnhof von Tavira (Largo de Santo Amaro, N37°07.262′ W07°40.714′). Am Bahnhof gibt es auch Pkw-Parkmöglichkeiten.
Höhenunterschied: 50 m
Gesamtzeit: 3.45 Std.
Länge: 16,5 km
Schwierigkeit: leicht
Karte: Karte 608
Anforderungen: Wanderung auf deutlichen Wegen ohne Markierung
Einkehr: Praia do Barril oder in Santa Luzia

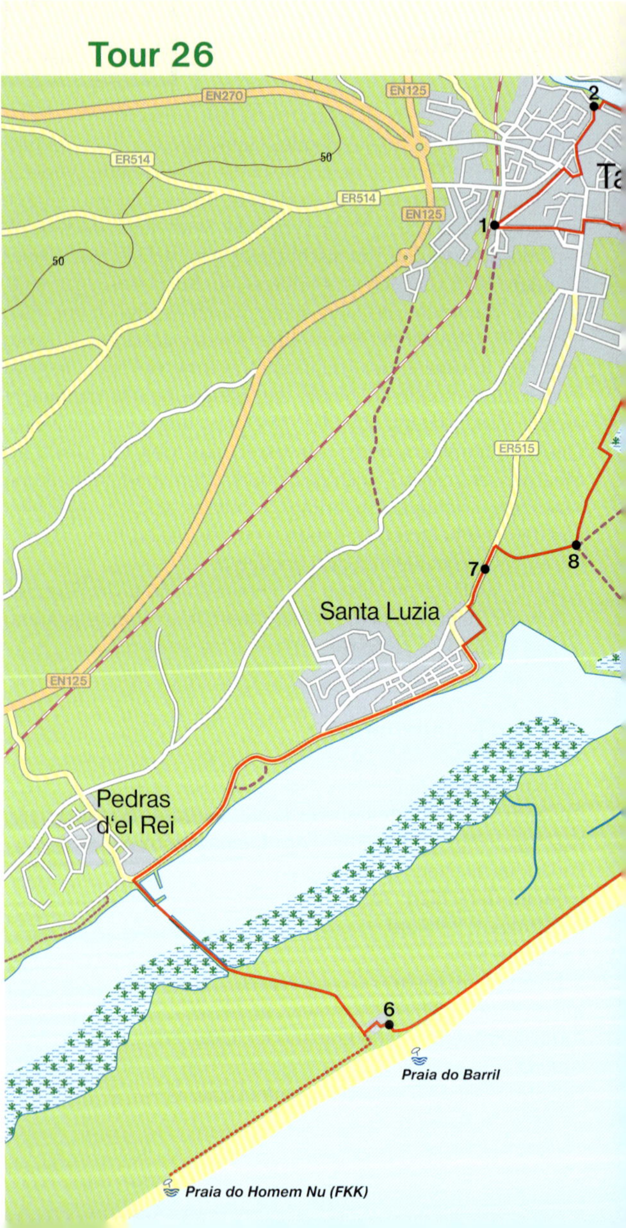
Tour 26
EN270
EN125
ER514
50
ER514
EN125
50
2
Ta
1
ER515
7
8
Santa Luzia
EN125
Pedras
d'el Rei
6
Praia do Barril
Praia do Homem Nu (FKK)

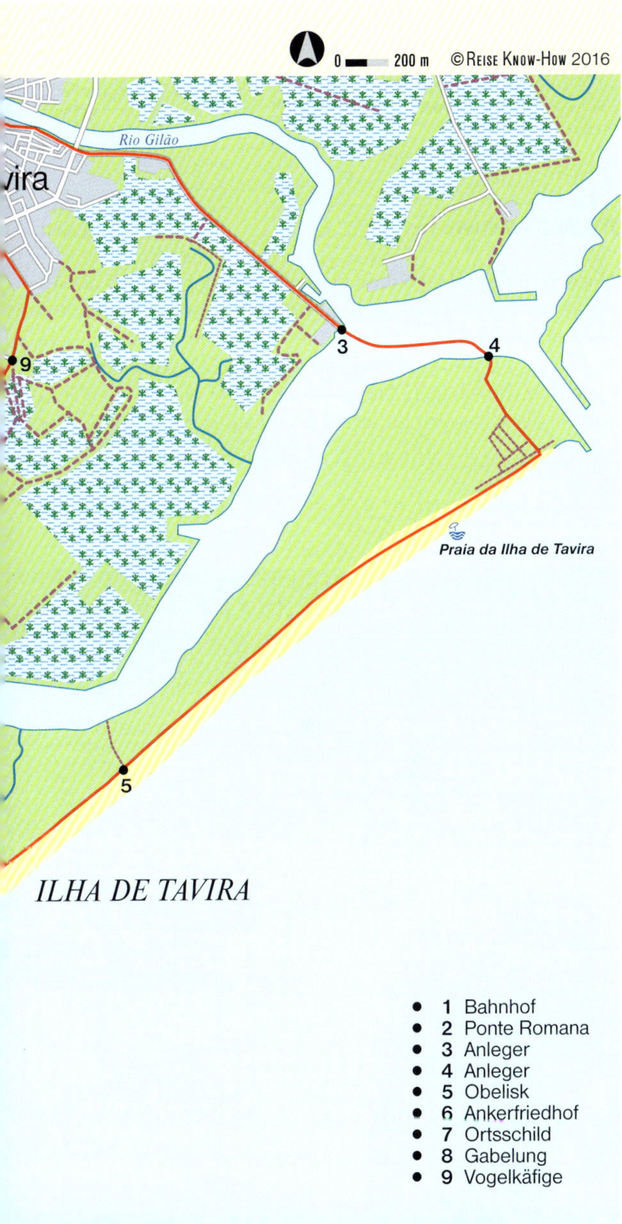
0 200 m
© Reise Know-How 2016
Rio Gilão
vira
Praia da Ilha de Tavira
ILHA DE TAVIRA
3
4
5
9
1 Bahnhof
2 Ponte Romana
3 Anleger
4 Anleger
5 Obelisk
6 Ankerfriedhof
7 Ortsschild
8 Gabelung
9 Vogelkäfige

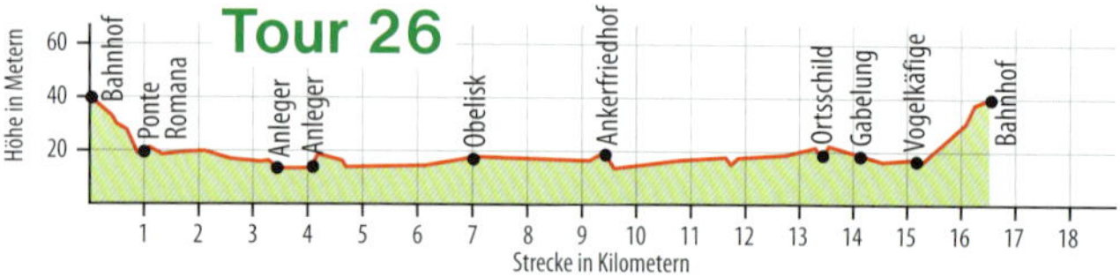

Wegbeschreibung

Aus dem **Bahnhofsgebäude (1)** kommend nehmen wir die Av. Doutor Mateus Teixeira de Azevedo, die als **zweite Straße** den Kreisverkehr links verlässt (Ww. Centro). Bei der ersten Straßenkreuzung nach 400 m gehen wir nach links zur **Igreja de São Francisco** (besichtigen, falls geöffnet), davor wieder nach links und bei der folgenden Kreuzung geradeaus in die verkehrsberu-

Der Ankerfriedhof

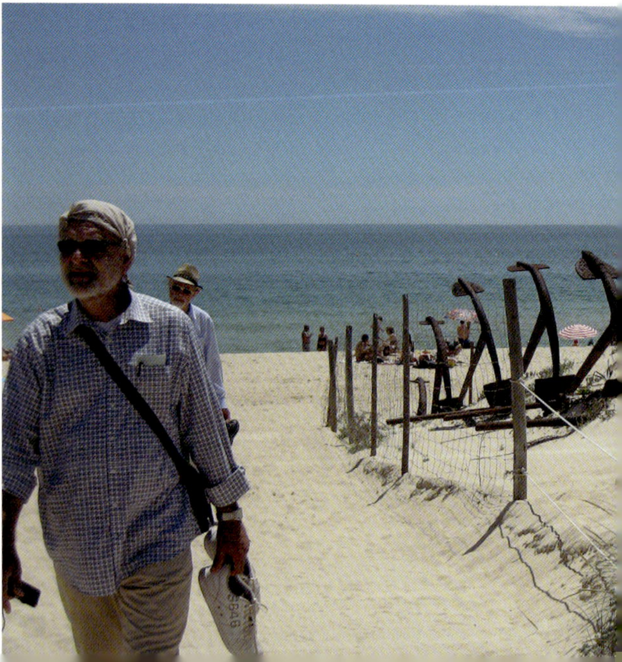

higte **Rua da Liberdade.** Links von dieser Straße liegt der Burgberg von Tavira mit dem historischen Zentrum, an ihrem Ende eine **kleine Parkanlage** und dann die **Ponte Romana (2)** über den Rio Gilão (auch als Rio Séqua bekannt). Im Algarve stammen alle alten Brücken aus der Römerzeit, in Wirklichkeit haben die Mauren sie gebaut. Dem Rio Gilão folgen wir flussabwärts (nach rechts) entweder direkt am Ufer oder in der ersten Parallelstraße.

Nach einer **modernen Straßenbrücke** endet die Bebauung und eine asphaltierte Straße führt zuerst weiter am Flussufer entlang, dann durch renovierte Salzfelder vorbei an Restaurants zur **Anlagestelle der Fähre** (**3,** Hinfahrt – port.: *só ida* – 0,90 Euro) zur **Ilha de Tavira** (www.silnido.com).

Nachdem wir am **Anleger der Insel (4)** gelandet sind, gehen wir geradeaus zum Strand und wandern dort nach rechts. Nach einer ¾ Std. steht am Anfang der Dünen ein **Obelisk (5)** und ein Bohlenweg führt durch die Dünen zur Bootsanlegestelle auf der Landseite der Insel. Dort fahren im Sommer Boote nach Santa Luzia.

106al cf

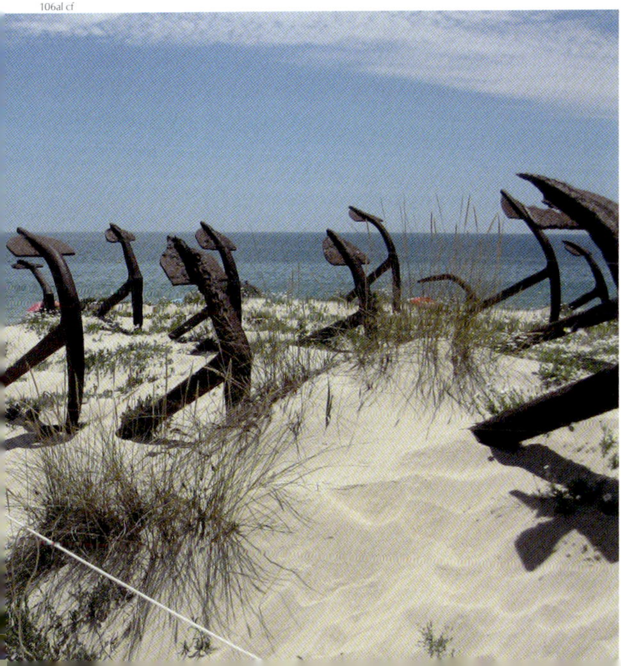

Wir wandern am Strand weiter und erreichen nach einer weiteren ¾ Std. den Strand **Praia do Barril,** deutlich bemerkbar an der Verdichtung der Badegäste und dem **Ankerfriedhof (6).** Hier steht die ehemalige „Armação de Atum“ aus dem Jahr 1842. Heute befinden sich in der alten Thunfischfangstation **Lokale** und Boutiquen (nur in der Saison geöffnet).

Von hier führt die Wanderung zurück aufs Festland, der Fußweg verläuft über gelbe Dünen und durch das grüne Watt der „Ria Formosa“. Alternativ fährt eine Schmalspurbahn Besucher zur Pontonbrücke über die Lagune nach Pedras del Rei. Die Prägungen auf der Außenseite der Gleise der ehemaligen Thunfisch-Bahn verraten ihre Herkunft und ihr Alter: B.V.G. Bochum (Bochumer Verein für Bergbau und Gußstahlfabrikation AG) 1884.

In **Pedras d'el Rei** wandern wir an der Uferpromenade nach rechts. Jenseits der in Abhängigkeit vom Wasserstand schmaleren oder breiteren Lagune blicken wir auf die Landseite der Ilha de Tavira. Wir erreichen den schmucken Badeort **Santa Luzia.** Am Ortsende beginnen die Salzgärten, die Straße biegt davor nach links. Nach den **drei Baracken** mit Fischerutensilien biegen wir bei der ersten Möglichkeit nach rechts in ein Sträßchen und steigen nach wenigen Metern hinter dem letzten Haus links eine Treppe hinauf. Dort folgen wir der Wohnstraße geradeaus zur nahen Fahrstraße nach Tavira. Auf dem Gehweg mit vielen Bänken gehen wir nach rechts, bis etwa 150 m nach dem **Ortsschild (7) Santa Luzia** rechts ein unbefestigter Weg abgeht, in den wir einbiegen.

Bei einer **Gabelung (8)** gut 5 Min. später gehen wir links und folgen dem weiterhin unbefestigten Weg bis zum Ortsanfang von Tavira. Nach einem schmalen Grundstück mit **Vogelkäfigen (9)** führt links eine Straße zum Gesundheitszentrum (Centro de Saúde) von Tavira. Wir wandern weiter geradeaus, bis wir nach weiteren gut 5 Min. zu einem Wegfächer kommen. Wir wählen die Straße links, die **Rua de S^{to} António,** und folgen ihr geradeaus bis zu einer T-Kreuzung. Dort biegen wir nach links und nach 60 m in die erste Straße rechts. Durch einen für den Verkehr gesperrten Abschnitt und dann weiter geradeaus, erreichen wir bald den Bahnhof von Tavira.

Brunnen vor Malhada do Peres

Tour 27
In der Mata da Conceição

2.05 Std.
7,7 km
leicht

Die Mata Nacional da Conceição ist ein großes Waldgebiet nordöstlich von Tavira. Es ist erstaunlich, wie dünn hier der Speckgürtel an der Küste ist, schon 5 km vom Meer entfernt herrscht tiefste Einsamkeit. Die Wanderung führt durch den unglaublich frisch duftenden Eukalyptuswald zum Weiler Malhada do Peres, dann in einem Flusstal und wieder durch den Wald zurück zum Ausgangspunkt.

Rundwanderung im Wald von Tavira

Ausgangsort: Tavira
Ausgangspunkt: Am Anfang des unbefestigten Fahrwegs in den Weiler Malhada do Peres (N37°10.866′ W07°39.331′). Das Auffinden des Wandergebiets auf der Karte ist nicht ganz einfach, da in der Nähe – obwohl nur wenige Kilometer von der Küste entfernt – keine markanten Punkte verzeichnet sind. Man

107al cf

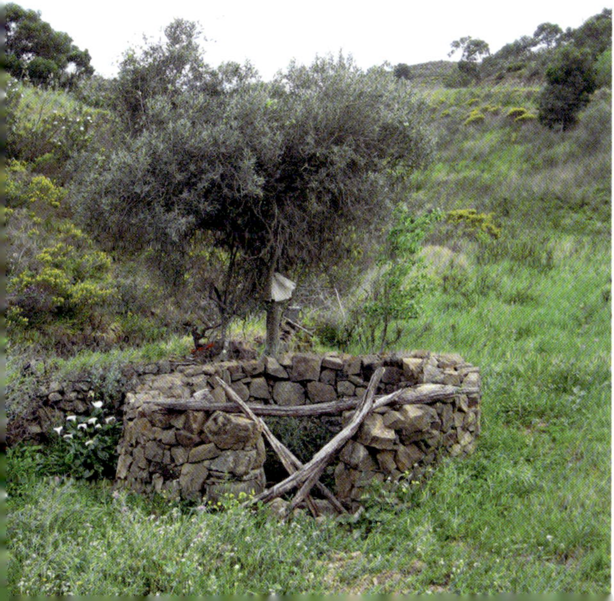

fährt auf der Nationalstraße N 125 von Tavira nach Vila Real de Santo António an der spanischen Grenze. Kurz nach dem letzten Kreisel am Ende der Bebauung von Tavira liegt links in der Quinta das Oliveiras das Ozadi Tavira Hotel (früher Eurotel). Nach weiteren 600 m biegt man in eine links abgehende Nebenstraße (brauner Ww. Mata da Conceição), nach nochmals 600 m nach rechts und überquert den Fluss Ribeira do Almargem (später werden wir an ihm entlang wandern). Dieser Kreisstraße M 1236 folgt man nach der Brücke 3,8 km nach Nordosten, bis sie die Autobahn unterquert. Nach weiteren 500 m biegt man in einen unbefestigten Fahrweg links ein (Ww. Malhada do Peres) und parkt dort. Rechts vom Weg liegt ein größeres Gelände mit Gebäuderesten, deren Sinn rätselhaft bleibt.

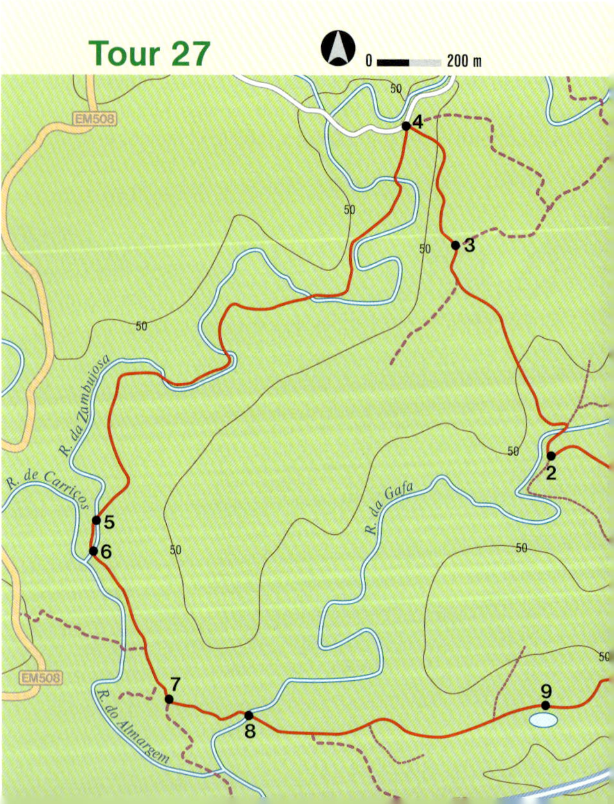

Höhenunterschied: 150 m
Gesamtzeit: 2.05 Std.
Länge: 7,7 km
Schwierigkeit: leicht
Karte: Karte 599
Anforderungen: Wanderung auf deutlichen Wegen ohne Markierung, in der Regenzeit oder nach einem starken Regenfall könnte es passieren, dass man bei der Flussüberquerung Schuhe und Strümpfe ausziehen und die Hosenbeine hochkrempeln muss.
Einkehr: Keine

Wegbeschreibung

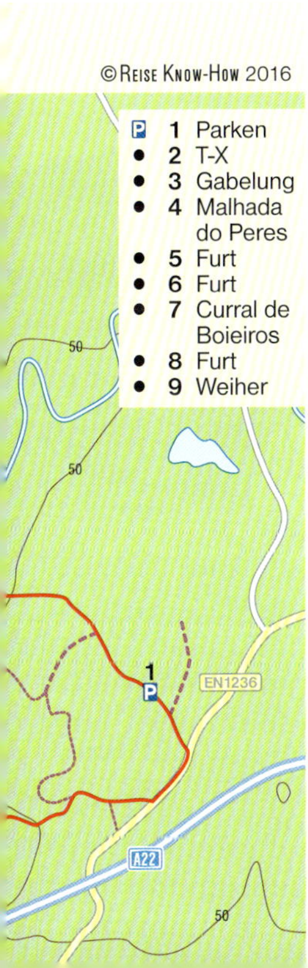

Wir wandern vom **Parkplatz (1)** aus im Wald auf dem unbefestigten Fahrweg weiter geradeaus und nach 25 Min. ins **Tal der Ribeira da Gafa.** Im Tal halten wir uns bei einer **T-Kreuzung (2)** rechts, gehen durch die Furt und danach links aufwärts. Nach gut 10 Min. mündet ein Weg von links, wir gehen geradeaus und genießen den Panoramablick über die Landschaft. Kurz danach wandern wir **an der Gabelung nach links (3)** und in knapp 10 Min. steil abwärts zum Weiler **Malhada do Peres (4).**

Bei den ersten Häusern folgen wir einem unbefestigten Weg, der vor einem Stoppschild links abgeht, zur **Ribeira da Zambujosa.** Nachdem wir den Bach überquert haben, befinden sich links und rechts vom Weg winzige bestellte Felder, jedes mit einem Brunnen. Die nächsten 35 Min. folgen wir dem Bach und überqueren ihn noch weitere fünfmal. Die letzten beiden **Überque-**

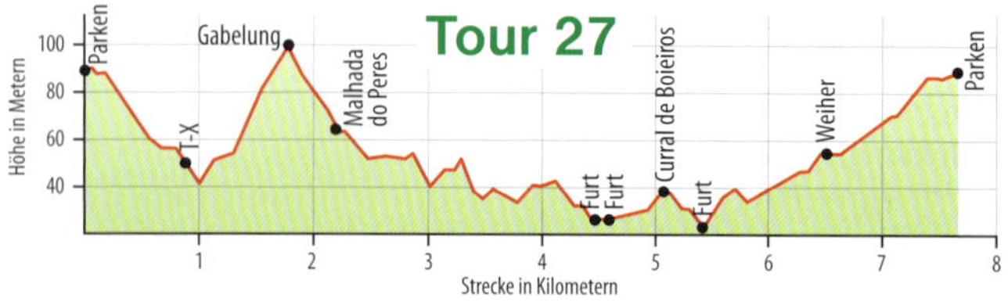

rungen (5 und 6), zwischen denen nur 150 m liegen lassen sich vermeiden, wenn man über eine Wiese östlich vom Bachbett geht.

Unmittelbar nach der letzten Furt fließen beim Weiler **Curral de Boieiros** die Ribeira da Zambujosa und die Ribeira da Car-

Panoramablick über die Landschaft

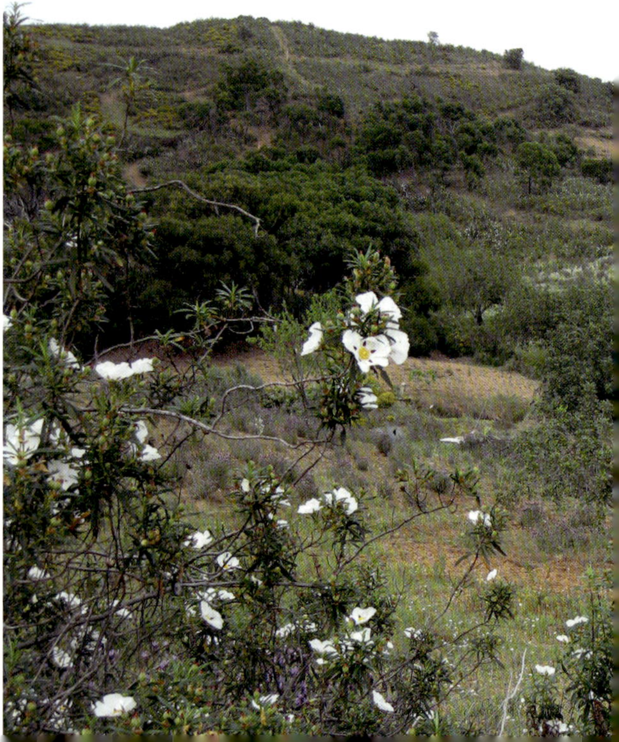

riços zusammen, ab da heißt der Wasserlauf **Ribeira do Almargem.** Wir folgen dem Weg geradeaus. Hinter einigen Häusern gehen wir bei zwei Gabelungen in **Curral de Boieiros (7)** links und kurz darauf bei der dritten rechts. Wieder **überqueren wir einen Bach (8),** die Ribeira da Gafa, und halten uns bei der Gabelung wenig später links. In der Ferne sehen wir die Autobahn. Der Weg steigt seit der letzten Furt an und führt wieder in den Wald **Mata da Conceição.** 10 Min. nach der letzten Gabelung liegt rechts vom Weg ein **Weiher (9).** Sein braunes Wasser lädt nicht zum Bade ein.

Nach weiteren 10 Min. kommen wir an einem Gebäude vorbei, das links oben am Hang steht, und rechts vom Weg befindet sich ein großer **Brunnen.** Gleich danach biegen wir bei einer Gabelung nach links, erreichen kurz darauf die Landstraße und folgen ihr gut 100 m nach links. Dann zweigt links die unbefestigte Fahrstraße nach Malhada do Peres ab, wo das Auto steht.

108al cf

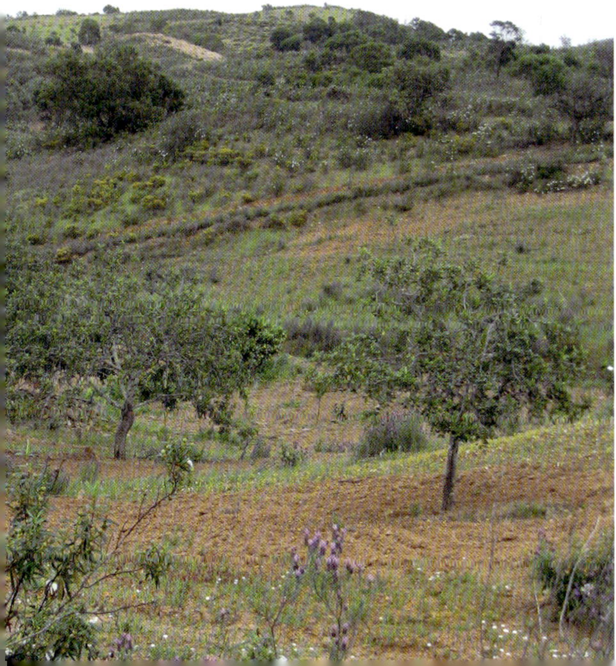

110al cf

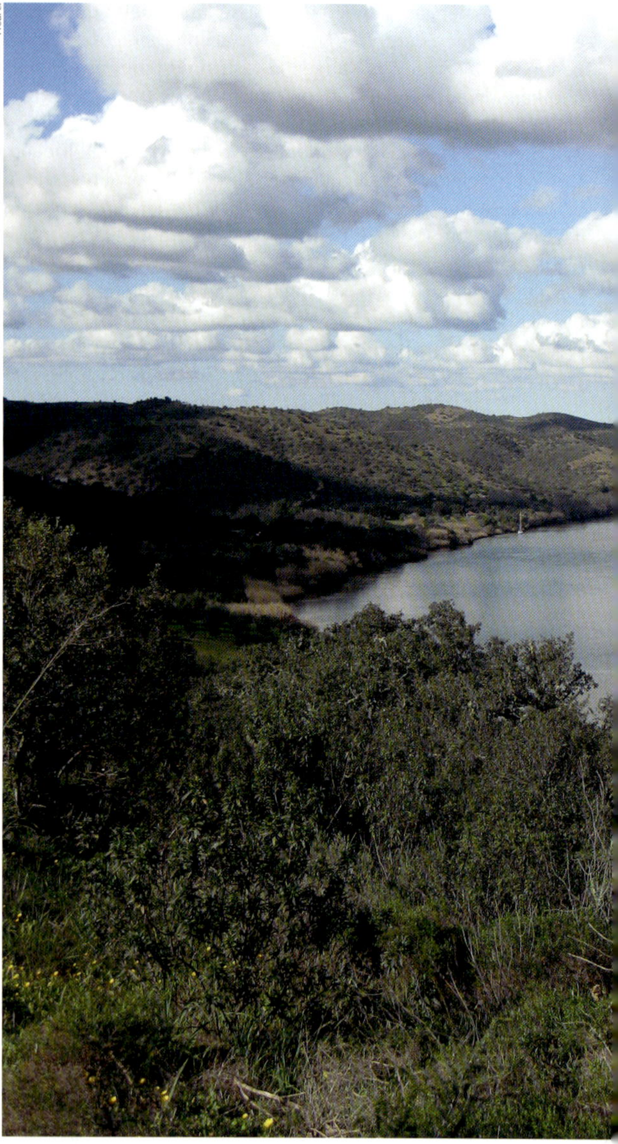

Das Hinterland

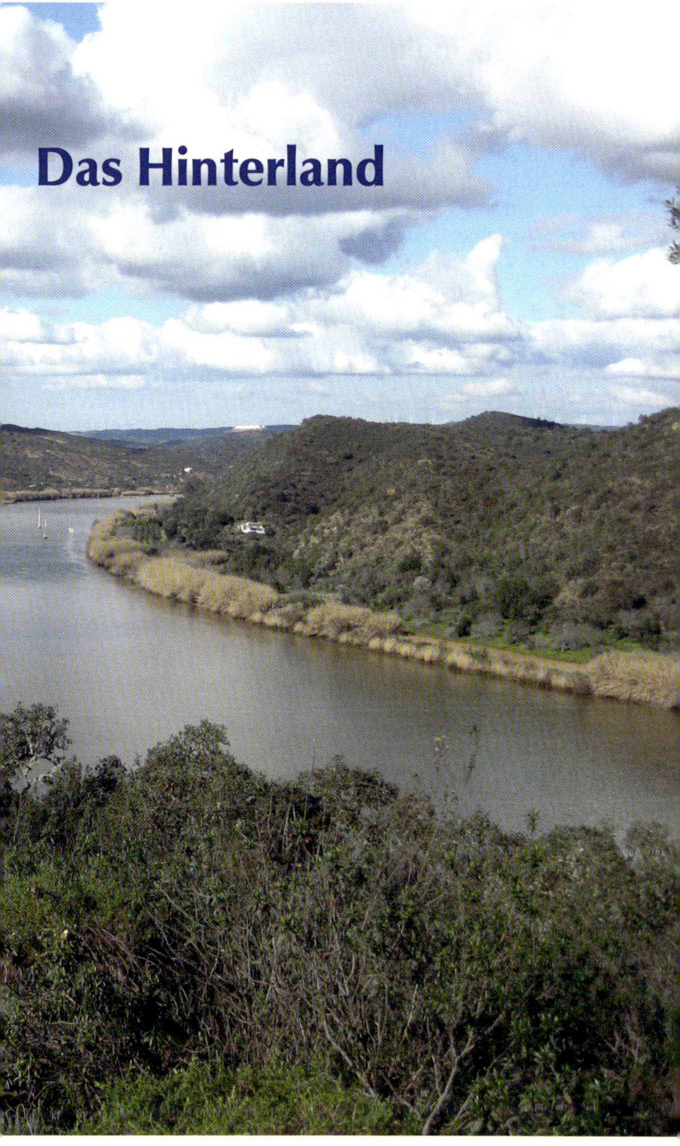

Tour 28
Fonte Benémola

2.30 Std.
9,1 km
mittelschwer

Aufgrund seiner Quellen ist das Gebiet sehr wasserreich, auch im Hochsommer trocknet die Ribeira da Benémola nie vollständig aus. Entsprechend üppig ist die Vegetation, neben für das Barrocal typischen Pflanzen wie Oleander, Pappeln, Tamarisken, Zistrosen, Korkeichen, Oliven- und Johannisbrotbäumen findet man auch für den Algarve seltene Arten, z.B. Weiden und Eschen. Ungefähr hundert Vogelarten sollen zeitweise oder immer anzutreffen sein: blau-orange Eisvögel, bunte Bienenfresser, majestätische Wiedehopfe und gelbe Pirole, die in Portugal den herrlichen Namen papa-figos (Feigenfresser) tragen. Im Wasser leben u.a. Frösche und Molche, europäische Sumpf- und maurische Bachschildkröten.

Wanderung im Quellgebiet

Ausgangsort: Loulé
Ausgangspunkt: Parkplatz am Eingang ins Tal (N37°11.917′ W08°00.264′). Man fährt von Loulé Richtung Querença, aber nicht in den Ort, sondern folgt davor dem braunen Schild Fonte Benémola. Nach 4,5 km beginnt rechts ein Schotterweg, dort parken. Links vom Parkplatz steht ein verfallendes Haus.

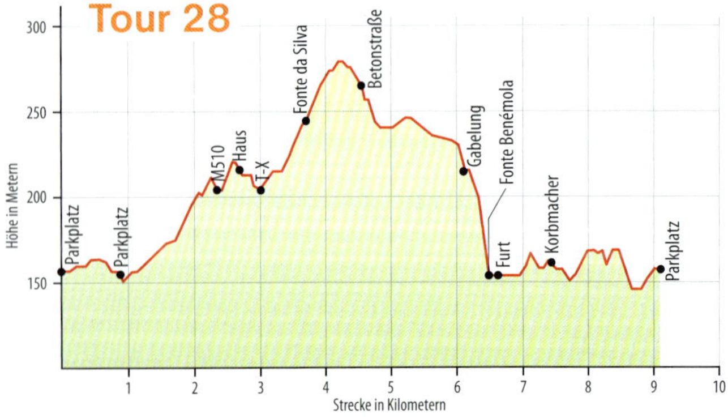

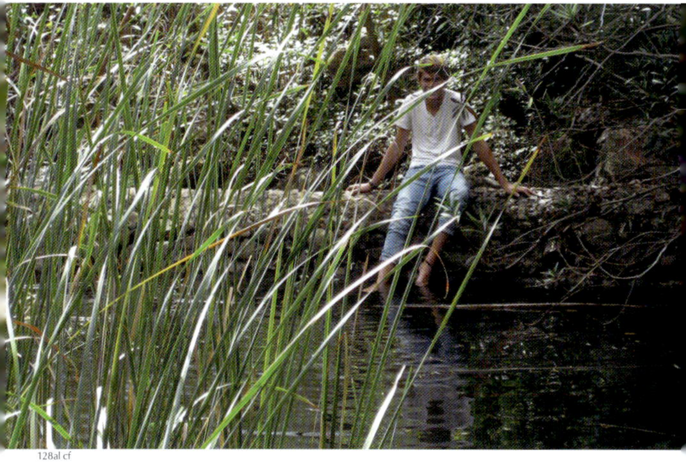

128al cf

Höhenunterschied: 200 m
Gesamtzeit: 2.30 Std.
Länge: 9,1 km
Schwierigkeit: mittelschwer
Karte: Karte 597
Anforderungen: Wanderung auf deutlichen Wegen mit gelb-roten Markierung
Einkehr: Keine
Tipp: Bauernmarkt in Querença am letzten Sonntag des Monats
Info: Largo da Igreja, Querença

Wegbeschreibung

Ein breiter unbefestigter Weg zwischen **Parkplatz (1)** und **Ruine** leitet ins Tal der Ribeira da Benémola. Bei einer Gabelung liegt rechts ein weiterer **Parkplatz (2).** Wir gehen links abwärts, über eine **Brücke** und bei der folgenden Gabelung nach rechts (Ww. in beide Richtungen, links kommt man auf direktem Weg zur Fonte Benémola).

Rastplatz an der Fonte Benémola

Kapitelstartseite: Blick auf den Guadiana vom Miradouro (Tour 36)

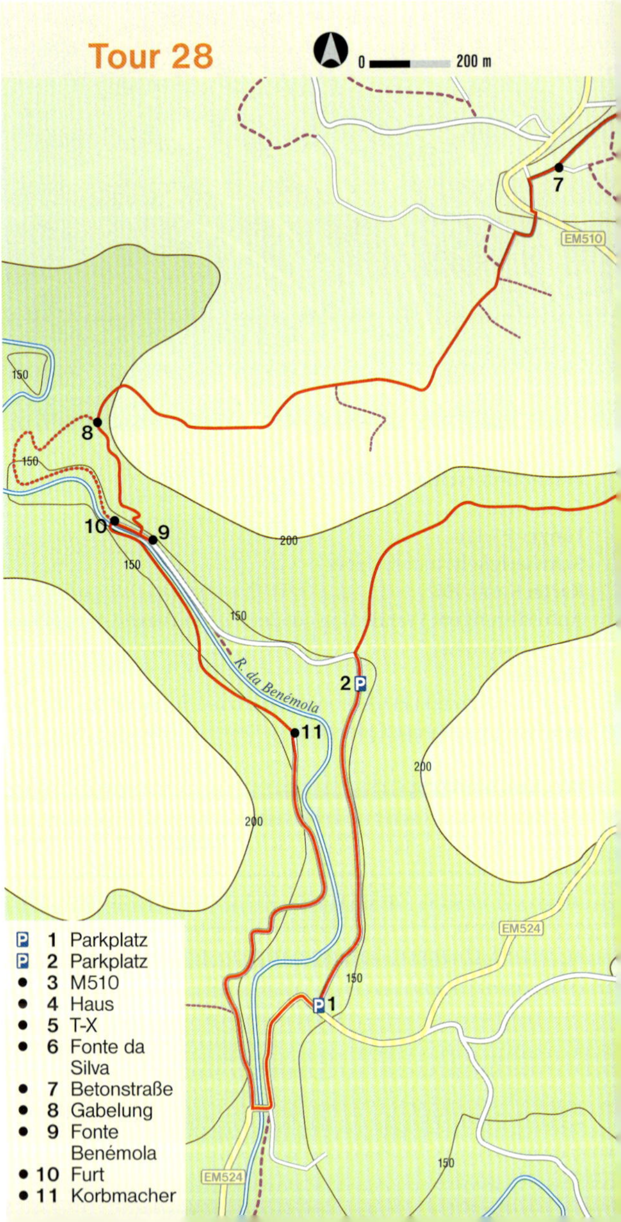

Tour 28
0 200 m
7
EM510
150
8
150
10
9
200
150
150
R. da Benémola
2 P
11
200
200
EM524
150
P 1
150
EM524
P 1 Parkplatz
P 2 Parkplatz
• 3 M510
• 4 Haus
• 5 T-X
• 6 Fonte da Silva
• 7 Betonstraße
• 8 Gabelung
• 9 Fonte Benémola
• 10 Furt
• 11 Korbmacher

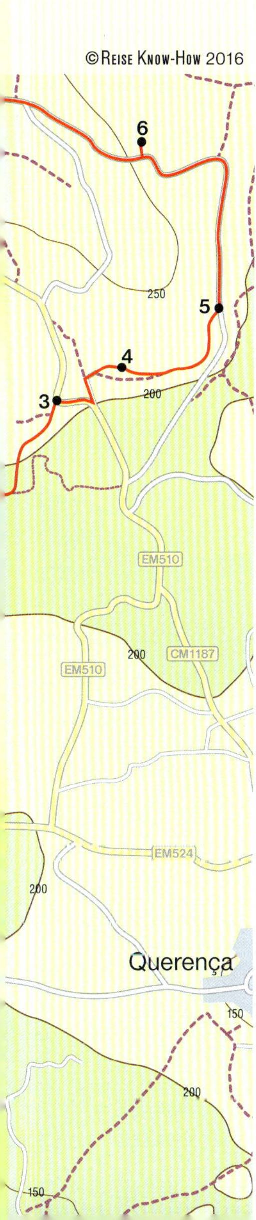

Nach 20 Min. biegen wir in die asphaltierte **Kreisstraße M 510 (3)** nach rechts ein, verlassen sie aber schon nach ca. 100 m wieder links **(neueres gelbes Haus).** Bei der Gabelung kurz darauf halten wir uns rechts. Bei dem **ersten Haus links (4)** folgen wir einem Weg rechts abwärts. Im Tal unter uns sehen wir dann schon ein Sträßchen, in das unser Weg später mündet. Dort gehen wir nach links **(T-Kreuzung, 5).** Das Sträßchen führt uns vorbei an der **Fonte da Silva (6)** (Abstecher nach rechts). Bei der T-Kreuzung wenig später wandern wir 10 m nach rechts, dann auf einem unbefestigten, ansteigenden Weg nach links. Er mündet in eine **Betonstraße (7),** dort gehen wir nach rechts.

Bald nach einer Linkskurve überqueren wir die Fahrstraße M 510 und folgen dem asphaltierten Weg, der vielleicht 4 m nach links versetzt ist, geradeaus. Links von der Kreuzung steht die überdachte Bushaltestelle Corcitosi. Nach einer **Linkskurve** vor einem Haus mit zwei dunkelgrünen Garagentüren folgen wir dem unbefestigten, weiß-rot-gelb markierten Weg geradeaus. Er macht nach ca. 6 Min. eine Rechtskurve und führt dann ¼ Std. wieder geradeaus. Wenige Minuten nach einer Linkskurve **gabelt er sich (8).**

Der **Weg geradeaus** (d.h. links) ist schmal und leitet 25 Min. steil bergab, Trittsicherheit ist erforderlich. Als Entschädigung führt er an zwei vergitterten Höhlen vorbei, in denen gefährdete Langflügelfledermäuse und kleine Mausohren leben. Unten im Tal geht man noch etwas nach links an der Ribeira da Benémola (auch Ribeira da Fonte Menalva genannt) entlang bis zu einem **Rastplatz an der Fonte Benémola (9).** Dort staut ein Damm den Fluss an.

Der **rechte Weg** ist breit und bequem, er leitet in ¼ Std. in großem Bogen ins Tal und zum Rastplatz.

Vom Rastplatz aus gehen wir 150 m zurück **(10), überqueren dann die Ribeira da Benémola** und folgen dem Fluss dann wieder flussabwärts. Der Weg verläuft am Talhang, steigt an und fällt. Gut 10 Min. nach der Flussüberquerung leitet er zwischen **zwei Häusern** links und rechts hindurch **(11).** Hier soll einst ein **Korbmacher** gewohnt und gearbeitet haben. Gut ¼ Std. später erreichen wir schließlich die **Landstraße,** gehen dort nach links, dann über die Brücke und danach nach links aufwärts zum Ausgangspunkt.

111al cf

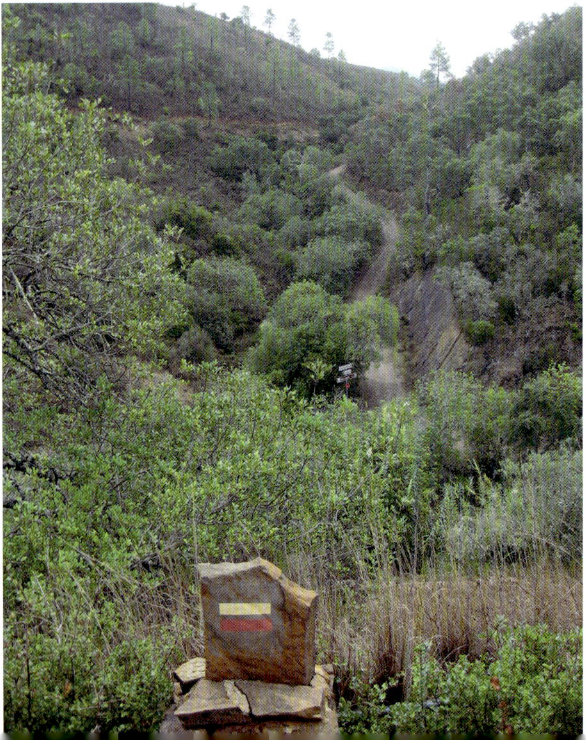

Tour 29
Amendoeira

2.20 Std.
8,5 km
leicht

Eine kleine Wanderung durch die fruchtbare Landschaft des Barrocal. Wie schon im Namen des Ortes zum Ausdruck kommt, gibt es dort viele Mandelbäume. Zur Blütezeit im Februar/März ist die Wanderung deshalb ein besonderer Genuss. Am Ufer des Flusses Mercês liegt inmitten der schönen Natur die Fonte Filipe, eine Quelle, deren Wasser Heilkraft haben soll.

Die Fonte Filipe

Ausgangsort: Loulé
Ausgangspunkt: Weiler Amendoeira (Freguesia Querença); von Zentrum von Loulé auf der N 396 etwa 5 km nach Nordosten (zuerst Ww. Salir, Alte, dann Ww. Barranco do Velho), kurz nach dem Restaurante Monte da Eira (rechts, s.u.) nach rechts abbiegen (Ww. Amendoeira) und dann auf der M 1196 ca. 3 km nach Osten. In Amendoeira kreuzen sich die Kreisstraßen M 1196 und M 523, die beide von der N 396 abgehen, man folgt der M 523 nach rechts 250 m nach Osten, vorbei am Café Mateus auf der linken Seite (N37°10.486′ W07°57.988′).
Höhenunterschied: 170 m
Gesamtzeit: 2.20 Std.
Länge: 8,5 km
Schwierigkeit: leicht
Karte: Karte 597
Anforderungen: Wanderung auf deutlichen Wegen mit gelb-roten Markierungen
Einkehr: Café Mateus am Ausgangspunkt und Restaurante Monte da Eira, Clareanes-Loulé (Tel. 289 438 129, www.restaurantemontedaeira.com).

Der Weg mündet in das Sträßchen im Tal

Wegbeschreibung

250 m östlich der **Kreuzung (1)** kreuzt nach dem **Café Mateus (2)** ein gelb-rot markierter Weg die Straße – wir folgen ihm nach links. Er mündet nach einer Linkskurve in eine **Zufahrtsstraße,** wir gehen auf ihr wenige Meter nach rechts und folgen dann einem rechts abgehenden Pfad, überqueren nach 150 m eine **Fahrstraße** und gehen auf der anderen Seite, leicht nach rechts versetzt, weiter geradeaus.

Nach einem Haus links vom Weg wandern wir auf dem schmalen Pfad nach rechts, überqueren wenige Minuten später nach einer scharfen Linkskurve den **Bach Ribeira das Mercês (3),** bald halten wir uns bei einer T-Kreuzung links und in **Almarjão,** wenn der Pfad auf die **Kreisstraße M 1196 (4)** stößt, ebenfalls.

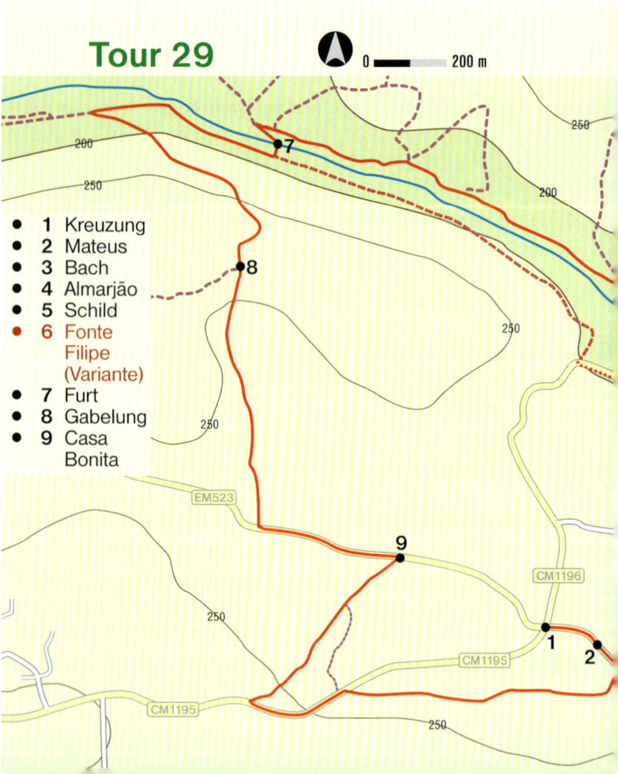

Nach 10 Min. erreichen wir das **Schild (5) am Ortsausgang** von Almarjão. Hier haben wir **zwei Möglichkeiten**, die Wanderung fortzusetzen.

1) Wir folgen den Markierungen und bleiben weiter auf dem breiten Fahrweg und überqueren nach einer Linkskurve den Bach Ribeira das Mercês. Direkt nach der Brücke liegt links ein großer Parkplatz mit der **Fonte Filipe (6)**, bei dieser Quelle stehen auch Bänke und Tische. Die Straße biegt hinter der Brücke nach rechts, auf ihr erreichen wir nach gut 200 m eine T-Kreuzung. Dort halten wir uns rechts und wandern nach knapp 100 m und einer scharfen Linkskurve auf einem breiten Weg etwa 25 Min. parallel zur Ribeira das Mercês. Dann folgen wir einem ansteigenden Weg, der links in spitzem Winkel mündet, nach Alcaria do Gato. Dieser Weg auf der Südseite des Baches ist schattiger als die folgende Variante.

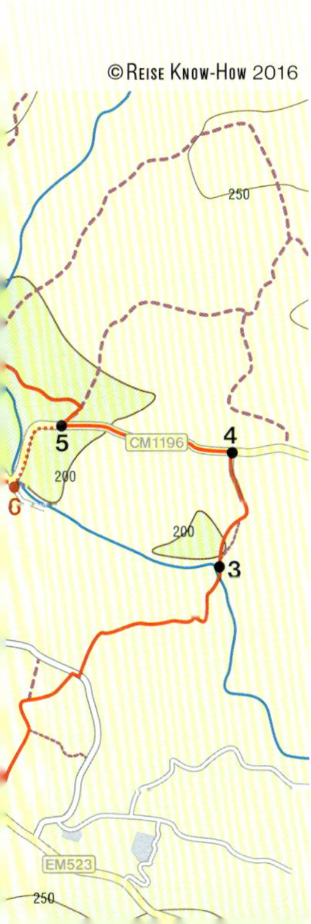

2) Beim **Ortsschild von Almarjão (5)** gehen wir auf einem unbefestigten Weg, der in spitzem Winkel mündet (die gekreuzten Balken ignorieren wir), nach rechts. Bald wendet sich der Weg nach links, bleibt im Tal Vale das Mercês und verläuft auf seiner Nordseite parallel zum Bach. Alle rechts abgehenden Wege ignorieren wir bis 25 Min. nach Verlassen der Kreisstraße der erste Weg links abgeht und **durch den Ribeira das Mercês (7)** zum breiten Weg auf der anderen Bachseite führt. Ab hier finden wir jetzt auch wieder gelb-rote Markierungen. Rechts gehend erreichen wir knapp 10 Min. später den Weg nach Alcaria do Gato.

Auf dieser Hochfläche steht links ein **Haus**, kurz danach halten wir uns bei einer **Gabelung (8)** links und folgen dem fallenden Weg bis

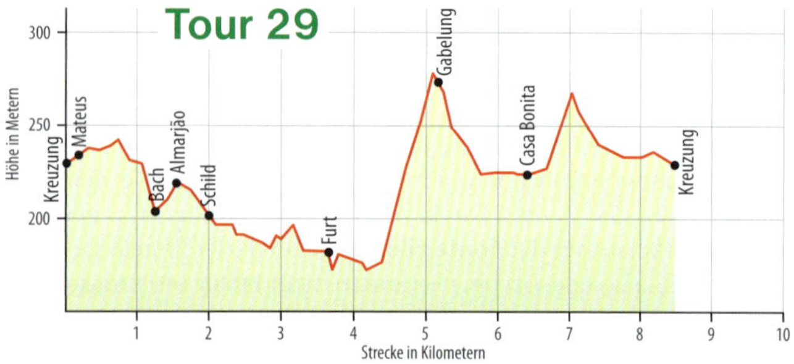

zur Kreisstraße M 523, in die wir nach links einbiegen. Vorbei am Clube Caçadores (Jägerverein) erreichen wir nach 5 Min. das Haus Nr. 5 **Casa Bonita (9)** rechts.

Wir biegen nach rechts in die Zufahrt und folgen einem schmalen Pfad rechts an der Grundstücksgrenze entlang. Der Pfad führt zuerst durch baumbestandene Wiesen zur Kreisstraße M 1195. Ihr folgen wir nach links, bis nach 250 m ein unbefestigter Pfad kreuzt. Wir biegen nach rechts und wandern auf dem oft zwischen Steinmauern verlaufenden Weg zum knapp 20 Min. entfernten Ausgangspunkt.

113al cf

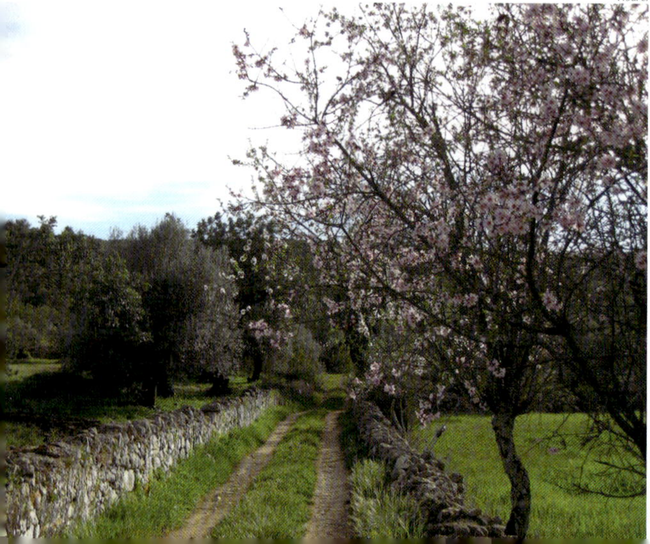

Tour 30
Weg der Brunnen

2.40 Std.
9 km
leicht

Diese Wanderung verläuft im fruchtbaren Barrocal. Neben typischen Obstgärten mit Oliven- und Johannisbrotbäumen kann man auch Stellen mit natürlicher Vegetation entdecken, nämlich Salbei, Zistrosen, Mastixsträucher und Thymian. Dazwischen stehen immer wieder Korkeichenwälder. Der Weg führt an ungewöhnlichen vielen restaurierten Brunnen vorbei.

Im Tal der Bengado

Ausgangsort: São Brás de Alportel
Ausgangspunkt: Parkplatz hinter dem Restaurant Lagar da Mesquita (s.u.) in Fonte Nova da Mesquita (N37°08.843′ W07°51.237′). Auf der Nationalstraße N 270 von S. Brás de Alportel nach Osten fahren (Richtung Tavira). 1,7 km nach dem letzten Kreisel am Ortsausgang von S. Brás de Alportel rechts der M 517 folgen (Richtung Mesquita, Peral), nach 1 km erreicht man eine Straßenkreuzung im Weiler Fonte Nova da Mesquita, links liegt das Restaurant Lagar da Mesquita (s.u.) und rechts ein braun gefliestes Haus, hier dem Ww. P. Lagar und den gelb-roten Markierungen folgen und zweimal nach links biegen.
Höhenunterschied: 230 m
Gesamtzeit: 2.40 Std.
Länge: 9 km
Schwierigkeit: leicht
Karte: Karte 598/607
Anforderungen: Wanderung auf deutlichem Weg PR 1 mit gelb-roter Markierung
Einkehr: Restaurant Lagar da Mesquita (Mesquita Baixa 315A, 8150-048 São Brás de Alportel)

Zwischen Steinmauern führt der Weg zum Ausgangspunkt

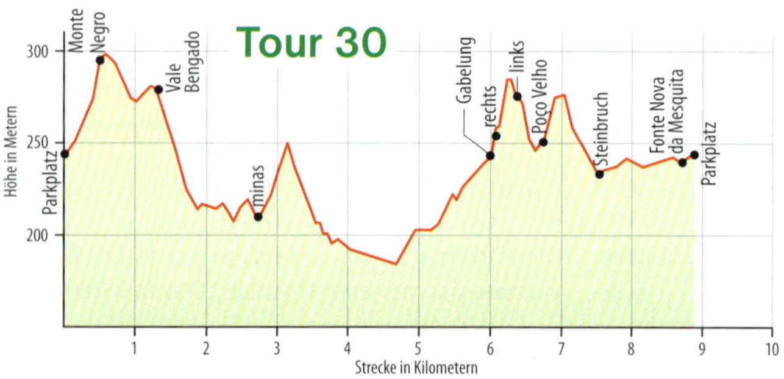

Wegbeschreibung

Wir folgen dem markierten Weg zwischen Trockenmauern und Olivenbäumen in Verlängerung des **Parkplatzes (1).** Nach etwa ¼ Std. wandern wir am alten **Brunnen Poço do Monte Negro (2)** vorbei, erreichen wenig später einige **Häuser,** gehen dort

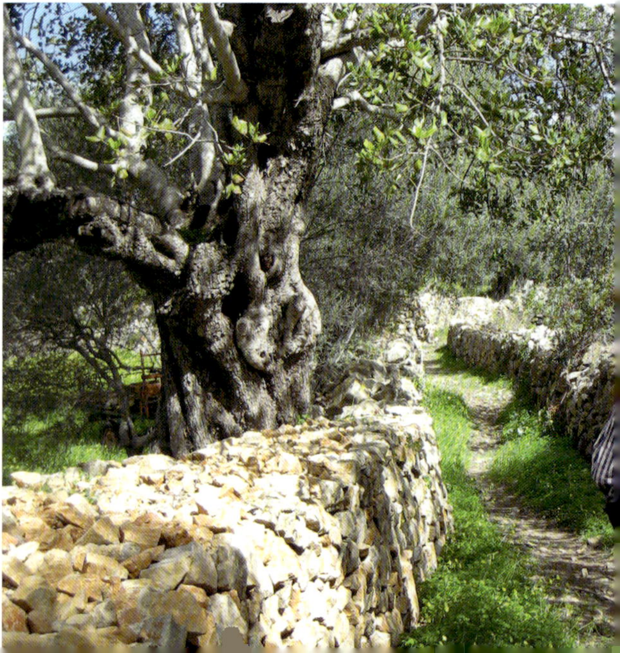

bei einer T-Kreuzung auf der asphaltierten Straße nach rechts und nach 30 m nach links. Der markierte Weg verläuft dann weiter zwischen Steinmauern und Olivenbäumen, bis er nach ca. 10 Min. die **Nationalstraße** N 270 überquert.

Bei einer Gabelung kurz darauf halten wir uns links und bleiben auf dem asphaltierten Weg, bis beim Casa Castanha auf der linken Seite der Belag endet. Bei der folgenden **Gabelung** wandern wir nach rechts und dann steil hinunter ins **Vale Bengado (3).** Im Tal führt der Weg über den Bach, bei einer T-Kreuzung danach folgen wir der anfangs unbefestigten Straße nach rechts. Bei einer Abzweigung und der darauf folgenden Gabelung bleiben wir im Tal und gehen jeweils rechts. Kurz nach der Gabelung überqueren wir wieder den Bach und können dann nach kaum 5 Min. einen Abstecher zu den **minas de água (4)** machen, der Pfad zu diesen Quellen in Karsthöhlen führt nach links zum Fluss.

Man wandert anfangs zwischen Trockenmauern und Olivenbäumen

037al cf

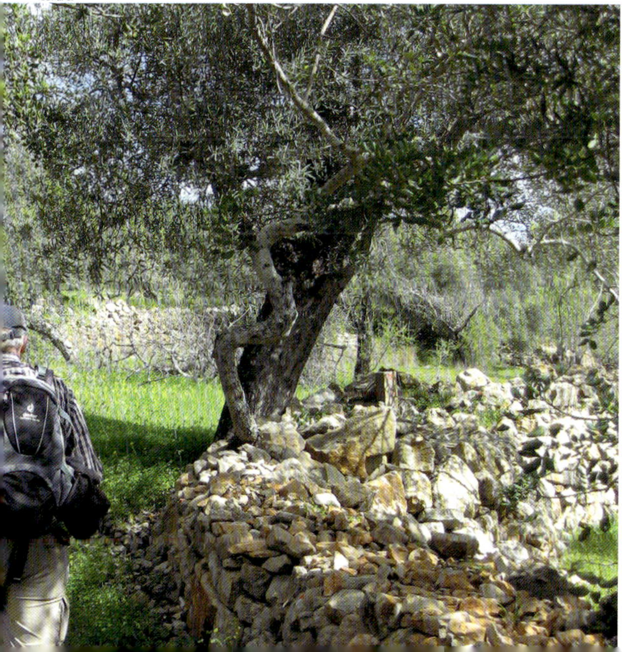

Der befestigte Weg leitet weiter aufwärts, bis wir ihn schließlich in einer Rechtskurve verlassen und einem unbefestigten Weg nach links folgen. Wenn er nach gut 20 Min. wieder in einen befestigten Weg mündet, gehen wir weiter geradeaus. Bei der nächsten T-Kreuzung halten wir uns rechts und überqueren wenig später die **Nationalstraße N 270** (Ww. Tavira (links), S. B. Alportel (rechts), Desbarato (geradeaus)) und wandern geradeaus.

Die erste Abzweigung nach rechts ignorieren wir, kurz darauf folgen wir der asphaltierten Straße nach rechts, der Weg gera-

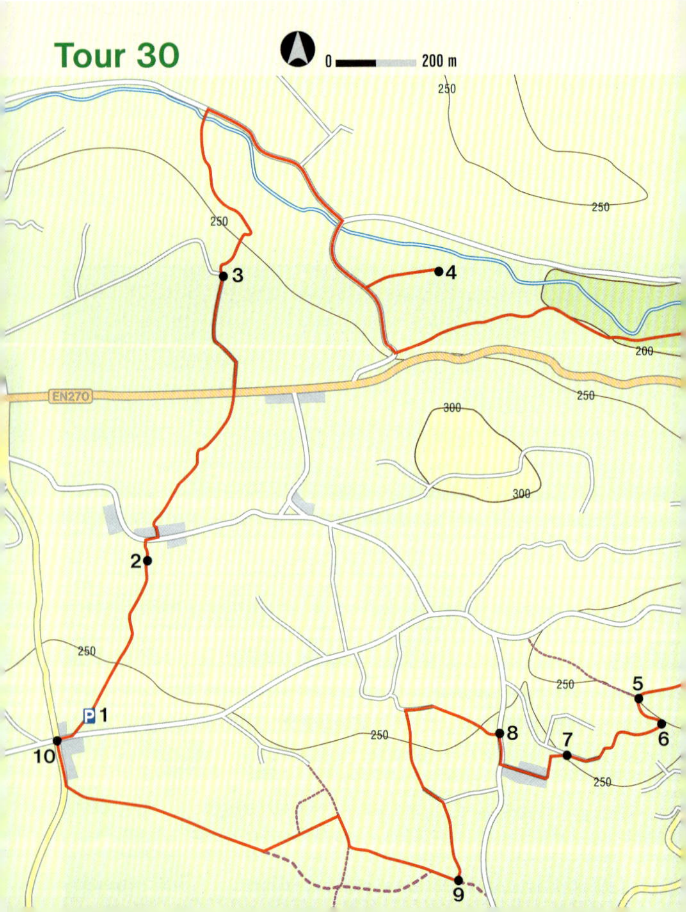

deaus ist unbefestigt. 3 Min. später, kurz nach der Verwirklichung des gelben Traums vom Landleben, biegen wir in einen rechts abgehenden, unbefestigten Weg. Bei der folgenden **Gabelung (5)** halten wir uns links.

Knapp 5 Min. später biegen wir ganz **scharf nach rechts (6),** wandern auf ein **Ferienhaus mit Pool** zu und gehen davor nach links. Der Pfad führt bald zwischen einigen Häusern hindurch und dann gehen wir auf der Zufahrtsstraße zu ihnen nach rechts. Nach 70 m verlassen wir sie auf einem **links abgehenden Pfad wieder (7).** Auch dieser Pfad führt zu einer nahen Häusergruppe und über die Zufahrtsstraße zu einer Ortsstraße. Ihr folgen wir ca. 100 m nach rechts zum alten **Brunnen Poço Velho (8),** dort gibt es auch eine Bank. Zwischen Brunnen und Waschhaus biegen wir nach links, gehen zwischen Olivenbäumen gut 5 Min. geradeaus bevor wir vor einem Haus nach links abbiegen. Der Pfad leitet in 10 Min. zu einer T-Kreuzung vor einem **Steinbruch (9).** Dem breiten Weg folgen wir gut 100 m nach rechts und wechseln dann auf einen rechts abgehenden Pfad zwischen Trockensteinmauern. Bei einer T-Kreuzung mit **grüner Blechhütte** gehen wir nach rechts und biegen kurz darauf nach links. Der Pfad führt uns wieder zu dem breiten Weg, den wir nach dem Steinbruch verließen.

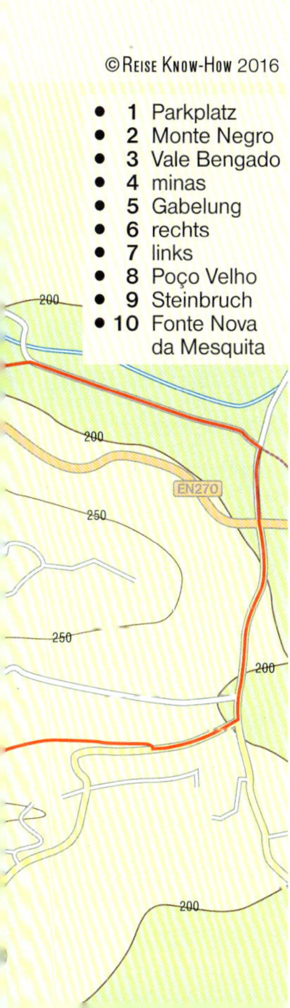

Nach rechts gehend kommen wir in 10 Min. zur **Fahrstraße nach Fonte Nova da Mesquita (10).** Auch dort halten wir uns rechts und erreichen in wenigen Minuten die Kreuzung beim Restaurant Lagar da Mesquita.

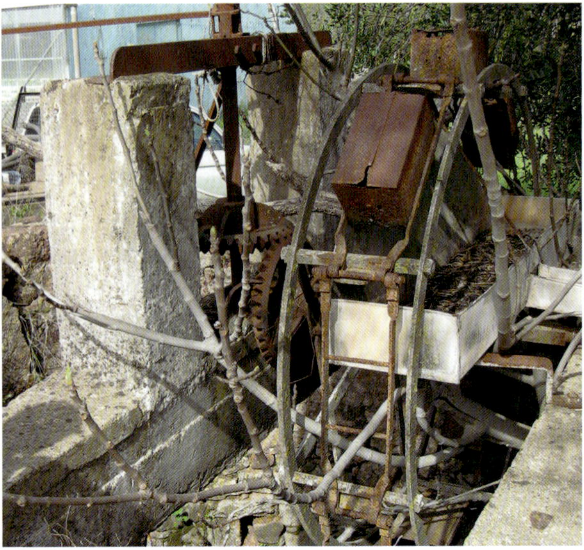

115al cf

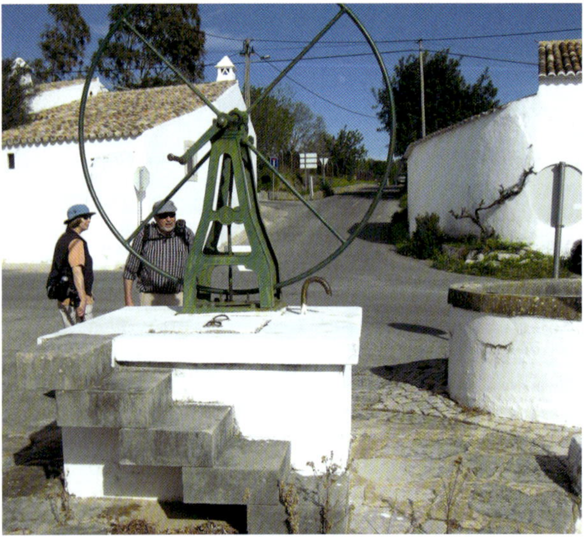

116al cf

Tour 31
Barranco do Velho

1.25 Std.
4,5 km
leicht

Barranco do Velho ist ein kleines Dorf am Eingang der Serra do Caldeirão. In diesem Gebiet hat der Korkanbau große Tradition und das Grün der Kork- und Steineichen beherrscht die Landschaft. Dazwischen gibt es genügend Erdbeerbäume, die die Grundlage für den bekannten Medronho-Schnaps des Dorfes liefern.

Rundweg durch die Korkwälder

Ausgangsort: São Brás de Alportel
Ausgangspunkt: Am Ortsausgang von Barranco do Velho (N37°14.476′ W07°56.387′). Auf der Nationalstraße N 2 von São Brás de Alportel nach Norden Richtung Almodôvar fahren. Nach etwa 12 km erreicht man Barranco do Velho, durchquert den Ort, ignoriert die rechts nach Cachopo abgehende N 124, unmittelbar danach liegt rechts von der Straße ein großer Platz, ca. 200 m nach der Abbiegung der N 124 zweigt links ein Weg ab, dort parken.
Höhenunterschied: 150 m
Gesamtzeit: 1.25 Std.
Länge: 4,5 km
Schwierigkeit: leicht
Karte: Karte 589
Anforderungen: Wanderung auf deutlichen Wegen mit gelb-roter Markierung
Einkehr: In Barranco do Velho

Namenloser Brunnen vor der zweiten Überquerung der N 270 (oben), Poço Velho (unten)

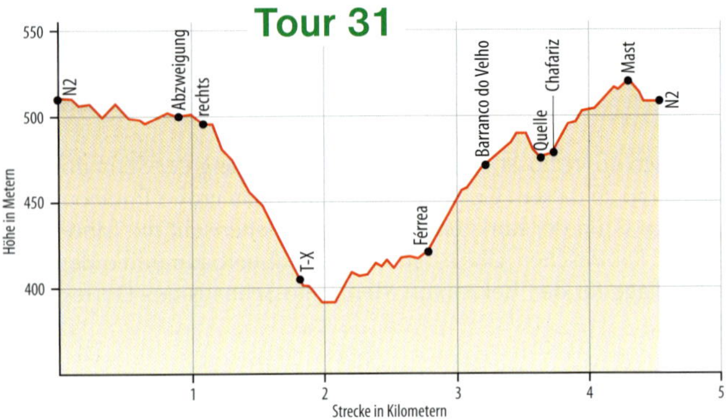
Tour 31
550
500
450
400
Höhe in Metern
N2
Abzweigung
rechts
T-X
Férrea
Barranco do Velho
Quelle
Chafariz
Mast
N2
1
2
3
4
5
Strecke in Kilometern

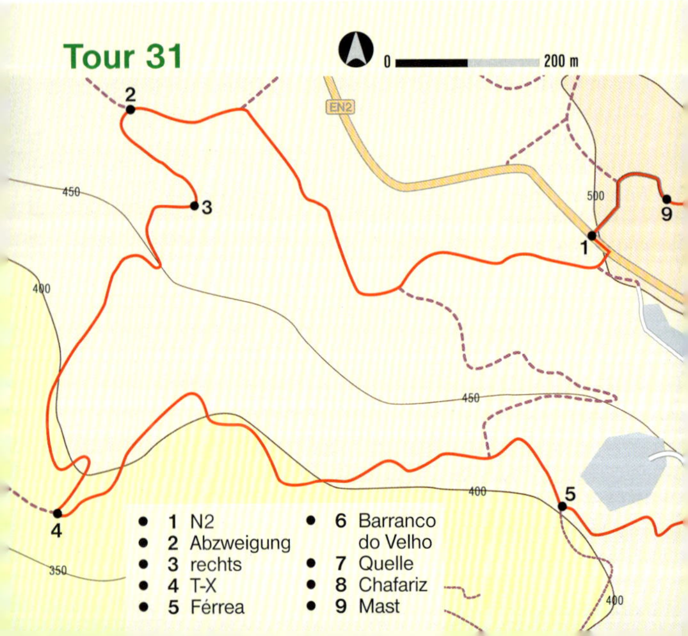
Tour 31
0
200 m
EN2
450
400
350
500
1 N2
2 Abzweigung
3 rechts
4 T-X
5 Férrea
6 Barranco do Velho
7 Quelle
8 Chafariz
9 Mast

Wegbeschreibung

Von der **Straße N 2 (1)** folgen wir dem unbefestigten Feldweg und halten uns nach wenigen Metern rechts. An einer Abzweigung nach links und einer nach rechts gehen wir vorbei und erst nach knapp 20 Min. bei der **dritten Abzweigung (2)** scharf nach links ins Tal. Schon nach kaum 3 Min. folgen wir dem markierten Wanderweg scharf nach **rechts (3)** in Kurven weiter ins Tal. ¼ Std. später halten wir uns bei einer **T-Kreuzung (4)** links, bald danach haben wir den tiefsten Punkt der Wanderung erreicht und der Anstieg beginnt. Wir bleiben auf dem breiten Hauptweg und ignorieren alle Abzweigungen, bis wir nach knapp 20 Min. zu einer Gabelung kommen. Rechts führt ein breiter Weg **abwärts (5) zur Fonte Férrea,** wir bleiben auf dem markierten Weg und wandern ansteigend geradeaus. Links liegt dann die schöne alte **Quinta Casa das Fontes.** Auf der befestigten Zufahrtsstraße halten wir uns rechts und gehen nach **Barranco do Velho (6).** Auf der Fahrstraße wandern wir nach links ins Ortszentrum, verlassen sie schon nach 2 Min. nach rechts. Nach wenigen Metern halten wir uns vor einem Haus links und kommen dann zu einer **Quelle (7),** deren Fassung restauriert wurde. Dort biegt der Weg nach rechts zu den Wasserbecken der **Fonte do Chafariz (8).** Von dort leitet der Weg nach einer Linkskurve über die nahe N 124 und auf der anderen Straßenseite weiter zu einem **Sendemast** über dem Ort. Danach wandern wir in einer Linkskurve abwärts zur N 2 und erreichen den Ausgangspunkt.

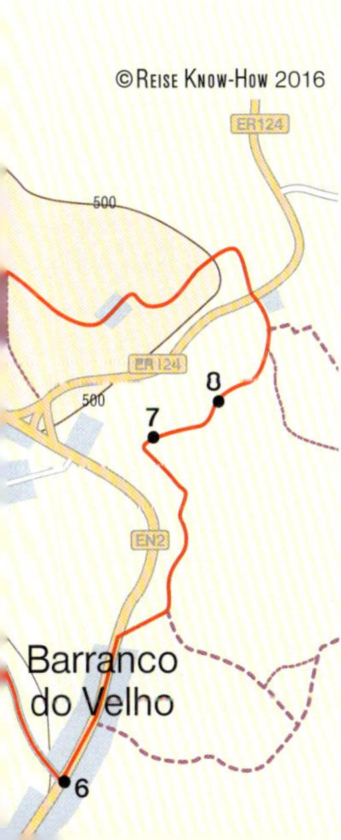

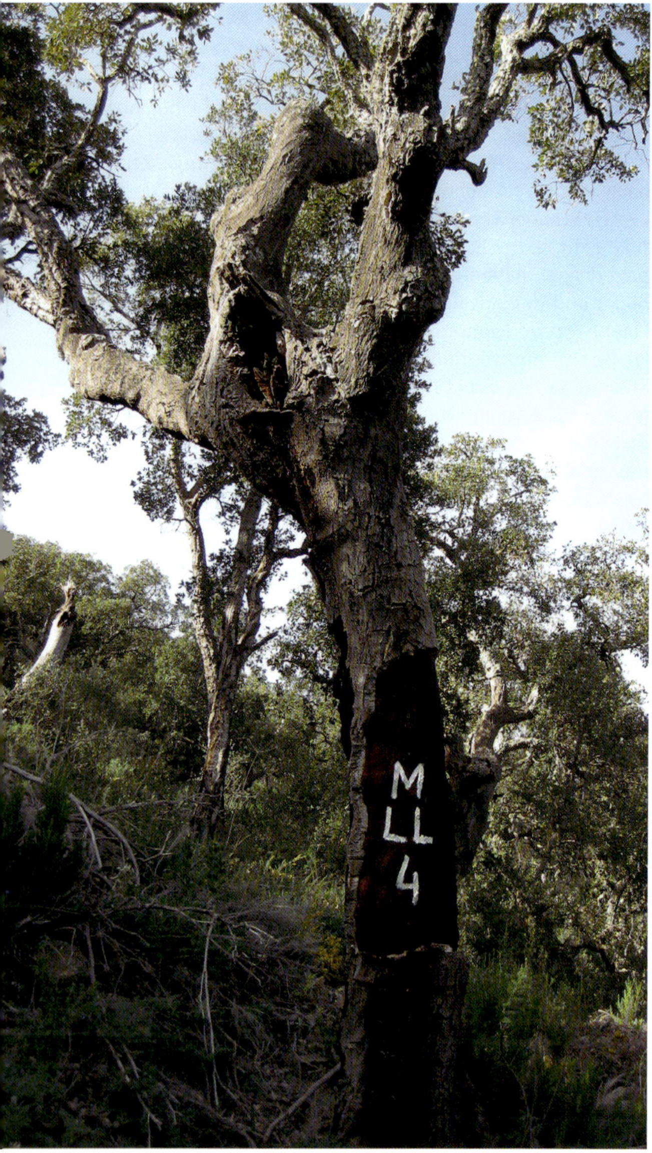

117al cf

Tour 32
Boa Vista

3.05 Std.
10 km
mittelschwer

Der Rundweg führt durch eine dünn besiedelte Hochebene nur wenige Kilometer von der Küste entfernt, in die der Rio Seco ein tiefes Tal geschnitten hat. Anfangs säumen Johannisbrotbäume und Steineichen den Weg, nach der Überquerung des Rio Seco sind es Zistrosen, Ginster, Thymian und Alanten.

Wanderung mit Aussicht

Ausgangsort: Vila Real de Santo António
Ausgangspunkt: Corte António Martins (N37°13.271′ W07° 33.780′), OT von Vila Nova de Cacela. Von Vila Nova de Cacela fährt man über die Bahnlinie nach Norden, unter der Autobahn durch bis zu einer T-Kreuzung, dort nach rechts Richtung Golfplatz Monte Rei. Bei der nächsten Abbiegung nach links und in 2,2 km zum Ausgangspunkt fahren. Direkt gegenüber vom Ausgangspunkt befand sich einmal eine Bar, an der Markise ist der Name noch erkennbar.
Höhenunterschied: 300 m
Gesamtzeit: 3.05 Std.
Länge: 10 km
Schwierigkeit: mittelschwer
Karte: Karte 591, 600
Anforderungen: Wanderung auf deutlichen Wegen mit gelb-roter Markierung
Einkehr: Restaurante Casa Fernanda, Bar Bella Vista

Wegbeschreibung

Wir folgen dem **unbefestigten Fahrweg (1),** der bei der Übersichtstafel an der Ortsstraße rechts abgeht (Ww. PR 1 Fira Pelada), zum nahen Sportplatz mit dem weißen **Vereinsheim** davor. Nach dem Vereinsheim halten wir uns links, gehen am Sport-

2014 geschälte Korkeiche

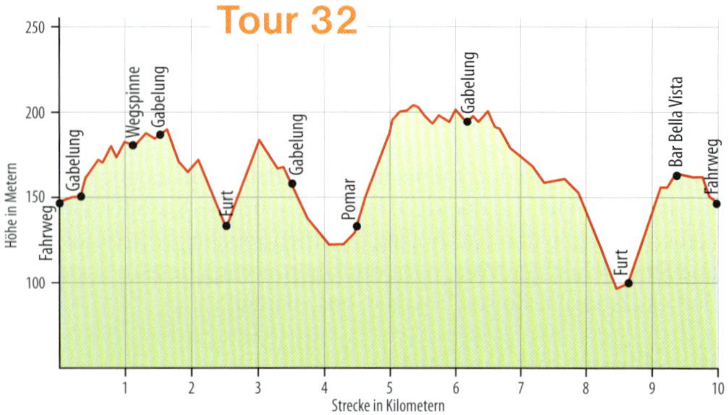

platz und dem anschließenden Spiel-/Picknickplatz vorbei, bis wir bei einer **Gabelung (2)** nach links biegen (hier fehlt die Markierung). Am Ende des Anstiegs mit scharfer Rechtskurve bekommt der bislang unbefestigte Weg einen Asphaltbelag, gleich

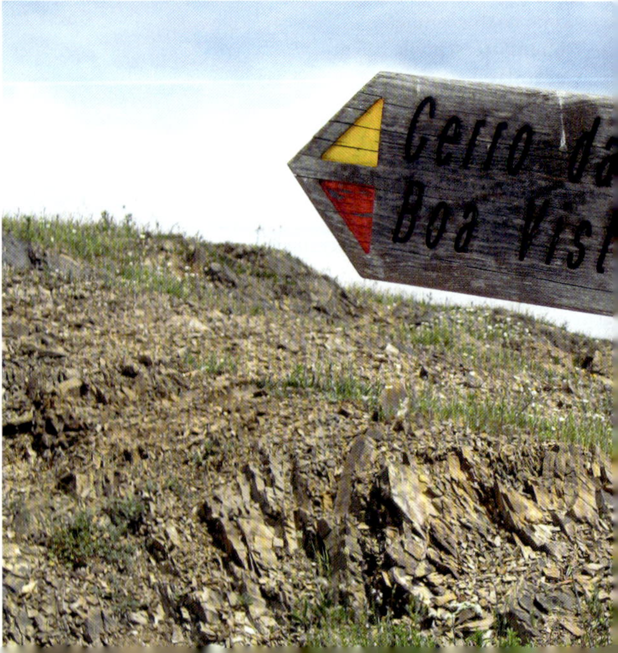

danach halten wir uns bei einer T-Kreuzung links und erreichen bei einer **Wegspinne (3)** mit Bushaltestelle vor dem Ortsschild Corte A. Martins wieder die Ortsstraße. Auf der anderen Straßenseite liegt Bar/Restaurante Casa Fernanda.

Ohne die Ortsstraße zu überqueren, folgen wir dem asphaltierten Weg, der rechts von uns an der dunkelroten Bar Dancing O Amigo vorbei von der Ortsstraße weg führt, durch das locker bebaute Gebiet. Bei einer **Gabelung (4)** halten wir uns rechts und kurz darauf links. Die Bebauung endet und der Weg führt steil abwärts zum **Rio Seco,** den wir an einer **Furt (5)** überqueren. Auf dem unbefestigten Weg wandern wir wieder aufwärts zu einer T-Kreuzung und biegen nach rechts. Die befestigte Straße führt fallend zu einer **Gabelung (6),** dort halten wir uns links (Ww. Pomar), gehen steil abwärts und dann wieder aufwärts durch den kleinen **Weiler Pomar (7).** Der Weg steigt weiter an, bis er nach einer Rechtskurve eben zwischen dem Bau-

Kurz nach Pomar zeigt nicht nur der Wegweiser aufwärts

118al cf

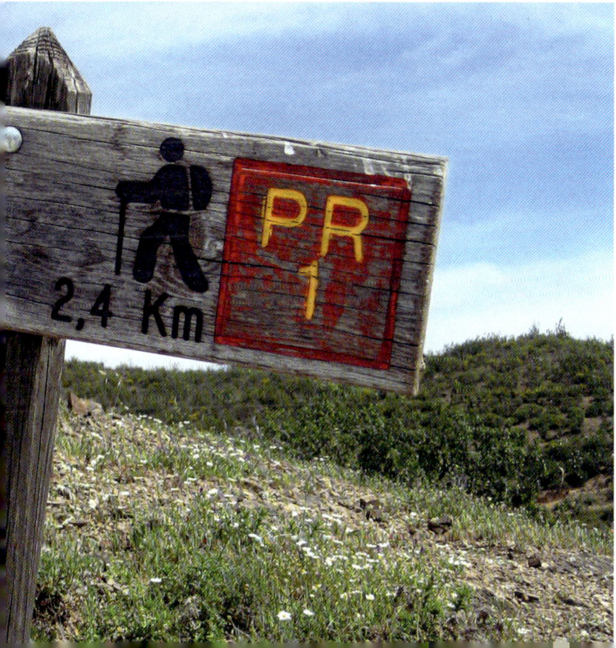

ernhof Portela do Carvoeiro links und einem schlanken rot-weißen **Mast** rechts verläuft. Bei der folgenden **Gabelung (8)** gehen wir rechts, genauso bei allen Abzweigungen auf dem Weg ins Tal des Rio Seco. Dort wandern wir durch eine **Furt (9)** und dann wieder steil aufwärts. Am Ende des Anstiegs bekommt der Weg einen Belag, bald gehen wir bei einer T-Kreuzung nach links und dann geradeaus. Vorbei an der **Bar Bella Vista (10)** leitet die Straße zur Ortsstraße, kurz davor führt ein Pfad nach rechts zum nahen Ausgangspunkt.

Um diesen Hügel wandern wir auf dem breiten Weg

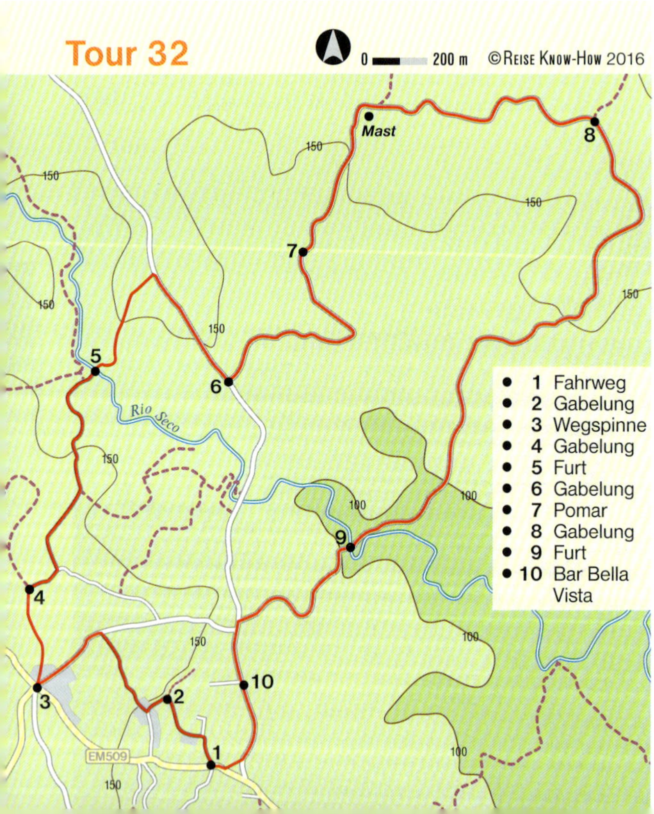

Tour 33
Der Mandelbaumweg

3.15 Std.
10,7 km
mittelschwer

Zur Zeit der Mandelblüte im Februar bedarf der Name des Weges keiner weiteren Erläuterung, überall stehen schneeweiß oder rötlich-weiß blühende Mandelbäume. Später sind es Zistrosen, Oleander, Lavendel und Altanen, die bunte Akzente in der Landschaft setzen. In diese an sich leicht hügelige Gegend haben Bäche und Erosion tiefe Täler gefressen.

120al cf

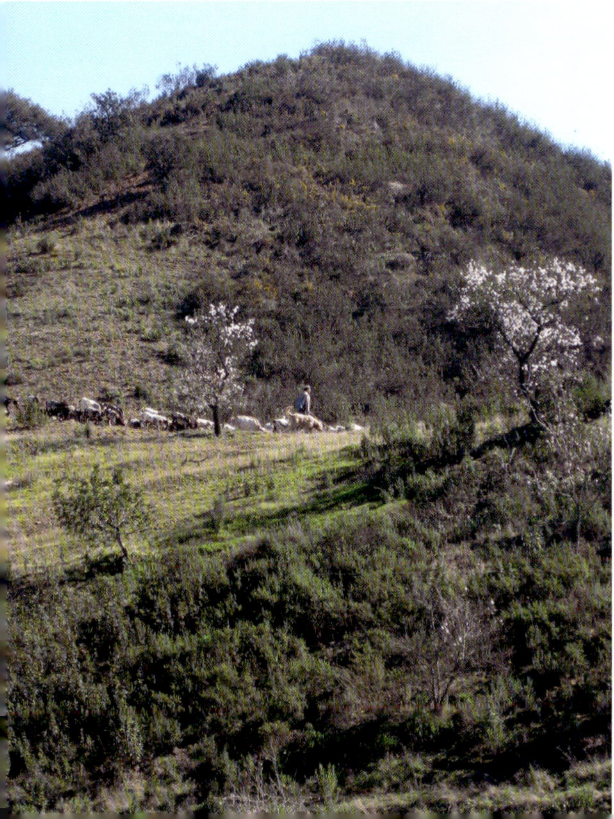

Mandelblüte und mehr

Ausgangsort: Castro Marim
Ausgangspunkt: In Cruz de Alta Mora (Gemeinde Odeleite) befindet sich am Straßenrand eine „Isola Ecologica" und neben den drei Containern (Glas, Papier, Verpackungen) eine Übersichtstafel mit einer Wanderkarte (N37°18.362′ W07°35.541′).
Höhenunterschied: 340 m
Gesamtzeit: 3.15 Std.
Länge: 10,7 km
Schwierigkeit: mittelschwer

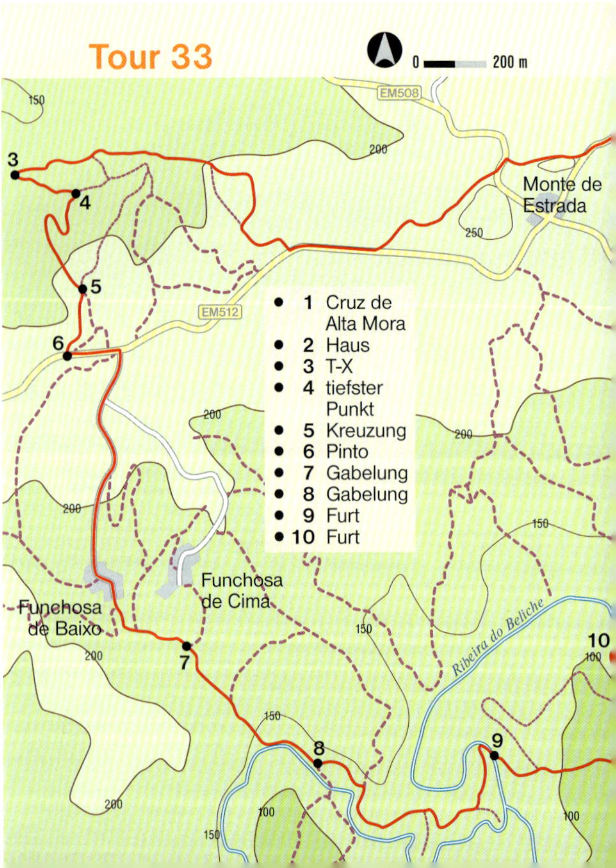

Karte: Karte 590/591
Anforderungen: Wanderung auf dem deutlichen Weg PR 8 mit gelb-roten Markierungen. Nach starken Regenfällen könnte es bei zwei Flussüberquerungen notwendig sein, Schuhe und Strümpfe auszuziehen.
Einkehr: Bar in Cruz de Alta Mora und in Pernadeira Snack-Bar Pinto

Wegbeschreibung

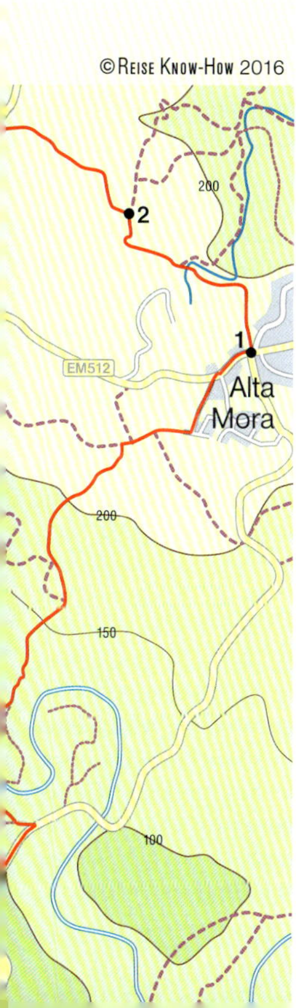

Links neben der **„Isola Ecologica"** in **Cruz de Alta Mora (1)** folgen wir den Wegweisern nach Soalheira. Der Weg führt in ein Tal. Bei der Gabelung nach dem Bachbett halten wir uns links, wandern aufwärts und links an einem **Haus (2)** vorbei. Die asphaltierte Zufahrtsstraße leitet uns zur Landstraße, der wir 150 m nach links folgen, bis wir direkt hinter dem **Ortsschild** „Monte da Estrada" rechts in einen steil ansteigenden Weg biegen. Auf dem Hügel darüber steht die **Ruine einer Windmühle.** Der Weg führt über den Hügel zu einer anderen Landstraße, der wir 50 m nach links folgen und sie dann rechts verlassen. Der Pfad verläuft 10 Min. durch die Hügellandschaft und endet dann wieder an einer Landstraße, auf der wir knapp 5 Min. nach rechts gehen, bis sie vor einer Fallstrecke nach links biegt. Wir folgen einem unbefestigten Weg gut 200 m nach rechts (oberhalb von der Abbiegung steht der Doppelmast einer Stromleitung) zu einem Hügel. Der markierte Pfad verläuft links um den Hügel herum, ist aber schmal und

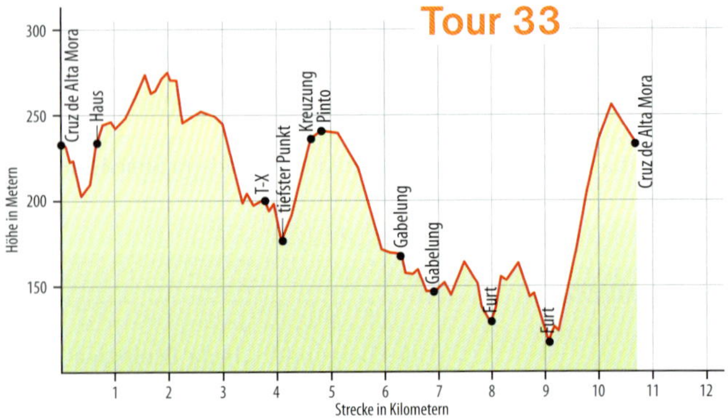

wird auf Teilen von Oleanderbüschen bedrängt. Deshalb ist es sinnvoll, auf dem unbefestigten Weg rechts um den Hügel herum zu wandern.

Wir bleiben immer auf dem Hauptweg und erreichen nach etwa 20 Min. eine **T-Kreuzung (3),** an der links vor einem verfallenen Haus ein **großer Feigenbaum** steht. Hier folgen wir dem fallenden Weg nach links. **Im tiefsten Punkt des Einschnitts (4)** angekommen, halten wir uns rechts, bei der folgenden **Kreuzung (5)** nach knapp ¼ Std. nochmals und laufen dann auf die ersten Häuser von **Pernadeira** an der Kreisstraße zu. In einem befindet sich die **Snack-Bar Pinto (6).**

Wir wandern auf der kaum befahrenen Kreisstraße ca. 170 m nach links und folgen dann rechts der noch weniger befahrenen Straße nach **Funchosa.** Bald gabelt sie sich und führt links nach Funchosa de Cima, wir halten uns rechts und wandern auf der Stichstraße nach Funchosa de Baixo. Da dieser Weiler fast nur aus zerfallenen Häusern besteht, ist eine weitere Abnahme des Straßenverkehrs zu beobachten. Am Ende der Bebauung gehen wir bei einer Gabelung nach links (keine Markierungen mehr) und bei der folgenden **Gabelung (7)** nach rechts. Wir bleiben im Tal, bald kommt von rechts der Bach Barranco das Umbrias. Der Weg verläuft zuerst entlang des Baches, bei einer **Gabelung (8)** gehen wir links und entfernen uns etwas vom Bach, bis wir bei einer T-Kreuzung nach rechts wandern (ab hier wieder Markierungen) und dann immer auf dem Hauptweg bleiben.

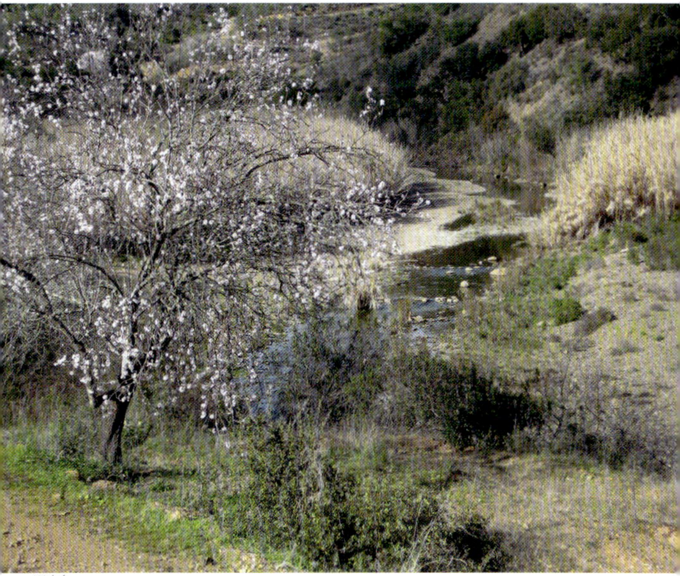

119al cf

Der Bach Barranco das Umbrias ist inzwischen in die **Ribeira do Beliche** gemündet, die wir alsbald **überqueren müssen (9).** Nach größeren Regenfällen kann es schon passieren, dass man dazu die Schuhe und Strümpfe ausziehen muss. Danach gehen wir immer geradeaus, bis wir nach etwa 10 Min. der Landstraße 150 m nach links folgen und sie dann links wieder verlassen. Wir sehen dann schon die zweite Furt und den am Talhang aufwärts führenden Weg rechts vor uns.

Nach 5 Min. **überqueren wir die Ribeira do Beliche ein zweites Mal (10),** nehmen kurz darauf bei einer Gabelung den fallenden rechten Weg und gehen auf dem Hauptweg immer gerade und aufwärts. Nach einer Rechtskurve wandern wir geradeaus auf die ersten Häuser von **Alta Mora** zu, davor zweigt rechts der „Weg des Ziegenbocks PR 7" ab. Vor den Häusern gehen wir fallend nach links, halten uns bei der Landstraße rechts und erreichen nach knapp 150 m den Ausgangspunkt.

Im Tal liegt die zweite Furt

Tour 34
Wanderweg D. Quixote

4.55 Std.
16,9 km
schwer

Auch diese Wanderung führt durch ein sehr einsames Gebiet. Die Freguesia Cachopo, zu der es gehört, hat in den letzten 150 Jahren 70 % ihrer Bevölkerung verloren. Auch in Casas Baixas sind viele der aus Naturstein errichteten Häuser in den schmalen Gassen verschlossen und man begegnet kaum Menschen. Landwirtschaftlich wird das Gebiet nur noch an ganz wenigen Stellen genutzt.

Durch die Hügellandschaft des nördlichen Algarve

Ausgangsort: Tavira
Ausgangspunkt: Ortsanfang von Casas Baixas (N37°20.592' W07°47.012'). Von Tavira auf der N 397 40 km nach Nordnordwesten Richtung Cachopo fahren und etwa 2 km vor dem Ort nach rechts abbiegen. Nach knapp 3 km erreicht man den Weiler Casas Baixas (bei einer Gabelung kurz davor links halten).
Höhenunterschied: 470 m
Gesamtzeit: 4.55 Std.
Länge: 16,9 km
Schwierigkeit: schwer

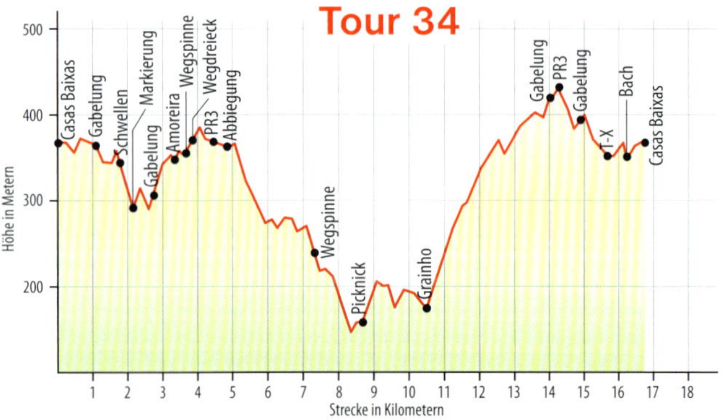

Karte: Karte 581/582
Anforderungen: Wanderung auf deutlichen Wegen mit gelb-roter Markierung
Einkehr: Keine

Wegbeschreibung

Vom Parkplatz von **Casas Baixas (1)** mit der Übersichtstafel am Ortsanfang folgt man der Fahrstraße und wandert am Ortsrand entlang, vorbei an einer **Briefkastenanlage,** weiter geradeaus und folgt auch den rot-weißen Markierungen der Via Algarviana. 10 Min. später biegt die Asphaltstraße bei einem verfallenen Haus nach rechts und führt nach Alcarias de Baixo, wir gehen auf dem unbefestigten Weg geradeaus. Der Weg leitet auf einen großen **Strommast** mit einer weißen 9 zu, bei einer Gabelung gehen wir rechts. Kurz darauf halten wir uns bei zwei unmittelbar aufeinander folgenden Gabelungen ebenfalls rechts. Bei der zweiten **Gabelung (2)** biegen die Via Algarviana und der Weg PR 3 nach links.

Die folgenden 20 Minuten war der Weg im Frühjahr 2015 nicht markiert. Der gerade Weg führt durch Zistrosenfelder leicht aufwärts auf eine Hügelkuppe, davor unter einer **Stromleitung** durch. Zwei Abzweigungen nach rechts ignorieren wir. Kurz nachdem der Weg wieder abwärts führt, entsteht der Eindruck, falsch gelaufen zu sein. **Erdschwellen (3)** ziehen sich über den Pfad – wahrscheinlich sollen sie in der Regenzeit die Fließgeschwindigkeit des Wassers verringern und dem Auswaschen des Weges entgegenwirken. Das Gebiet wird mit Pinien aufgeforstet. Dann biegt der Weg nach rechts und läuft am Hang eines Flusstals entlang, hier entdecken wir auch wieder **gelb-rote Markierungen (4).** Bis wir das Flussbett bei einer Furt überqueren, ignorieren wir alle Abzweigungen nach rechts.

Bei einer **Gabelung (5)** nach der Furt gehen wir geradeaus (PR 3 von links) und erreichen 10 Min. später den Weiler **Amoreira.** Bei einer T-Kreuzung mit Zisterne am Ortsanfang halten wir uns rechts und bei einer **Kreuzung in Amoreira (6)** nach 50 m links. Im Zweifelsfall folgen wir den rot-weißen Markierungen der Via Algarviana. Nach weiteren 50 m biegen wir nach den letzten Häusern nach links, der Pfad leitet uns in einer großen Rechtskurve zu einer **Wegspinne (7).** Hier gehen wir zuerst 5 m auf dem breiten Weg nach rechts und folgen dann einem schmalen Pfad nach links über den mit Zistrosen bewachsenen Hügel. Der auf Abschnitten etwas zugewachsene Pfad führt uns in gut 5 Min. zu einem **Wegdreieck** (**8,** der breite Weg hätte uns um den Hügel herum ebenfalls dorthin gebracht). Der mittlere der drei Wege bringt uns in 5 Min. zu einer **Asphaltstraße,** der wir nach links folgen.

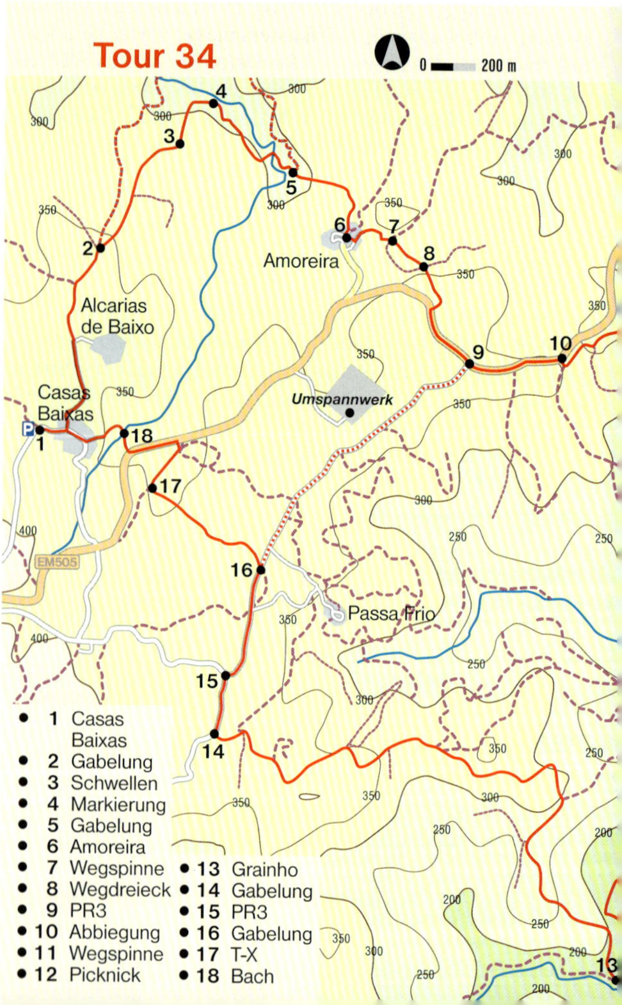

Nach weiteren 5 Min. geht rechts der **breite Weg PR 3** ab (**9,** der Weg führt vorbei an einem Umspannwerk nach Passa Frio, wo wir ihn wieder treffen). Wir bleiben noch gut 5 Min. auf der Asphaltstraße und biegen dann bei der zweiten Möglichkeit nach rechts. An dieser Stelle **(10) gehen drei Wege ab:** Der linke Weg verläuft zuerst, etwas unterhalb, parallel zur Asphaltstraße, der rechte Weg verläuft zuerst auf einem Hügelkamm und ganz rechts führt ein Pfad zu einem Vermessungspunkt auf den Hügel rechts von der Asphaltstraße. Wir folgen hier dem breiten Weg nach links, der nach einer Rechtskurve auf einem fallenden Hügelkamm ins **Odeleite-Tal** leitet. Während der nächsten 40 Min. genießen wir den Blick über die einsame Hügellandschaft und die Flussschleifen der Odeleite im Tal. Wir bleiben immer auf dem eindeutigen, aber spärlich markierten Hauptweg, bis wir eine **Wegspinne (11)** erreichen. Dort folgen wir dem Hauptweg nach rechts, abwärts ins Odeleite-Tal. Gut 5 Min. nachdem wir das (trockene) Bett des Zuflusses Barranco da Junqueira überquert haben, kommen wir zu einem überdachten **Picknickplatz (12)** im fruchtbaren, aber nur noch extensiv genutzten Tal.

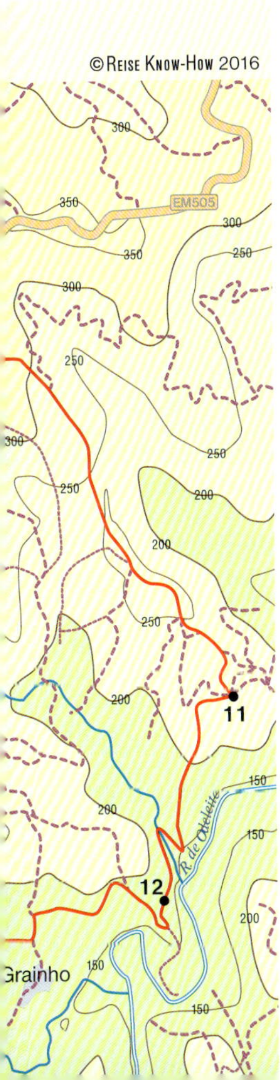

Kurz nach dem Picknickplatz führt der Weg nach rechts aufwärts und bei einer Gabelung wenig später nach links. Links vor uns sehen wir dann schon den Weiler **Grainho.** Bei den ersten Häusern biegen wir nach rechts und umgehen den Weiler in einem großen Halbkreis. Bei einer **Wegspinne (13) am Ortsende Grainhos** folgen wir

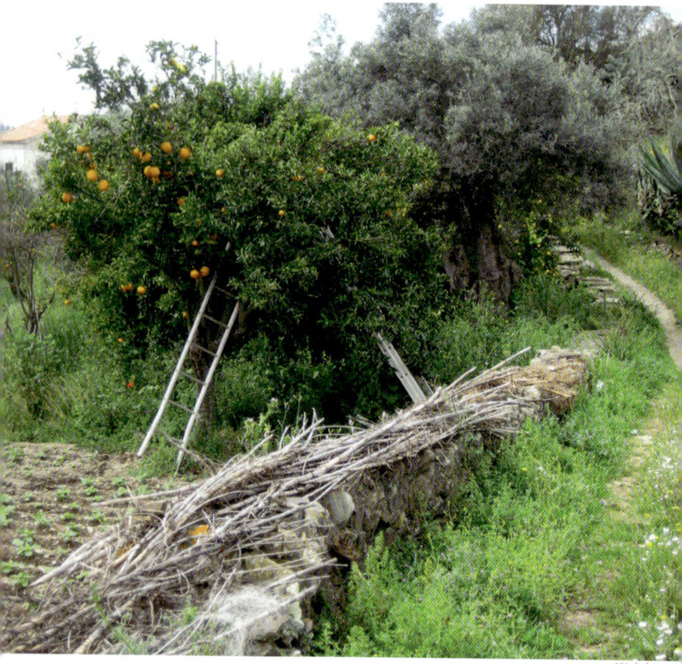

121al cf

dem Weg ganz rechts steil aufwärts (Ww. Passa Frio, Garcia). Wir bleiben immer auf dem eindeutigen Hauptweg und ignorieren alle Abzweigungen links und rechts. Nach etwa einer ¾ Std. erreichen wir einen **Windpark** und gehen dann, fast an seinem Ende, bei einer **T-Kreuzung (14)** nach rechts. Wenig später kommen wir zu einer **Gabelung,** auf einem Hügel rechts oberhalb steht eine **Windmühlenruine.** Nach links biegt der Weg **PR 3 (15),** wir folgen dem fallenden Weg nach rechts (PR 1 und PR 3). Nach gut 5 Min. gehen wir bei einer Kreuzung gerade-

Blick ins Odeleite-Tal

Orangenernte bei Amoreira

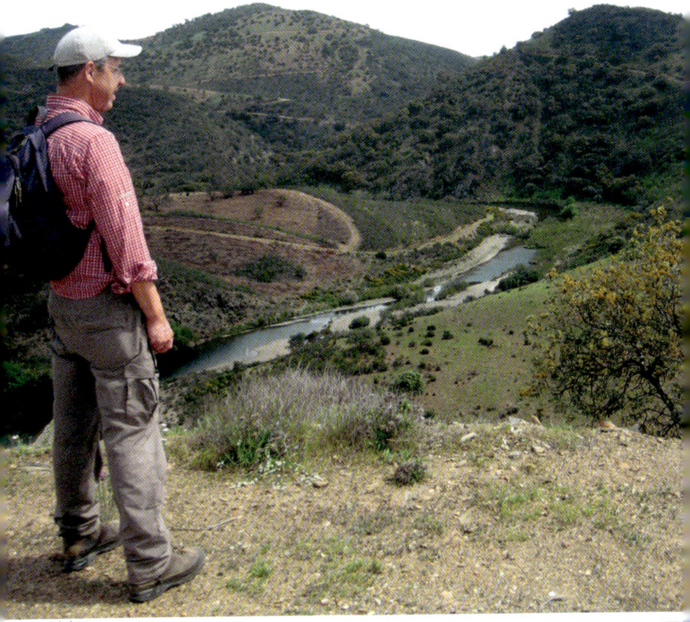

122al cf

aus, rechts führt der Weg nach **Passa Frio.** Etwa 2 Min. später halten wir uns bei einer **Gabelung** links (**16,** geradeaus führt der Weg zum Umspannwerk) und 10 Min. später bei einer **T-Kreuzung (17)** rechts. Der Weg leitet uns in 5 Min. zu einer Asphaltstraße, dort wandern wir nach links auf die Häuser von Casas Baixas zu. Nach knapp 5 Min. macht die Straße eine Linkskurve, davor verlassen wir sie und folgen einem Pfad nach rechts den Hang hinunter. Der unklare Weg führt auf den zweitobersten Holzmast einer Stromleitung zu und dann über **das Bachbett (18).** Nach 50 m, vor einer Trockenmauer, biegen wir nach links, gehen zuerst über Felsplatten und dann rechts von einem Maschendrahtzaun auf das Dorf zu. Bei einer T-Kreuzung im Dorf wandern wir nach rechts und erreichen bei den Briefkästen den bekannten Hinweg. Hier laufen wir nach links zum nahen Ausgangspunkt.

Tour 35
Ein Fenster über den Guadiana

2 Std.
7,5 km
leicht

Die Wanderung beginnt auf dem Marktplatz von Azinhal und führt dann ins Tal der Ribeira do Beliche, die gemächlich in den Guadiana, den Grenzfluss zwischen Spanien und Portugal mäandert. Den Abstieg ins Flusstal begleitet der Blick auf die Autobahnbrücke, die seit 1991 die beiden iberischen Länder verbindet. Diese Schrägseilbrücke ist eine der längsten Brücken auf der Iberischen Halbinsel. Für den regionalen Verkehr ist aber wie seit Jahrhunderten die Fähre zuständig. Im Tal weiden Kühe und Störche stolzieren, Futter suchend zwischen ihnen herum.

Schrägseilbrücke über den Guadiana

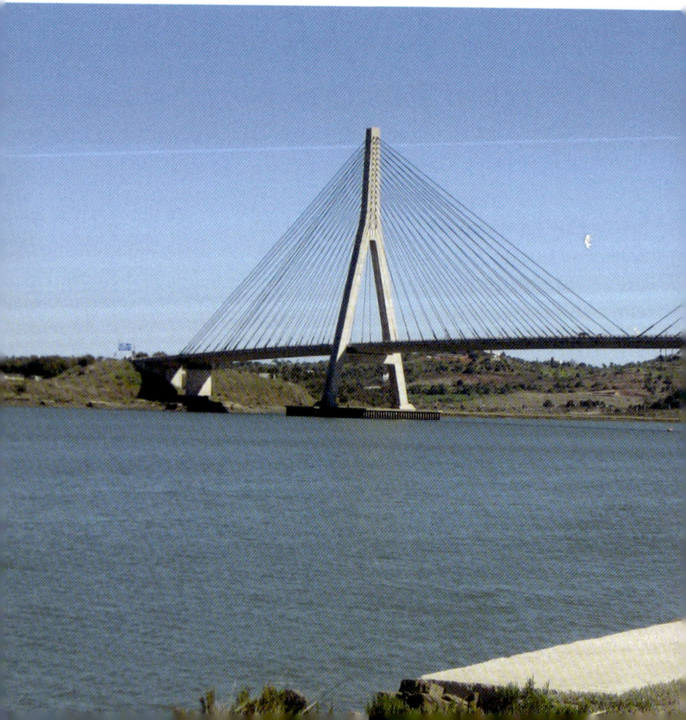

Blick nach Spanien

Ausgangsort: Castro Marim
Ausgangspunkt: Azinhal, Largo do Mercado (N37°17.069' W07°27.976'). Von der IC 27 V.R.S. Antonio – Beja wenige Kilometer nördlich von Castro Marim Richtung Junqueira, Azinhal abbiegen. Die Landstraße führt am Marktplatz, dem Largo do Mercado, von Azinhal vorbei, dort parken.
Höhenunterschied: 2 Std.
Gesamtzeit: 140 m
Länge: 7,5 km
Schwierigkeit: leicht
Karte: Karte 591
Anforderungen: Wanderung auf deutlichen Wegen ohne Markierung
Einkehr: In Azinhal

123al cf

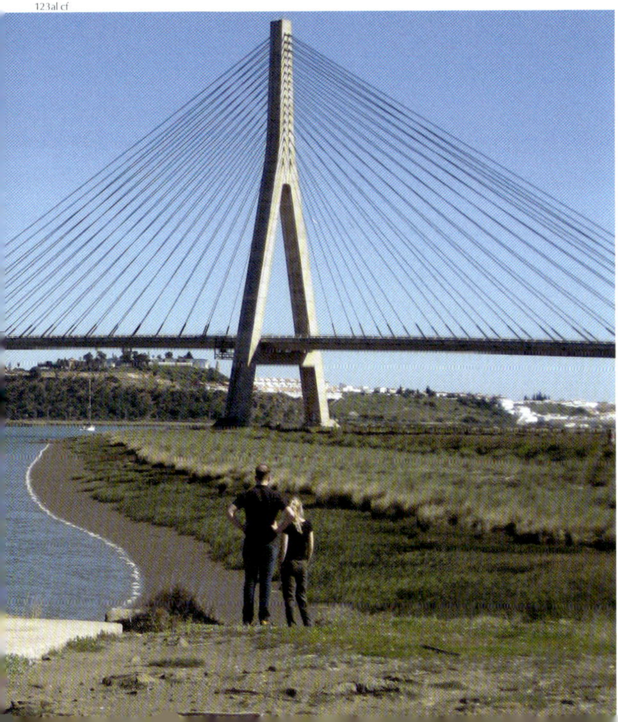

Wegbeschreibung

Wir gehen über den **Marktplatz von Azinhal (1)** und links an der Taberna Anastácio vorbei, am Ende nach links und gleich wieder nach rechts. Die Rua de Santa Barbara und später die Rua do Cemitério führt an der **Kirche von Azinhal (2)** vorbei. Am Ende der Kirche biegen wir in eine Straße links. In einer

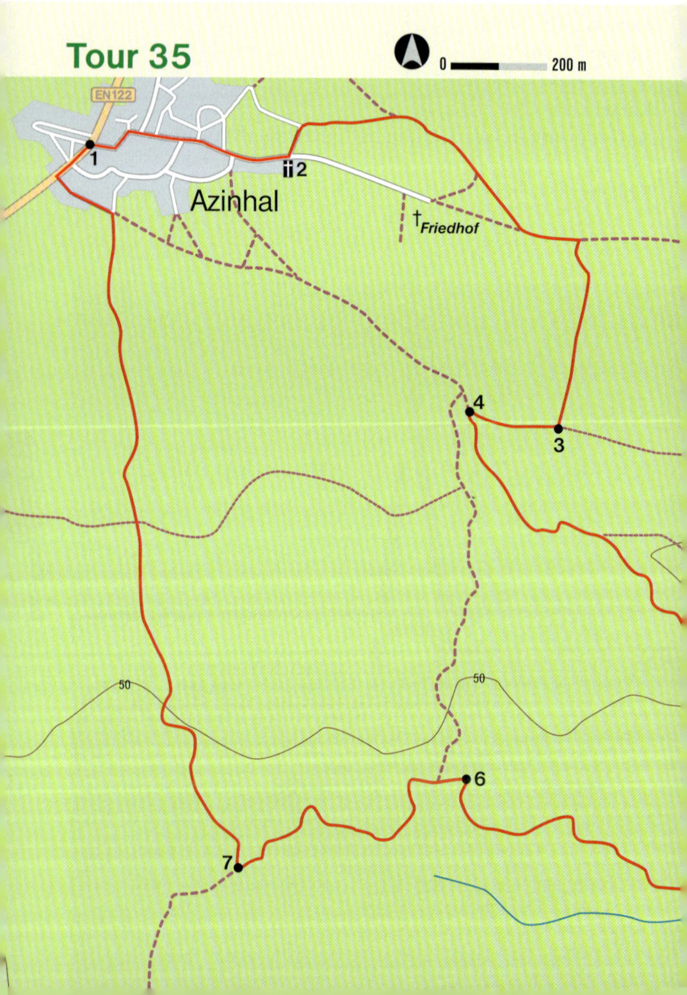

Linkskurve nach kaum 100 m folgen wir einem Pfad, der hinter dem Einfamilienhaus **„Vivenda Palma"** rechts abgeht. Auf dem Pfad wandern wir links von einer verfallenen Mühle parallel zur Rua do Cemitério, erreichen sie nach dem Friedhof auch wieder und folgen ihr etwa 100 m nach links.

Dort biegen wir nach rechts in einen Pfad (zwei Metalltore auf der linken Seite markieren den Eingang in ein Privatgrundstück), der in 5 Min. geradeaus zu einer **T-Kreuzung (3)** leitet. Dort gehen wir rechts und bei der folgenden **T-Kreuzung (4)** 4 Min. später nach links. Der eindeutige Weg fällt, steigt wieder an und führt dann steiler abwärts in das Tal der **Ribeira do Beliche,** die gemächlich in den Guadiana mäandert. Nach gut 20 Min. (fast schon im Tal) wandern wir bei einer **T-Kreuzung (5)** nach rechts. Auf den Wiesen weiden Kühe und Störche stolzieren zwischen ihnen auf und ab.

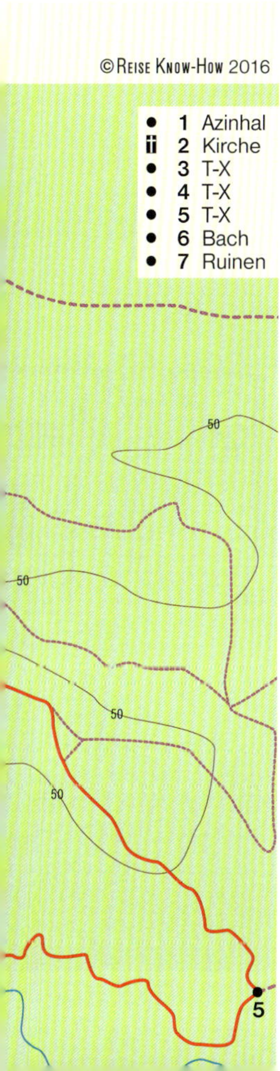

Nach knapp 20 Min. entfernt sich der Weg etwas vom Talboden und überquert in einer Linkskurve ein kleines, meistens trockenes **Bachbett (6).** 100 m danach ignorieren wir eine ansteigende Abzweigung nach rechts und steigen wieder hinunter ins Tal. Nach knapp 10 Min. im Tal folgen wir vor **Ruinen (7)** einem Weg nach rechts. Dieser bringt uns in 25 Min., zumeist ansteigend, nach Azinhal.

Unmittelbar vor den ersten Häusern gehen wir nach links zur knapp 4 Min. entfernten Landstraße, folgen ihr nach rechts und kommen nach 150 m zum Marktplatz.

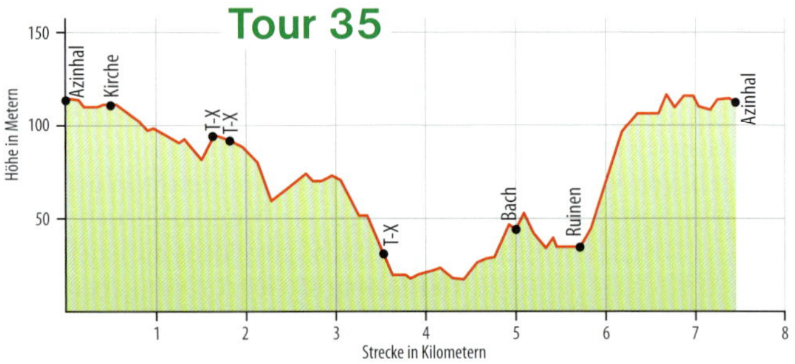
Tour 35
Höhe in Metern
150
100
50
Azinhal
Kirche
T-X
T-X
T-X
Bach
Ruinen
Azinhal
1
2
3
4
5
6
7
8
Strecke in Kilometern

124al cf

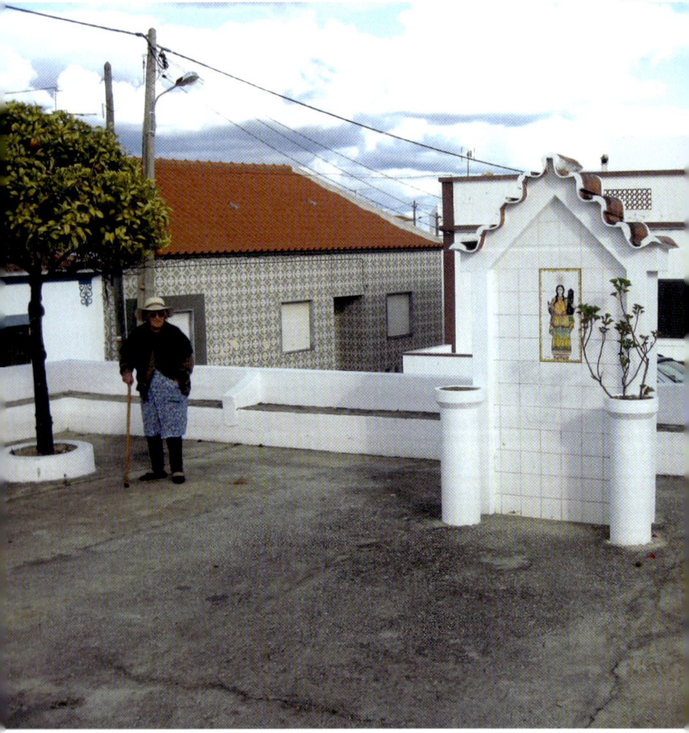

Tour 36
Ladeiras do Pontal

3.25 Std.
13,3 km
mittelschwer

Pontal ist ein Felsen über dem Guadiana, dem Grenzfluss zwischen Spanien und Portugal. Selbst nach mitteleuropäischen Begriffen ist dieser Wasserlauf ein Fluss und nicht nur ein hochstapelnder Bach. Er fließt von Kastilien 720 km weit bis in den Golf von Cádiz und bildet, bevor er dort mündet, die Grenze zwischen dem portugiesischen Algarve und dem spanischen Andalusien.

Viele Hochseeyachten segeln vom Meer herauf, um hier im Winter einen sicheren Liegeplatz zu finden.

Vom Aussichtspunkt (port. *miradouro*) führt die Wanderung ins Landesinnere. Zur Zeit der Zistrosenblüte von Februar bis Mai wandert man an weiß blühenden Zistrosenfeldern vorbei. Der letzte Teil verläuft dann durch die fruchtbare Ufervegetation am Guadiana entlang.

Land und Fluss

Ausgangsort: Alcoutim
Ausgangspunkt: Parkplatz beim Miradouro do Pontal (Aussichtspunkt) nördlich von Laranjeiras (N37°25.353′ W07° 27.284′). Von der IC 27 V.R.S. Antonio – Beja abbiegen Richtung Foz de Odelete (braunes Schild, Mündung der Odelete), dann am Guadiana entlang flussaufwärts fahren bis zum Miradouro do Pontal.
Höhenunterschied: 325 m
Gesamtzeit: 3.25 Std
Länge: 13,3 km
Schwierigkeit: mittelschwer
Karte: Karte 575
Anforderungen: Wanderung auf dem deutlichen Weg PR 2 mit gelb-roten Markierungen
Einkehr: Keine
Tipp: Römische Ruinen von Montinho das Laranjeiras

In Azinhal

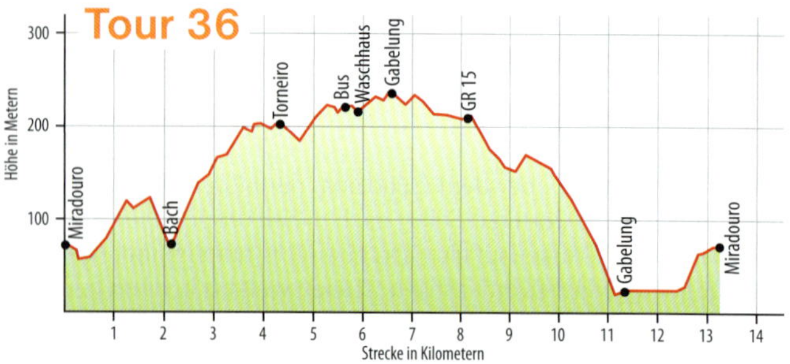

Wegbeschreibung

Vom **Miradouro (1)** aus folgen wir dem Ww. Torneiro abwärts. Der unbefestigte Weg führt bald auf die Landstraße. Dort wandern wir gut 100 m entlang der Straße nach links und biegen dann in einen unbefestigten Weg, der vor den Leitplanken rechts abgeht. Wir bleiben immer auf dem Hauptweg, er führt nach gut 20 Min. abwärts in ein Tal, rechts am Hang sehen wir einen großen **Schuppen mit grünem Flachdach.**

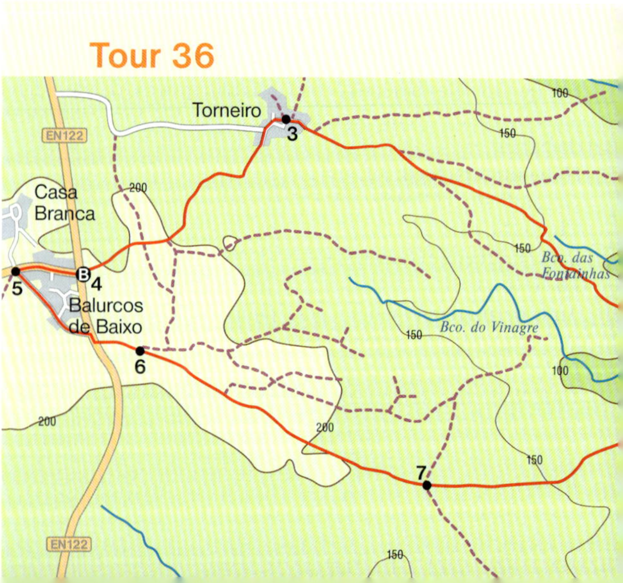

Nach Überqueren eines meist trockenen **Bachbetts (2)** in der Essigschlucht (Barranco [Bco. auf der Karte] do Vinagre) steigt der Weg wieder an, etwa ½ Std. später liegen die Häuser des kleinen Dorfes **Monte do Torneiro** vor uns. Bei einer **Wegspinne** im Ort biegen wir unmittelbar vor einem 1941 gebauten **Haus mit farbiger Fassade (3)** nach links. Bald ignorieren wir eine Abzweigung nach rechts zur Landstraße und gehen geradeaus. Bei einer Weggabelung nach den letzten Häusern wandern wir nach rechts an der Steinmauer entlang. Der schöne Weg führt oft zwischen Steinmauern und unter Eichen nach **Balurcos de Baixo.**

Dort überqueren wir die Landstraße (**4, Bushaltestelle** an der Kreuzung) und folgen dem Wegweiser Balurcos de Cimo durch den Ort. Der Weg fällt dann wieder und bei einer Kreuzung von vier asphaltierten Straßen (und einem unbefestigten Weg halb links) am **Ortsende** (**5, rechts Waschhaus** und Brunnenschacht mit blauem Rad) biegen wir nach links.

Bei der Kreuzung links vom Altersheim Maria Ribeiro Vicente wandern wir geradeaus, erreichen dann wieder die Landstraße, überqueren sie und folgen dem unbefestigten Weg, der leicht nach rechts versetzt, ansteigt.

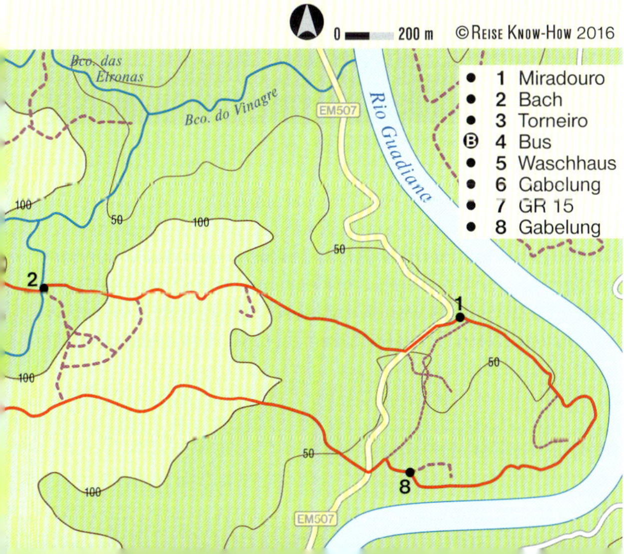

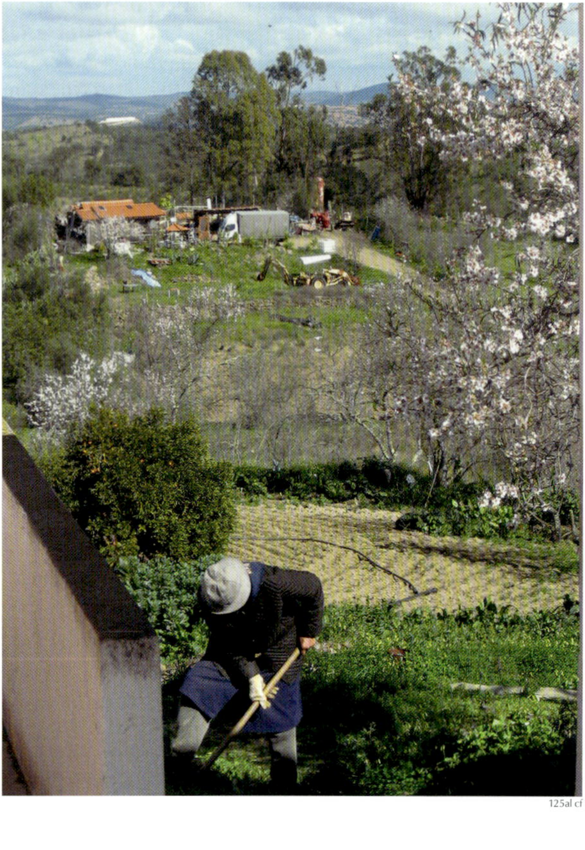
125al cf

Bei einer **Gabelung (6)** kurz darauf halten wir uns rechts (= gerade), wir gehen immer geradeaus, auch wenn später der **GR 15 rechts ins Tal führt (7),** und in Sichtweite des Schuppens mit dem grünen Dach links ein Weg hinunter zum Hinweg leitet. Unser Weg verläuft weiter geradeaus auf einem Kamm zwischen zwei Tälern. Schließlich erreichen wir die **Landstraße,** die

Gartenarbeit in Monte do Torneiro

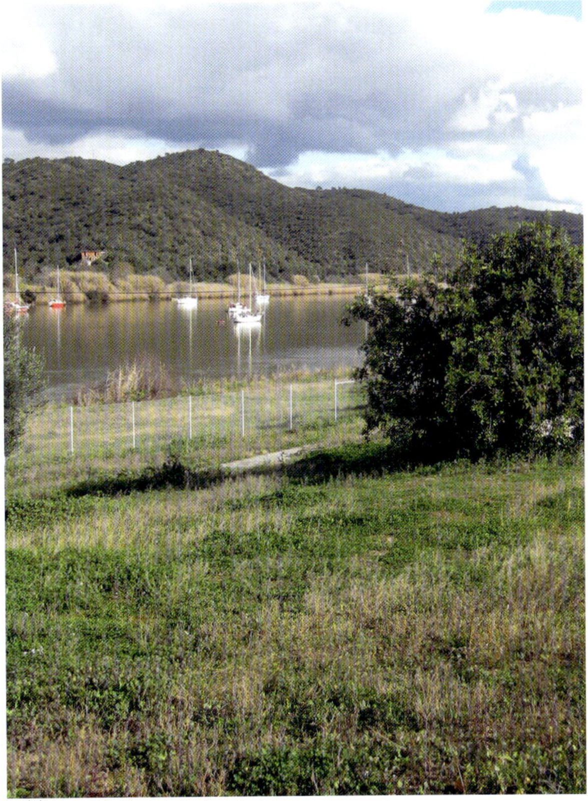

126al cf

nach links hinauf zum Miradouro do Pontal führt. Wir überqueren sie und folgen dem unbefestigten Weg auf der anderen Seite nach links. Vermutlich verlief bis zur Begradigung hier die Landstraße. Nach gut 5 Min. halten wir uns bei einer **Gabelung (8)** rechts. Der Weg folgt dann dem Guadiana in Ufernähe, bevor er schließlich auch ansteigt und am Miradouro do Pontal endet.

Der letzte Teil der Tour verläuft am Guadiana

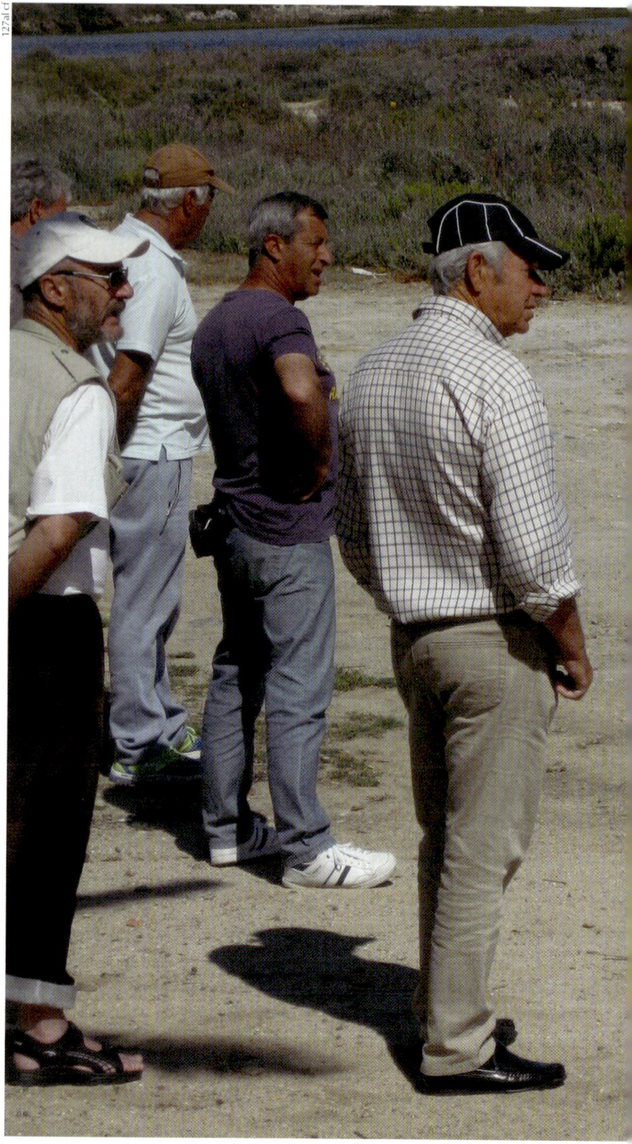

127al cf

Anhang

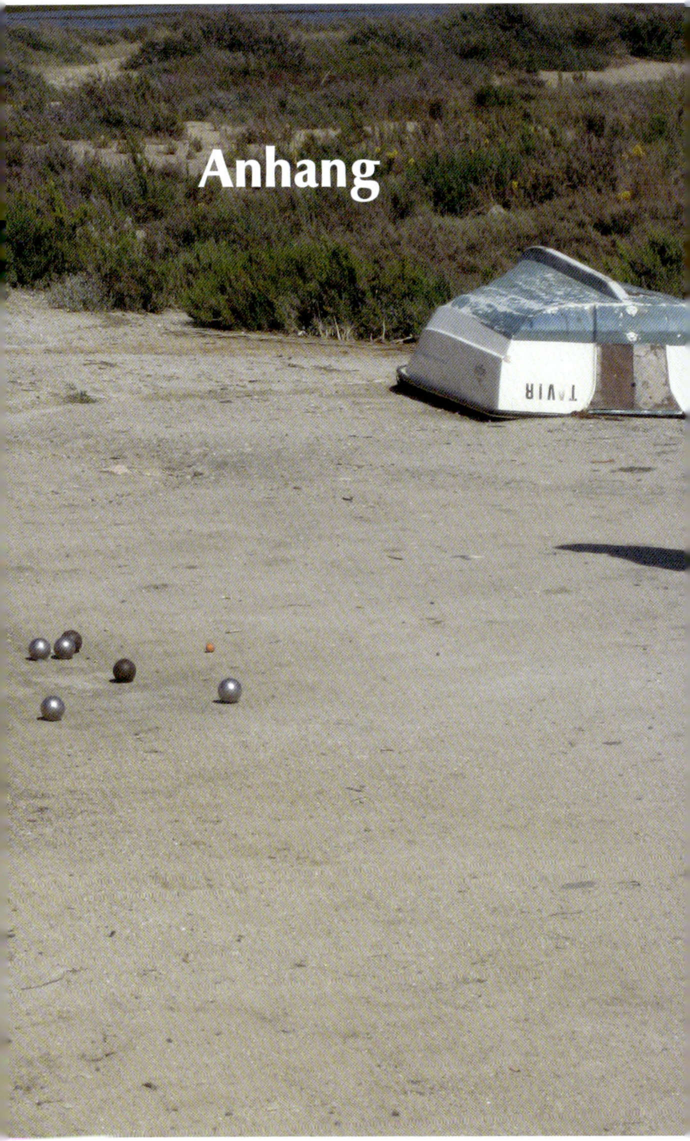

Ortsregister

A

B

C

E

F

Kapitelstartseite: Boulespieler in Santa Luzia (Tour 26)

Wir bitten um Ihre Mithilfe

Dieser Wanderführer ist gespickt mit unzähligen Adressen, Preisen, Tipps und Infos. Nur vor Ort kann überprüft werden, was noch stimmt, was sich verändert hat, ob Preise gestiegen oder gefallen sind, ob ein Hotel, ein Restaurant immer noch empfehlenswert ist oder nicht, ob ein Ziel noch erreichbar ist oder nicht, ob es eine lohnende Alternative gibt usw.

Unsere Autoren sind zwar stetig unterwegs und erstellen ca. alle zwei Jahre eine komplette Aktualisierung, aber auf die Mithilfe von Reisenden können sie nicht verzichten.

Darum: Schreiben Sie uns, was sich geändert hat, was besser sein könnte, was gestrichen bzw. ergänzt werden soll. Nur so bleibt dieses Buch immer aktuell und zuverlässig. Wenn sich die Infos direkt auf das Buch beziehen, würde die Seitenangabe uns die Arbeit sehr erleichtern. Gut verwertbare Informationen belohnt der Verlag mit einem Sprachführer Ihrer Wahl aus der über 220 Bände umfassenden Reihe „Kauderwelsch".

Bitte schreiben Sie an:

Reise Know-How Verlag
Peter Rump GmbH | Postfach 140666 | 33626 Bielefeld
oder per E-Mail an: info@reise-know-how.de

Danke!

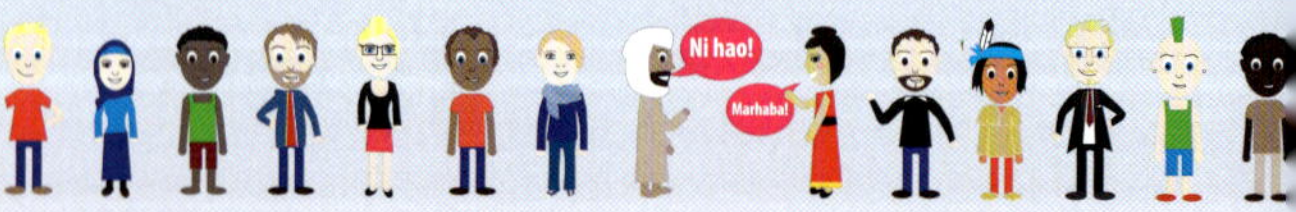

aufgeschnappt & aufgeschrieben

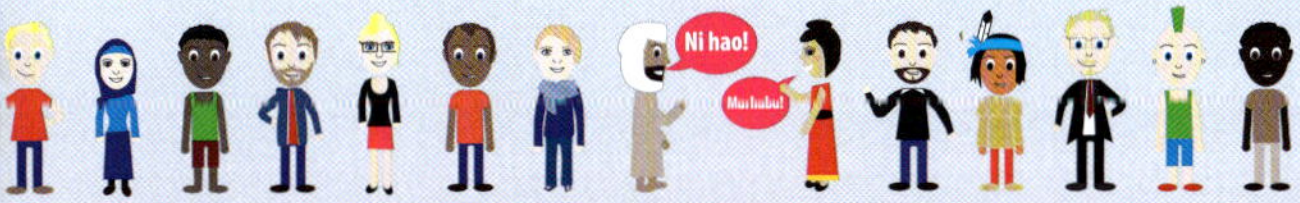

Mit Reise Know-How ans Ziel

Landkarten

aus dem *world mapping project*™ bieten beste Orientierung – weltweit

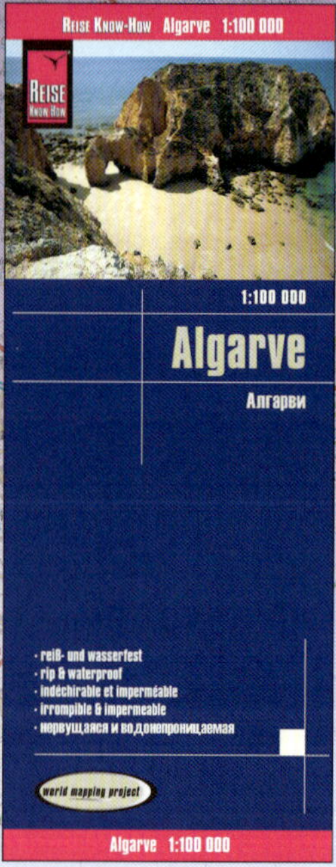

Landkarte Algarve (1:100.000)

ISBN 978-3-8317-7275-9

Euro 9,95 [D]

- Aktuell über **190** Titel lieferbar
- Optimale Maßstäbe ▪ 100%ig wasserfest
- Praktisch unzerreißbar ▪ Beschreibbar wie Papier ▪ GPS-tauglic

Kartenverzeichnis

Übersichtskarten

Wanderkarten

Der Autor

Claus-Günter Frank, 1951 in Sigmaringen geboren, studierte Mathematik und Physik. Jeweils mehrjährige Auslandsaufenthalte verbrachte er in Lissabon, Rom, Istanbul und zuletzt im Algarve. Der jetzt in Heidelberg lebende Lehrer verfasste neben Mathematiklehrbüchern für die Schule Wanderführer von Rom/Latium, den Marken, Lago Maggiore, den Cinque Terre und Oberschwaben sowie literarische Führer von Rom und Lissabon.

Danksagung

Ich danke allen Freunden, die mich bei den Wanderungen begleitet haben. Sollten sich trotz aller Sorgfalt Fehler eingeschlichen haben, bin aber einzig und allein ich verantwortlich.

130al cf

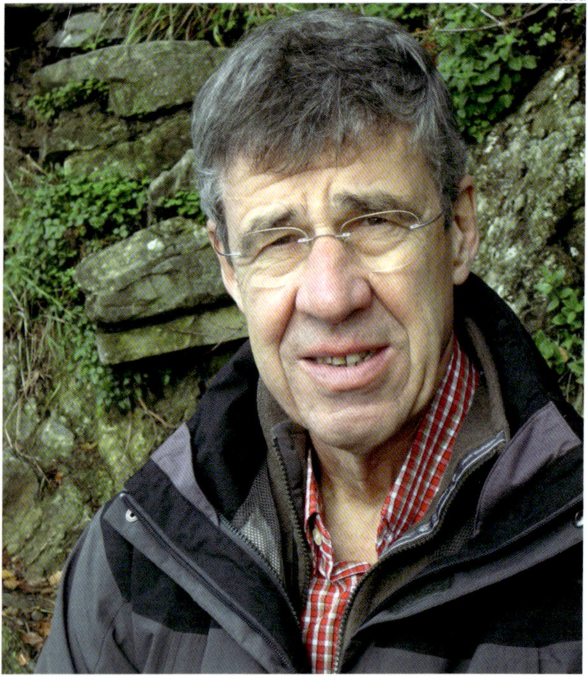